日本観光研究学会監修

観光学全集

第1巻

観光学の基礎

溝尾 良隆 編著

原 書 房

刊行の辞

日本政府は，2003年に観光立国宣言をし，2007年，観光基本法を43年ぶりに改定した観光立国推進基本法を施行した。2008年にはわが国初の観光庁が設置された。政府がこのように本腰を入れて観光政策に取り組むのは，1930年に観光局を設置して以来のできごとである。国の動きに連動して，日本各地の自治体においても，観光事業に積極的に取り組む姿勢をみせている。

このような国の観光政策に対する大きな方向転換は，観光が国や地域経済に与える効果が大きいということが認識されてきたからであるが，観光は，人間が生きて成長していくために，そして世界平和に寄与するためにも，その役割がおおきいことも理解してほしい。

こうした国及び自治体の動きに呼応して，大学においても観光学部・学科の設置が盛んである。4年制大学で，1987年以前にはわずか2校を数えるのみであった観光学科が，1987年に施行された総合保養地域整備法の影響と今日の積極的な政府の観光政策から，全国各地に観光学科が新設され，2009年にはその数も40校に迫りつつある。

大学の数が増えれば当然，観光学の専任教員も学生も増加するわけで，その関連から観光関連の専門書籍も数多く出版されるようになったのは望ましい状況である。

しかし，このように観光分野が急成長を遂げつつある一方で，観光学の学問体系は存在するのかといった声も聞かれる。たしかに，新しい学問だけに観光の専門分野別にみても集大成された専門書は少ないし，まして体系化をにらんでの全集は刊行されていないのが事実である。

そこで，いまや700名を超える私たち日本観光研究学会が，そうした批判の声に応えるために，観光学全集を刊行する責務があるだろうと，学会の事業として取り組むことになった。

観光現象が早い速度で変化するだけに，観光学がなかなか理論化できない面もあるが，いつまでたってもそれは同じことで，とにかく出版をし，他の観光関連学会や行政，民間など多くの方々からご意見をいただくことにした。各分野からのご意見を参考に，修正をしながら，10年くらいのスパンで全集を完成させていきたいという気持を持っている。

その意味からも，歴史のある他学問と比較すると，まだ観光学はひよこ程度にしかみえないかもしれないが，とにかく大きな目標に向かってスタートを切った。観光学を一人前に育てるためにも，多くの方々からご意見，ご指導を賜りたいというのが，全集を刊行した私たちの率直な気持ちである。

最後に，本学会のこうした企画にご理解を示し，全集の出版をお引き受けいただいた原書房成瀬雅人社長並びに編集の労をとられた中村剛さん，早川江里さんに，心から感謝の意を表したい。

日本観光研究学会，観光学全集編集委員一同

はじめに

日本学術会議と呼ぶように，どの学問も学から術の間に収まる。世界・人生の究極の根本原理を追求し，すべての学問において真実の知識を求めていこうとする哲学に代表される「学」から，工学や医学という「術」に重きをおく学問にまで，学問の範囲は広い。経済学や地理学において，学問が社会に貢献しているかという問題がつねに出てくるのは，それらが学と術の間にあり，どちらにウエイトを置くのかがいつも問われているからである。

観光学もまったく同様である。学んだ後に社会に出て役立つか，地域社会に寄与するかが問われる。たしかに，アメリカや韓国，あるいは開発途上国では，ホテルや旅行業ですぐに役立つように，大学の授業は実学を重視して展開されている。日本でも，企業はすぐに役立つ学生が必要ではないかとしばしばいわれる。しかし，実情は，日本の企業は文系の卒業生に即戦力を期待していない。しっかりとした学生を送りこんでくれれば，企業で訓練して一人前にするというのが大半であるため，観光系の大学では本格的な実学をあまり教えてはいない。

学と術の間の幅は広いが，しかし応用的なすべての術においても，まず基本を学んではじめて，さまざまな術が展開できる。野球，柔道，相撲など各種スポーツを始めたとき，すぐに試合をしたくても，まずは基本練習から開始するのと同じである。

観光学において，具体的な提案をしても，その根拠となる理論の枠組みや現状把握が異なっていては，それは論争にはならないし思いつきの提案になってしまう。

旅行は個々の判断による自由な行動であるが，それを観光マーケティングから説明できるよう一般化し理論を構築することで，それに基づいた観光事業を展開することができるだろう。

観光学は，他学問分野に比べ新しい学問であり，観光現象の量的拡大，それに伴う変化も著しいだけに，なかなか理論が定まらない。出発点となるツーリズムと観光，観光とレクリエーションとを判別する定義すらいまだ明確でなく，混乱して使用されている。40年近く前に国が定義した観光は問題があるし，近年，立法化された新観光基本法でも，観光の定義はされていない。そのため，急増した日本の大学における観光学科の教員が納得する共通の観光の定義がいまだ提示されていない。日本においてはさらに外国と違い，ツーリズム，レクリエーションという外来語と，その語源が中国に由来する観光という日本語が並列しているため，一層，複雑な様相を呈している。

第１巻はその課題を整理したのであるが，観光学に関する原論すべてを論述することはできなかったので，タイトルは「観光学の基礎」とした。本巻は７章と付論とから構成されている。

第１章において，なぜ今日観光が重視されるようになったのかを観光の意義と役割から述べている。もともと人間には，旅行したいという本能と，見たい，学びたいという向上欲があること，そして旅行者がさまざまな地域を訪れることで，経済効果や異文化理解というプラスが生まれることを説明する。

第２章においては，混乱して使用されているツーリズムと観光，そしてレクリエーションの定義を明らかにした。第３章では，前章との関連を踏まえて，観光資源と観光地について定義する。

第４章で，流動する観光現象を把握するために観光構造を明らかにし論述した。

第５章から第７章までは，外国と日本の観光史である。過去に起きた観光現象を時間軸に沿って整理し，事実とその因果関係を明らかにし，それらを研究資料として，その理論，概念，分析方法がどのように変化してきたかを研究し，学問の体系化を図っていくところに観光史の研究目的がある。

付論では，増大してきた観光学研究において，方法論の整備・用語の統一，学史の整理を網羅的にとらえるのがいまだ難しい状況をとらえ，観光学研究の必読文献を通じて，観光研究の流れを説明する。

本巻では特に第２章，第３章においては先行研究を分析しながら，基本的な用語を定義している。観光学を専門とする教員は当然のこと，観光に従事する行政と民間企業の方々にも，ぜひ本巻を読んでいただき，共通の概念をもち，教育や観光事業に取り組んでほしい。同時にご異論も含め皆さまからのご意見をいただくことがさらに観光学発展に寄与しますので，皆さまのご協力を切にお願いします。

著者を代表して

溝尾良隆

目　次

刊行の辞
はじめに

第1章　観光の意義と役割……………………………溝尾良隆　1
　1　ヒトはなぜ旅をするのか　1
　2　観光の意義と役割　3

第2章　ツーリズムと観光の定義……………………溝尾良隆　13
　1　ツーリズムの定義　13
　2　「観光」の定義　19
　3　レクリエーションと他の用語との関係　27
　4　旅行実態調査における国内観光とツーリストの定義　29
　5　各用語の最終定義への検討　31
　6　結論　36

第3章　観光資源と観光地の定義……………………溝尾良隆　43
　1　観光資源の種類と特性　43
　2　観光地の定義　54

第4章　観光研究の諸側面とその構造………………岡本伸之　59
　1　観光の構造に関する先行研究　59
　2　観光の構造　70
　3　観光対象　77

第５章　観光史　外国編……………………………………安島博幸　81
　1　観光の歴史に学ぶこと　81
　2　旅と観光の歴史概説　85
　3　旅と観光の歴史　90

第６章　観光史　日本（1）飛鳥時代――昭和時代戦前
　……………………………………大久保あかね　141
　1　観光前史　141
　2　江戸幕府による旅の規制と制度化　145
　3　身分に応じた旅の拡大　150
　4　明治政府による観光政策　155
　5　社会の変化と観光行動の拡大　159
　6　社会の近代化に伴う観光への価値観の変化　161

第７章　観光史　日本（2）昭和時代戦後以降（1945～2008年）
　……………………………………溝尾良隆　167
　はじめに　167
　1　第Ⅰ期　観光の萌芽期（1945～1963年）　168
　2　第Ⅱ期　大量・大衆旅行時代――旅行拡大期（1964～1973年）　173
　3　第Ⅲ期　旅行需要低迷期（1974～1982年）　178
　4　第Ⅳ期　観光高揚期（1983～1997年）　183
　5　第Ⅴ期　経済不況と観光事業の建て直し期（1998～2008年）　189

付論　観光学の入門書・概論書からみる観光研究の広がり
　……………………………………古本泰之・野口洋平　199
　1　はじめに　199
　2　参考文献からの調査　200
　3　目次からの調査　203

4 まとめ 207

参考文献 219

索 引 224

執筆者一覧（執筆順）
溝尾良隆（帝京大学経済学部観光経営学科教授）
岡本伸之（帝京大学経済学部観光経営学科教授）
安島博幸（立教大学観光学部教授）
大久保あかね（富士常葉大学総合経営学部准教授）
古本泰之（杏林大学外国語学部准教授）
野口洋平（杏林大学外国語学部専任講師）

編集委員一覧
溝尾良隆（帝京大学経済学部観光経営学科教授）
安島博幸（立教大学観光学部教授）
下村彰男（東京大学大学院農学生命科学研究科 森林科学専攻教授）
十代田朗（東京工業大学大学院情報理工学研究科 情報環境学専攻准教授）

第1章　観光の意義と役割

本章においては，人間を移動への衝動に駆りたてる原点についてまずふれて，しかるのちに，観光の意義と役割である，国際平和への貢献，異文化理解，国と地域が期待する観光による経済効果，国民の生活安定・向上について述べる。

1　ヒトはなぜ旅をするのか

イギリスでは，それまでバースやブライトンなど上流階級に支えられていたリゾートが，19世紀末から20世紀初めになると，鉄道の発達とともに，産業革命の生産重視政策から解放された労働者が，ブラックプールなど庶民的なリゾートで自由時間を享受するようになっていった。産業間や個々の企業において労働協約等の締結により，1日の労働時間や週休日が設定され，労働者の自由時間が確保されるようになったのである。日本において今日にいたるまでいぜん導入されていない長期休暇制度も，フランスでは早くも1936年にバカンス法が実施され，以降ヨーロッパ各国に広まっていくのである。

自由時間の増大により，自由時間での楽しみ方を個人が個人の好みで描けるようになっている。自由時間の過ごし方こそ，人間が他の動物とちがう人間らしさを示す機会なのである。日本において「今後の生活において特に重点をおきたい」点で，レジャー・余暇生活が1983年に住生活を抜いて首位になって以降，ずっと首位を続け，2006年にはその選択比率は36.8％に達している。そして時間とカネに余裕があるときに，どのような過ごし方をするかと問うと，国内旅行，海外旅行へ出かけたいという希望が強い。

自由時間と金銭に余裕が生まれてくると，ヒトはなぜ旅行に出かけるのだろうか。

第1には，ルーチン業務に明け暮れる日常生活から脱却したい，わずらわしさから逃れたいという気分転換を求めて旅行するという変化欲求がある。これを達成することで肉体的精神的に健康になり，再び日常の生活に戻ることができる。長期に日常生活から離れるほど，仕事やこれまで家庭生活を忘れて，日常生活からの解放という目的は達成される。

ヨーロッパにおいては，当初，長期におよぶ陰鬱な冬季の気象からくる病いに打ち克つために，太陽がさんさんと輝く南の国へのあこがれという，健康指向が強かった。しかし，これが習慣化されてくると，家庭行事に組み込まれて，1年に1度は必ず長期休暇を取得し，バカンスに出かけるようになる。バカンスとは，真空，心を空っぽにする，つまり日常の瑣事を忘れ，心身ともに爽快になる状態をいう。幼少期からバカンスを経験しているので，成人になり，家庭をもったときにも，バカンスに行くのが当然となる。

第2には，未知へのあこがれ，好奇心，学びたいという，自己達成，自己拡大の動機がある。

人間が気ままに生活できた採集中心の移動社会や放浪社会から定住社会に変わると，かえって，他地域の情報が知らされ知識が蓄えられて，未知の世界へのあこがれ，好奇心が強くなる。「知る喜び」，「発見の喜び」である。さらに自己省察の旅がある。自己省察と聞くと，旅行者が残した落書帖に書かれた文が忘れられない[1)]。

「いまはただ　自分に正直でありたいと思いながら　木曽路を歩いています」

「さびしさもまたひとしおに木曽の秋　風が私に言いました　生きていなさい，木も草も花も私に言いました　生きていなさい　生きていなさい」

先の健康指向とともに，ヨーロッパにおいては，古代ギリシアや古代ローマの文化に接しようとイタリアへのあこがれがあった。ゲーテは1年10か月におよぶ『イタリア紀行』を実践した目的の一つに，詩才と魂の再生があった。16～18世紀に広まったグランドツアーは，イギリスの貴族たち金持ち階級の子弟たちがフランスやイタリアなどへ行き教養を積むための修学旅行であった。こうした教養，創造の喜びを求める旅行は，現代においても画家や作家が創作のために実行している。

自由時間や金銭が豊かな時代でなくても，個人の強い意思により，長い時間をかけ達成した旅としては，30年にも及んだイブン・バットゥータの巡礼の旅がある。さらに個人の強い好奇心と国の政策とが合致したコロンブスやマゼランの大航海の旅，日本でも危険を冒しての遣隋使・遣唐使の旅があった。

現代においても，自然風景や歴史文化に接し，感動をし，個人の成長発展につなげるという未知へのあこがれは，旅行目的の中で大きなウエイトを占めている。何度も色彩豊かな写真を見，動的画面のDVDから観光対象に迫力を感じても，実際に現地に行き本物に接してみると，たとえば，イグアスの滝の迫力には圧倒されるし，フィレンツェの花の聖母寺（ドゥオーモ）やアテネのパルテノンを見て，建物に触ってはじめて色彩と質感がわかる。中国の九寨溝，黄龍でしかと眼を据え，対峙していると，時間とともに太陽光線によりさまざまに変化する色彩のみごとさに驚嘆する。絵画において，レンブラントの「夜警」やダ・ヴィンチの「最後の晩餐」を見たときにも，その大きさ，色彩に同様の感を抱く。

第3は，友人，家族との団らん，親睦がある。団らんや親睦は，日本の帰省旅行や職場旅行に代表される。パック旅行に何度も同じメンバーで参加する女性グループにもそのような傾向がみられる。帰省は年に一度ふるさとの川にもどる鮭のような習性である。

以上のように，自由時間に主体性をもって旅行をすることで，人間の肉体的・精神的充実を図ることができる。そのときにこそ，人間が他の動物とちがう，人間が人間らしい生活を過ごしているといえるのである。

2　観光の意義と役割

ヒトがなぜ旅行をするのか，観光を目的になぜ出かけていくのかがわかった。こうして人々が自由時間を確保し，所得が増大するにつれ，旅行を促進する観光関連産業が発展していく。旅行の手助けや旅行機会をうながす旅行業，大量輸送，料金の低廉化につとめた運輸業，量的質的な対応を示した宿泊産業などの発展は，旅行の大衆化・大量化を促進させ，観光は個人の生活にも国や地域の経済にも，もはや無視できない存在となった。

フランス研究において日本の碩学である林達夫が初めて海外旅行したときに「観光を馬鹿にしてはいけませんね」といったのを受けて，『林達夫・回想のイタリア旅行』の著者，演劇評論家田之倉稔が興味深い指摘をする。

「『観光』とは『リヴレスク』[2)]に対立する『フィールドワーク』で」，「70年代の始め，ようやくにして公的な手続きを取ることなく，フィールドワークの可能な時代になってきた。」「ヨーロッパ文化に関する情報への自由なる接近とフィールドワークの実践が日本のアカデミズムの変貌を促しつつある時代にきていた。」「日本の碩学と本屋と，そして一遊民とが道中を共にし，自由なる会話を楽しむことができたのも，そうした社会現象のなせる業だった。」

学者が書物を通してだけの机上の学問から現地を訪れ自らの考えを再チェックする時代になったことや，そうした学者と一般の旅行者が，同じ対象を眺める時代になったと海外旅行をしながら，田之倉は深い感慨を抱いたのであった。

国や自治体はこうした観光の意義や役割を認めて，観光政策を推進することになった。1963年に制定された観光基本法は，前文の冒頭で格調高く観光の意義を次のように述べる[3)]。

「観光は，国際平和と国民生活の安定を象徴するものであって，その発達は，恒久の平和と国際社会の相互理解の増進を念願し，健康で文化的な生活を享受しようとするわれらの理想とするところである。また，観光は，国際親善の増進のみならず，国際収支の改善，国民生活の緊張の緩和等国民経済の発展と国民生活の安定向上に寄与するものである。」

つまり，観光の役割は，国際平和の増進と国民経済の発展及び国民生活の安定向上，この３点に寄与するとする。

1963年の観光基本法が43年振りに2006年12月に改正され「観光立国推進基本法」となった。本法律において，「観光立国の実現に関する施策を総合的かつ計画的に推進し，もって国民の経済の発展，国民生活の安定向上及び国際相互理解の増進に寄与することを目的とする」と述べ[4)]，観光の意義と役割を，43年前の基本法とまったく同一におく。以下，前記３点のうち，国民の経済の発展を，国と地域経済とマクロとミクロの視点からに分け，観光の意義と役割とされる４点について具体的な説明をしよう。

(1)　異文化理解と国際平和の増進

国際連合は1967年の国際観光年で「観光は平和へのパスポート（Tourism, Passport to Peace)」をスローガンとした。本スローガンは，世界が平和であれば各国間の交流は盛んになり，互いに相手国を知ることが国際平和に寄与する，ということを意味する。

しかし，現在の世界各地での紛争の状況をみるならば，平和を待ち望んでいるだけでは消極的であり，観光関係業者こそ声を大にして国際紛争の解決，戦争回避への道を探ることが望まれよう。次項の貧困削減をも念頭に置くならば，今後は「Tourism, to create Peace and eliminate Poverty」への取り組みが期待されよう。

国際的立場から考えると，日本は島国であるため，日常，周辺に外国人の存在が希薄である。各種情報手段が発達し，世界各国の情報が瞬時にわかるといっても，情報は操作されている危険がある。私たちが現地へ出かけ，あるいは外国人に日本への来訪をうながし，自らの眼・耳で，文化の異同を確かめ，違いを互いに認め合う必要がある。日本は近隣のアジアの人たちとの相互交流が重要で，彼らに心から信頼される国にならない限り，世界の中で孤立するおそれがある。

日本人がアジアの国々へ出かけ，それぞれの国々を知り，異文化理解に努めることが要請されよう。一方，かつて日本が戦後の貧しいときに，アメリカのフルブライト資金を利用して多くの若者が渡米しアメリカという国を理解したように，アジアの若い人たちをこころよく日本の大学や企業で受け入れて，日本の実情を理解し，日本に親しみを抱いてもらえるようになる取り組みが望まれよう。さらに，日本へのビザを不要にするなど，アジアを含めた外国の人々が日本へ旅行しやすい環境の醸成にも努めなければならないだろう。

(2) 国民経済の発展

観光基本法逐条説明において,「観光は国際収支の改善となる外貨の獲得だけでなく,観光産業が国民経済の発展にも寄与し,さらに地域間の所得格差の是正するために資源の乏しい後進地域を開発するには観光開発が大きな役割を果たす」と述べる。この時代の後進地域とは,主に日本国内の農山村地域のことであった。

これまで観光の経済効果は,国レベルでは外貨獲得などが認識されていたが,近年,国際連合は「プロプア・ツーリズム」を打ち出し,観光が貧困削減に寄与することが期待されている。

1992年リオデジャネイロ「環境と開発に関する国連会議」(地球サミット)においてサステイナブル・ディベロップメントがテーマとして採用されて,その具体的な行動計画として「アジェンダ21」が採択された。これを受けて観光の分野においても,サステイナブル・ツーリズムが強く打ち出された。1999年4月,第7会期「持続可能な開発委員会」会合において,「観光と持続可能な開発」が検討され,「すべての主要な関係団体,地元の社会が協力し,適正な戦略を開発することにより,貧困を削減するために,ツーリズムの持つポテンシャルを最大限に活用することが望まれる」という宣言にまとめられた。同年6月の国連環境開発特別総会において,新しい作業計画に「観光」が組み入れられる。

リオデジャネイロの環境サミットから10年後,2002年南アフリカ・ヨハネスブルグ「持続可能な開発に関する世界サミット」において,観光が持続可能な開発の先導的な役割を果たす産業の一つであると期待され,公式に観光の役割が認められた。同サミットにおいて, World Tourism Organization (WTO,世界観光機関) は,2002年をエコツーリズム年と国際山岳年にすると宣言するとともに,「観光事業における貧困の削減」を報告し, ST-EP (Sustainable Tourism-Eliminating Poverty) 構想へ取り組むことになった。

WTO は2003年９月27日を「世界ツーリズムの日」と定め，「ツーリズムは，貧困削減，雇用創出，社会調和の推進力」を果たす役割があることを認識し，その方向に活動を開始した。同年12月には，WTO は正式な国連専門機関となった。このときに，ローマ法王パウロ二世や，アナン国連事務総長も，ツーリズムが貧困を緩和し，途上国の人々に雇用をもたらすことを期待する旨のメッセージを送っている。

こうした世界的な動向に，わが国の JICA（国際協力機構）は，1974年の正式な発足以来初めて，2004年４月に組織内に観光セクションを設置して，アフリカをはじめ世界の開発途上国への ODA（Official Development Assistance 政府開発援助）に，観光事業を積極的に導入することになった。

21世紀最大の産業は観光であるといわれるように，途上国の貧困削減だけでなく，世界経済の観点からも観光はもはや無視できない産業になっている。日本において43年ぶりに観光基本法が全面改正されたのも同様の動きである。『平成20年版観光白書』によれば，2006年日本国内の旅行消費額は23.5兆円に達し，生産波及効果は52.9兆円，観光による雇用誘発効果は442万人となっている。

(3) 地域の活性化

1973年の観光基本法施行当時，「観光が国民の経済の発展に寄与することが知られていない」という指摘がされていた。小泉内閣が「観光立国」宣言をした今日，観光が地域や産業に与える効果は大であるというのが，産業界や自治体に認識されつつある。これまで国の政策においては，インバウンド観光は，国の社会的生産と国民所得を増大させるために重視するが，自国民による国内観光は，単なる国民所得の地域間移転であるため，政策の対象としてこなかった。

しかしわが国は，東京を中心とする大都市圏への人口集中がはげしくなる一方で，農山村地域における過疎化が大きな課題になっている。中山間地域ではこれまでの主要な収入源であった林業や農業が産業としての自立が困難となり，人口の減少にともなう高齢化とあわせて，地域の荒廃が顕著になっている。国はこれまで過疎地域振興法など手厚い保護政策を実行してきたが，施設や道路が整備されても，人口減少と地域の荒廃を阻止することはできなかった。そのため，農山村地域への交流人口を増大させて，来訪者による消費を拡大させるという方向に転換した。グリーンツーリズムの導入はその一環であり，観光と農林業との連携を図ることで，消費の拡大につながり，観光が農林業や農山村の振興の一助になることが期待されている。他方，自然環境と観光との共存策として，エコツーリズムが新しい観光として注目されている。

農山村に人が生活することで，農山村地域は維持管理され，国土の保全，美しい国土の創造がされる。森林や田畑に人の手が加わり，個々人の家屋がここちよく，集落が周囲の自然環境に調和しているならば，都市から農山村に訪れる人たちもその風景に感動し，農山村への旅行者も増し，都市と農山村との交流が生まれ，農山村での消費も拡大するのである。

こうした新しい観光動向は，地域の人たちの雇用効果，新たな消費の発生による経済効果を生むほかに，若者を中心にＩターンを促し，人口増加さえ生じている地域もある。

ところで，経済効果以外に，次のような社会効果が報告されている。開発途上国においては，観光産業の低賃金構造が課題として残るものの，観光産業は女性の社会進出の機会を促進する役割が評価されている。日本においても，スキー場地域などで，観光事業を導入してから，冬季間の出稼ぎがなくなり家族間の会話の話題が豊富になったことや客と接する機会の多くなった女性たちが快活になったという例，あるいは北海道占冠村にトマムリゾートが進出してから，村名が道内に知れ渡り村へ赴任する教員希望者が増えたことや，村民が地元のリゾートホテルを利用するようになり，これまでように札幌のホテル利用に物怖じをするようなことはなくなったという例が報告されている[5)]。

観光を地域の活性化に期待するのは，人口減少を続ける過疎地域だけではない。近年，都市観光という用語が生まれたように，都市部においても観光を重要視している。これまで都市は，工業と商業を産業の基軸に据えて，さまざまな催し物を展開しながら，あえて文化とか観光とかを意識しなくても，多数の人々を集めてきた。しかし都市のイメージを高め，「すばらしいまち」と人の口の端にのるには，文化と観光が優れていることが大切だと遅ればせながら行政は気づいた。東京都においても，区部の地域再生に観光振興の視点を導入し，集客都市を目指したのは1999年の観光事業審議会の答申以降である。

さらに重厚長大産業に依存した工業都市，使用エネルギーの変化や鉱産資源の枯渇から，地域の存続すら危ぶまれている鉱業都市，表面的には繁栄しているかのような都市における中心市街地の空洞化など，これらの解決にわが国でも文化・観光事業を導入し始めた。ヨーロッパにおいては，都市の再生・発展に観光や文化が寄与することが，すでに実証済みである[6)]。

(4)　国民生活の安定向上

この点に関しても，観光基本法の逐条説明では，「国民生活の安定向上に，生活の緊張緩和以外に，国民の保健の増進，未知の土地を訪れて知識欲を満足させ，教養を向上させること」をあげている。

すでに前項の「ヒトはなぜ旅をするのか」でみたように，国民の保健の増進は，世界各地のリゾートあるいは日本の湯治場での長期間の過ごし方に典型的に現れている。欧米人は長期のバカンスが１年の生活パターンの中に組み込まれている。そのような長期滞在でなくても，日常の繰り返しの生活パターンから脱出するという変化欲求は，週や月の生活の充実につながる。基本法でいう知識欲，教養の向上には，人間の未知へのあこがれに結びつき，関心のある国々を訪れて，自然景観や歴史的建造物に触れたり，本場のオペラや演劇，芸術作品に接したりするという旅行動機などがあげられる。自由時間を享受したときに，その過ごし方に生きがいや心の豊かさを求め，自己実現を図ろうとするが，このときに観光の果たす役割は大きい。

ところが近年，わが国では若者がこうした「観光」旅行に関心を示さなくなってきている。新しいレクリエーションやテレビ番組でひんぱんに放映される食と温泉には関心はあるが，美しい風景に接し感動するような機会を求めなくなっている。近年，「見る」から「体験する」へと旅行動向が変化しているといわれるが，それは「見る」に体験が付加されたのであって，量的には「見る・学ぶ」観光がいぜん主流をなしている。新しい動きに目を奪われがちであるが，「見る」重要性をもっと国民に訴えていくことが必要で，美しい風景や優れた文化に接して，感動し，学ぶことにより，自らの精神を高めていくところに，観光の意義がある。観光対象となる観光資源は，人間の力では創造できない自然資源や，人間がつくったものではあるが，長い時間を経て価値が出た人文資源であり，いずれも，一度破壊したら復元の難しいものである。しかし，しばしば観光対象となる自然資源は，農業や漁業，工業などの産業やエネルギー目的の資源利用などと土地利用上競合し，破壊されてしまう。さらには，日本の代表的な景観を生み出している富士山，尾瀬ヶ原，上高地などをはじめとした国民に感動を与える観光対象となる資源が，レクリエーション利用と競合したり，観光収容力を超えてしまったりして，すばらしい景観の維持が困難になっている。そのためにも，「見る」観光の視点をないがしろにしてはいけないのである。優れた観光対象を守り育てていくことが急務で，それが達成できたときに，日本は美しい国土を創造したといえるのである。

引用文献・注：

1）丸山康則は，小岩井駅，渋民駅，啄木記念館，木曾妻籠，飛騨高山，京都嵯峨野，津和野，萩での旅行者からの落書帖から抜粋をし，『旅の落書帖』（1975年，日本生産性本部）としてまとめた。

2）リブレスクとはフランス語で livresque で「本から得られた知識」である。引用部分は，田之倉稔『林達生・回想のイタリア旅行』pp. 36–37から抜粋し，筆者が勝手に文章をつなぎ合わせている。「最後の碩学」とは林達夫，「本屋」とはイタリア書房の社長，「一遊民」とは田之倉自身のことであるが，実際彼らは，1971年イタリア書房が主催する洋菓子講習会のツアーに部分参加をしたのである。

3）観光法規研究会（1963）：『観光基本法解説』学陽書房，p. 103。

4）「観光立国推進基本法」第一章総則（目的）第一条，pp. 3 – 4 。

5）溝尾良隆（1994）：『観光を読む――地域振興への提言』古今書院，p. 165。

6）EC では，毎年，ヨーロッパ文化都市を選定して，アテネから始まり，フィレンツェ，バルセロナなどで文化を機軸に都市の再生に取り組んでいる。イギリスでは，グラスゴー，マンチェスター（溝尾，2003，pp. 74–82），バーミンガム（Murayama, 2004）など，観光と文化を中心にして，都市の再生を図っている。

第2章　ツーリズムと観光の定義

わが国において，昨今，「観光」という用語は対象とする範囲が狭いとの理由から，大学の学部・学科や観光研究団体において，「ツーリズム」の名称を使用する動きが目立っている。これまで一般的にツーリズムを観光と訳してきたが，ツーリズム＝観光でよいのだろうか。日本語には「観光」と「旅行」という用語が存在し，その一方で，英語の「ツーリズム」や「レクリエーション」もよく使用される。日本語と英語の両者を結びつけるところにそもそも問題があるのだろうか。

本章においては，日本に存在する観光とツーリズムという用語の定義について，両者の類似点と相違点を中心に検討する。まず，国際的に通用するツーリズムの定義について考察して，その後に，日本語である観光の定義についてふれて，最後にツーリズムと観光との間に相違点が存在するのかどうかを検討する[1]。

1　ツーリズムの定義

(1) ツーリズムとツーリズム関連語句の語源

1811年に英国の『Sporting Magazine』に，初めてツーリズムという語が載ったとされ[2]，ツーリズムは「各地を旅行して回る」という意味で紹介された。ツーリズムは，tour＋ism の合成語である。tour は，ギリシア語 tornus，ラテン語 tornum に由来し，ぐるぐると回転する「ロクロ」を指す。後ほど検討するが，ここでは tour に -ism が加えられている点を念頭に置いてもらいたい。

ツーリズムの関連語句として，travel は，古代ローマの拷問具三本杭 tripalium に由来する。フランス語 travail の本来意味するのは，分娩の苦しみで，つらく激しい労働をするという意味である。したがって，travelには旅は憂いもの，つらいものという意味が込められており，宿泊施設や交通機関が未整備の時代の旅を連想させる。journeyはフランス語のjournéeからきている。jourとは，1日とか昼間を意味し，この1日の行程が連続したイメージの旅程がjourneyになり，その後，旅行を意味するようになる。

上記用語のそれぞれの相違に関して，日常使用する英和辞典では[3]「トラベルは，一番意味の広い語で，ある場所から他の場所への旅行をいい，途中で名所にも立ち寄る。それに対してジャーニィは，かなりの距離を寄り道もせずにまっすぐ行く。出発地へ戻る意味は含まない。さらに関連語としてのトリップは，観光や仕事上の比較的短い旅行であり，ツアーは観光または視察などのために各所をぐるっと回って帰ってくる旅行」と説明する。

(2) ツーリズム及びツーリストの定義

前述のように，ツーリズムという用語はすでに1811年に登場し，ツーリズムはツアーの語源に近い「各地を旅行して回る」という意味になっていた。第一次世界大戦終了後，世の中が安定し，旅行が活発になった1930年代にヨーロッパで観光学体系への試みが行なわれ，観光学研究の華が開いていく。研究者は観光学の研究書に必ずと言ってよいほど登場するマリオッティ，ボールマン，グリュックスマンらで，日本では，1934年にマリオッティ，1940年にボールマンとグリュックスマンの研究が翻訳，紹介された。

1930年にボールマン（A. Bormann）は『Die Lehre vom Fremdenverkehr』を著わし，「旅行が保養，遊覧，商用，職業等の目的をもつにせよ，或いはその他の理由，例えば特殊の催しや特殊の事情に依るにせよ，およそ定住地から一時的に離れる旅行はすべて観光と称し得る。然しここに職業上の交通というなかには，勤務先へ定期的に通う交通は含まれていない」と定義した[4]。ボールマンは，Fremdenverkehrを，保養，遊覧以外に商用，職業等の目的を含めた旅行であると述べ（後述する現在のWTOのツーリストの定義に近い），さらに移住のような長期的な滞在と区別するために「一時的である」と明記し，郊外から都会へ定期的に通う通勤者のような旅客交通は含めないとしたのである[5)]。

なおこの訳書の題名は『観光概論』であり，「観光」の原語はドイツ語のFremdenverkehrである。訳者である国際観光局は，裏扉で「観光」についてかっこ書きで次のように断っている[6)]。

（本書に於ける「観光」はFremdenverkehrの訳語である。この語の本来の意味は「外来者交通」であって，「観光往来」或いは「観光事業」に当たる場合があるのであるが，本書では一貫して大体「観光」の訳語を用いた。）

このときすでに存在していた日本語の「観光」については後述するが，国際観光局は「観光」に，旅行の意味である観光往来と観光事業の両者を含めている。

ボールマンの後，1933年，オギルヴィエ（F. W. Ogilvie）は，「ツーリストとは，居住地を留守にするのは比較的短期間であること，そしてその離れている期間中に消費する金は，居住地で得たものであり滞在地で稼いだものではない」という二つの条件を提示した[7)]（Mathieson A. and Wall G, p. 10）。比較的短期間とは，ボールマンの「一時的」と同じであり，ここでの留意点は，旅行目的地において使用する金は，滞在地で稼いだものではないとする「非営利的」な活動を加えたことである。

1935年，グリュックスマン（R. Glücksmann）は『Allgemeine Fremdenverkehrskunde』を刊行した。その中で，Fremdenverkehrを「一時的滞在地における外来者とその土地の人々との間の諸般の関係の総体」とした。この定義では，外来者と土地の人々を分けて，両者の「諸般の関係の総体」を打ち出したことである。ボールマンの訳同様に，訳者国際観光局は，グリュックスマンのFremdenverkehrを次のように説明する[8)]。

＊（訳者注）「観光」或いは「観光事業」はFremdenverkehrの訳語である。このドイツ語は，直訳すれば「外来者交通」である。ここに外来者とは外国人たると内国人たるとを問わず，未知の土地，即ち自己の定住地に非ざる土地へ来た人を指す。

ここで訳者は，日本語訳の題名を『観光事業論』として，「諸般の関係の総体」の意味合いを強く打ち出している。ドイツ語verkehrには，もともと往来のほかに，交流の意味がある。Fremden もよそ者，外来者の意味であるから，国内観光者の移動でも適用される用語であるが，外貨獲得が観光事業に要請されている時代には，外国人の意味合いが強かった。

ボールマンとグリュックスマンより早く，1927～28年に『観光経済学』を著したのが，イタリアのマリオッティ（A. Mariotti）である。彼は，「旅行者の動きの発展に寄与するすべての活動を能動的ツーリスト事業，旅行者の通過地並に滞在地の環境及び状態の要素構成に関する活動を受動的ツーリスト事業」に分け，観光学は「旅行者の行動」と「通過・滞在における諸事業」の二つの根本的範疇を扱うとした[9]。ボールマンもマリオッティの考えに賛同をして，観光学の研究分野として，観光の決定要因（宣伝や催し物，季節的要因を含む），観光統計，観光施設（交通機関を含む），一般的観光政策などに言及している。マリオッティの「滞在」が，グリュックスマンの「諸関係の総体」になり，つまりそれが観光事業である。1939年にポーザーは，「諸関係の総体」の内容として，旅行者と訪問先の人々との交流のほかに，訪問先の風土と旅行者の内的な対話をあげている[10]。風土と旅行者の内的な対話は，自然や人文の諸資源に接したときの感動や精神の高揚を意味し，観光の基本的部分であるとする。

1940年代以降になると，ボールマンとグリュックスマンの Fremdenverkehr の定義が検討され，さらに精緻になっていく。

1942年，フンツィカー（W. Hunziker）とクラップ（K. Krapf）が，『Grundriss der allgemeinen Fremdenverkehrslehre』を著した。この著書が広く普及して，Fremdenverkehr の定義が総括され使用されていく。「観光とは，それゆえ，もっとも広義でかつ本来の意味では，外客がその滞在中に何らかの継続的ないしは一時的にせよ主要な営利活動を実行する目的で定住しない限りにおいて，その外客の滞在から生じる諸関係及び諸現象の総体概念である」と規定した[11]。

旅行者を出稼ぎから区別するために主要な営利活動をしない（前述の1933年オギリヴィエの定義）という「非営利原則」と，移民と区別するために定住をしないというと「非定住原則」とが，その後のツーリストの概念規定の条件になっていくのである。

つぎに,「一時的」が明確になる。1958年にイタリアのカローネ(G. Carone)が,観光の定義の中で「24時間を下ることがなく」と下限を設定した。[12)]

そして，1963年に国連が「ツーリストとは，少なくとも24時間以上，そして最長1年以内の期間，居住地を離れて再び居住地に戻る人」と定義し，その旅行目的には，レクリエーション，ホリデイ，スポーツ，ビジネス，会合，会議，研究，友人・親戚訪問，保養，宗教・伝道をあげる。[13)]

一時的とは「24時間以上，1年以内」と規定した。それを1968年にIUOTO(International Union of Official Travel Organizations 官設観光機関国際同盟。現WTOの前身）が承認し，採用することになり，現在のWTOにおける国際間のツーリストの定義となったのである。

結局，ツーリストの現在における定義は，ボールマンの定義に期間を明示しただけに止まって，非営利性原則は消えた。それは，国際間の定義となると，統計上，観光とビジネスの目的を区別することは困難であるし，ビジネス者も現地では観光的な行動と消費をしているし，観光事業者も両者の判別をする必要はないので，両者を区別しないという考えが主流となったためである。産業的視点からも，航空産業，宿泊産業，旅行産業，飲食業においては，消費はビジネス関係が主力になっているし，国内旅行においても地域内の人でも観光消費が行なわれているなど，これら産業の利用者は多方面にわたるので，あえて観光，ビジネス，その他でも，旅行の目的を問う必要ないというのが，最大の理由である。

フンツィカーは1972年になると，一時的に離れ定住をしないという点に対しては定住に「主要な」を，非営利活動には「原則として」を付け加えた。それはバカンスでは長期間滞在するので「主要な」を加えバカンスも観光と認め,「原則として」を加えて，間接的に営利に結びつきそうな国際会議も，地域経済効果が大きいことから観光にしたのである。[14)]

さらに国連は訪問国においては「ビジター」の概念を取り入れて，ビジターを，ツーリストとエクスカーショニストとに分け，ツーリストは，どのような目的でも少なくとも24時間は滞在し，エクスカーショニストは24時間以内の旅行者であるとする。船内泊のクルーズ客などはエクスカーショニストとして分類される。なお，ビジターの概念を採用しても，WTOの定義では，国内観光には適用出来ないのではないかという疑問が残るが，この点に関しては後述する。

以上でツーリストの定義はほぼ完結するが，その間にこのツーリズムの定義に異議が唱えられている。

1966年に，ニース市長やフランスの観光大臣も務めたフランスのメドサン（J. Medecin）はツーリズムを「人が気晴らしをし，休息をし，また，人間活動の新しい諸局面や未知の自然の風景に接することによって，その経験と教養を深めるために旅行をしたり，定住地を離れて，滞在したりすることから成り立つ余暇活動の一つ」と定義をして[15]，ツーリズムから，ビジネス目的・その他目的とを分けて，ツーリズムをレジャー活動の一つに位置づけている。コーエン（E. Cohen）もツーリストを，メドサンと同じように，新奇さと変化を求めるプレジャーを期待する旅行者だとする[16]。因みに，一般的な概念を伝えるオックスフォード英語辞典（O. E. D.）では，Tourismとは，“the theory and practice of touring, traveling for pleasure”と定義する[17]。

以上のように，メドサン，コーエン，O. E. D.は，ツーリズムの定義から，営利活動ではなくてもビジネス目的の旅行を切り離して，日本語の観光に近いプレジャー目的にツーリズムを絞っている。

さらにホロウエイ（Holloway）は，これまでのツーリズムの定義では，次にあげるような近年の新しい旅行動向には対応できないという[18]。

- ・セカンドホーム居住者に，（ツーリストの定義である）「居住地から一時的に離れる」というのは意味がない。
- ・太陽とレジャーを目的に仕事を求めてくる人は，仕事が主目的ではないままに，その地に「１年以上」は居住する。
- ・非居住者だけでなく，地域の人が観光活動に参加して，地域の経済効果に貢献している。
- ・年金生活者は，生活費の安い外国に移住をする。しかし，本来の居住地にも自宅はある。

・カナダの“スノウ・バード（snow bird）”のように，移動トレーナーで，太陽が輝く地へと，寒い冬には移動をする。

これらの点に関しては，後に検討することにしよう。

ここでツーリズムの定義をまとめるならば，ツーリズムは，広義には「通勤・通学以外のすべての旅行がツーリズム」であり，ツーリズムには，①自宅・職場と関係のない地域への一時的な移動，②その目的地での活動，③目的地において旅行者の欲求を満たす施設・事業体，以上３つの意味がある[19]。この３つの意味は，『The Dictionary of Tourism Second Edition』のツーリズムの定義と同じである[20]。

2　「観光」の定義

ツーリズムに関しては一通りみてきたので，次に日本語の「観光」について検討する。

観光の一般的な意味を『広辞苑』でみると，「①他国の文物・制度を視察すること。②他国の風光などを遊覧すること。」と説明されている[21]。本項で観光の語源を調べつつ，現在，日本で使用されている「観光」の定義を検討し，その結果，観光とツーリズムとの類似点と相違点とを比較する。

(1)　観光の語源と意味

観光の語源は，中国の書物『易経』の六四爻辞（りくしこうじ）の「觀國之光。利用賓于王」に由来にするといわれ，訓読では，「国の光を観る，王に賓たるに用いるによろし」で，「一国の風俗の美を観ることで，その国の天子は威勢光輝であることがわかる。その天子につかえて補佐し，その道の天下を行うのがよろしい」の意味になる[22]。觀の卦辞（かじ）は，「風行地上觀。先王以省方，觀民設教。」，つまり風が地の上を行くのが觀であり，風が地上を周行し，そのめぐみが万物におよぶこの卦の象にのっとって，古代の聖王はあまねく四方を巡行し，民の風俗を観察し政教を設けたのである。「觀國之光。利用賓于王」

に続く「觀國之光，尚賓也」とは，「国の光を観るのは，天子に仕えて，その道を天下に行いたいと心に願い求めること」をいう[23]。観は仰ぎ観るという意味である。

ところで「觀」の雚は神聖な鳥として鳥占いにつかわれた「こうのとり」である。鳥占いで神意を察するので，観はただ漫然と見るのではなく「みきわめる，くわしくみる」という意味になる[24]。したがって，責任ある天子は，童観，こどものような単純な物の観かたをしてはいけない[25]というのである。

それでは，この「觀國之光」から，観国ではなくて観光という言葉をだれが作りあげたのか。そして，日本初の海軍練習船がなぜ「観光丸」と命名されたのか，命名したのはだれかである。

観光丸の誕生について，勝海舟は「長崎のオランダ商館長ドンケル・クルチウスは幕府に勧告して，日本も海軍を建設し，軍艦製造に着手し，そのための要員人材を教育すべきことを進言し，幕府もその勧告に従うことになった」と述べている[26]。1854（安政元）年にオランダの軍艦スームビング号が来航し，3か月間の海軍初歩技術の指導をした後，この船を日本に寄贈することになった。オランダ式海軍教育には，永井岩之丞尚志を諸取締役，勝麟太郎（勝海舟）を伝習生監として，194名の武士・水夫らが幕府や数藩から選抜された。

この洋式軍艦を，翌年「観光丸」と命名した。勝海舟は，「観光」の二字は国民が恪勤その業に励み，国運はますます発展することを意味し，国民の期待を象徴するものと絶賛した。オランダ側は「壮麗な光」「美しい案内船」と解釈をし，「丸」は円満で，この上なく美しい意味と受け取ったとあるが，この話の真偽はわからない。

ちなみに幕府が造船の発注をした2隻目の咸臨丸も，名称は同じく『易経』からの採用である。しかも「觀」の前の掛が「臨」で，咸臨とは，初九爻辞によれば「正しい道に従い人を感動させつつこれに臨む」という意味である。

このように観光という言葉の意味はたいへんすばらしいが，『易経』が完成したといわれる紀元前12～紀元前3世紀半ばから江戸時代までに，わが国で観光という言葉が流布されていたのかどうか。上田卓爾の最近の研究によれば，

15世紀の五山文学では観光は常識であったという[27]。観光の語源をもつ肝心の中国には，現在では参観，旅遊や遊覧という言葉が多くみられるが，観光の用例は少ない。これも上田の研究であるが，中国では宋もしくは元の時代には「觀光」が多く使用されており，それが日本の五山文学に影響を与え，日本にも入って来たのではないかというのである[28]。

では，初の洋式軍艦にだれが何を出典にして観光丸と名付けたのか。澤木康昭は[29]，観光丸と命名したのは長崎奉行の永井尚志で，『易経』の「観國之光」から2字をとったという。この澤木の意見に対して，上田は，どの文書をみても，永井が命名したことは判明できない。そしてオランダから幕府に献上された大事な船の命名に，一介の伝習所諸取締役（上田は，沢木が永井を長崎奉行としたのは間違いと指摘）が命名する立場にはないはずだ。実際，徳川斉昭，阿部正弘，堀田正睦が，船名についてのやり取りをしている文書を紹介して，阿部か堀田のいずれかではないかという[30]。

永井は当時長崎の海防掛の目付をしていて，その後長崎海軍伝習所の初代の監督者としての諸取締役に始まり，幕府が外交に関連した新しい仕事をするときに，必ず起用された。築地の軍艦教授所の総督，江戸の勘定奉行，初代軍艦奉行，大政奉還のときには若年寄と昇進していった人物である。

さらに上田は，彼らが観光の出典をしたのは『易経』ではなくて，『春秋左氏伝』からではないかともいう。当時，漢学界では，『春秋左氏伝』から学び始めるのが習慣で，広く知れ渡っていた『春秋左氏伝』荘公二十二年に「觀國之光。利用賓于王」と『易経』と同文があり，欄外の注釈[31]において，「或云観光観天子之耿光」（「或いはいう，観光は天子の耿光（こうこう，盛んな徳の意味）を観ることなり」）と，観光を使用している。観光丸の命名以前に，『春秋左氏伝』を通じて観光という言葉がすでに浸透していたのではないかというのが上田の指摘である。

澤木も，観光丸命名の34年前に，松井羅州が『周易釋故』で観光の用語は見当たらないが「觀國之光。利用賓于王」の注釈をしているし，頼山陽（1832年没）も詩の中で，「観光，識るに足る帝王の噂」と観光をすでに使用していたことをあげている。[32] 観光の用語がすでに流布していたことについては，上田・澤木の両者の意見は一致する。次に幕府が購入した咸臨丸の命名が『易経』であることからとすると，永井や堀田らも『易経』の一字一句を熟知しており，観光の用語も流布していたので，観光丸と決めたかもしれないが，だれが，何からかについて正確な情報はさらに今後の研究を待ちたい。

井上萬壽蔵は『観光教室』において「観國之光」からの派生語として「観光」と「観国」が同旨であることを言及しているが，その後，多数の研究者が井上の『観光読本』や『観光教室』の影響を受けて表面的に観光は『易経』からといっている。[33] 上田はみな原本にあたっていないのでこのような問題がおこるのであると指摘する。[34]

(2) 明治時代以降における「観光」用語の使用

その後，日本において観光という用語がどのような意味で使用されてきたのであろうか。

江戸時代，下野佐野の藩校に「観光館擇善堂」の名がつけられている。明治時代には国産品奨励目的の会社名称に「観光社」，そして「観光社」から販売された製品に観光縮緬，観光繻子などがみられるが，ここでは観光が，広く知らしめるという意味があったからだろう。現在の観光のような使用例として，1875（明治８）年の『米欧回覧実記』の扉に，特命全権大使となった右大臣岩倉具視が「観」と「光」を揮毫している[35]のが注目される。その他に，上田があげる使用例に，1890（明治23）年にtouristを観光外人と訳したことや，1918（大正７）年には母国観光団，1919（大正８）年の帝国議会の速記録に観光外客がある。[36] 次に列挙するのは，現在であれば使用されるに違いない観光や観光地の用語が使用されていない例である。

1873（明治６）年の太政官布達第16号で公園の開設に向けて「人口が多く集まる地域にある名勝地又は有名人の旧跡等で古来から人々が遊覧の場所で…」と述べ，名勝地，遊覧という言葉が使用されている。明治時代に，観梅，観楓のために仕立てた列車は，回遊列車とよばれていた。1927（昭和２）年に９

千万票を超えた「日本新八景」の選定にも，日本八景，日本二十五勝，日本百景を選定したが，観光地という言葉は見当らない。景勝地，勝地という言葉がよく出てくる。終戦のまもない頃でも，「遊山旅行を止めてくれ」と戦災者が旅行者に激昂した一幕があった[37]。

観光を現在の意味のように公に最初に使用したのは，1893（明治26）年に設立された喜賓会の設立目的に述べられている「・・・遠来の子女を歓待し旅行の快楽，観光の便利を享受せしめ・・・」である。ここでの旅行と観光の区別はわからない。喜賓会は，渋沢栄一と益田孝がパリで会い，パリが欧米人で賑わう情景を見て，「わが国も欧米人がたくさん入り込むようにする必要がある」という点で一致して，設立となったのである。

喜賓会が発展して，1912（明治45）年にジャパン・ツーリスト・ビューロー（株式会社ジェーティービーの前身）が創立されたときにも，いくつかの名称の原案のなかに，「観光局」，「日本観光局」，「日本観光奨励会」があった[38]。同年11月にジャパン・ツーリスト・ビューローが中国大連に支部を開設したときに，現地名を「日本国際観光局」とした。1930（昭和５）年には鉄道省が外客誘致のために設置した名称は「国際観光局」である。国際観光局の英文名称は，Board of Tourist Industry であり，ツーリズムの言葉は用いないで，観光を産業として発展させようとした色彩が濃かった。国際観光局が設置されてから，戦前ではもっとも多く観光の用語が使用されるようになったが，1936年に戦時体制に入ってから，観光の使用は途絶えてしまった。

以上のように戦前においては，観光という言葉があまり使用されなかったのは，産業界も含めて「示す」の意味で使用し，「見る」意味のときは，視察のような公の旅行のみに使用したからである。一般の旅行を指すときは，遊山，漫遊，遊覧が好んで使用され，観光地には勝地，景勝地が使用されたのである。

戦後になると，法律の中において，1949年から1950年にかけて，国際観光文化都市，運輸省観光部，観光事業審議会等に使用され，その他にも観光白書，全日本観光連盟，日本観光旅館連盟など観光の言葉がひんぱんに現われて定着してきた。観光旅行という用語もごくふつうに使用されるようなった。1950年に行なわれた1927年と同種の百選は「日本観光地百選」と観光地を使用している。梶本保邦は，インバウンドとともに国内観光も含めて観光が，世間でもよく使用されるようになったのは，1960年以降であろうという[39]。

以上のように明治時代から大正時代においても，観光の用語が現在のような意味で使用される例はみられるが，それが世の中に流布するのは第二次世界大戦以降である。

これを裏付けるために，『大言海』をみると，1932年版と1956年版の新訂版には観光の用語は見いだせず，1982年の新編版ではじめて現われた[40]。

(3)「観光」の定義の検討

1963年に制定された「観光基本法」では観光の定義がされていない。その点に関して，観光基本法のとりまとめ責任者である当時の運輸省観光局長梶本が交渉中の経緯を座談会で次のように紹介している。「法律は，おもしろいものでしてね。観光という言葉が既存の法律の中に使われておれば，そういう概念として世間に通用している。新たに定義せんでもよろしいということになるんですね[41]。」。今回，43年ぶりに観光基本法を改正した「観光立国推進基本法」においても，観光の定義が盛り込まれていない。

日本において公に観光の定義がされたのは，1969年の観光政策審議会（以下，観政審）の答申である。答申では，「レジャーを個人の自由時間あるいはその時間における余暇利用の行為と定義」して，「レジャーの中にレクリエーションとそうでないものがあり，レクリエーションをレジャーの中で，鑑賞，知識，体験，活動，休養，参加，精神の鼓舞等，生活の変化を求める人間の基本的欲求を充足するための行為」と定義する。そして観光を，「レクリエーションと同一の行為としつつ，観光はレクリエーションの一部であり，両者の相違は，日常生活圏を離れるかどうかにあるとして，日常生活圏を離れて行なうレクリエーションを観光」と定義する（図 2-1 ）。図中に（注）があり，観光とレクリエーションとが併記されている。この点については詳しく後述する。

当時わが国の観光研究に影響を及ぼした田中喜一と井上萬壽蔵のそれぞれの

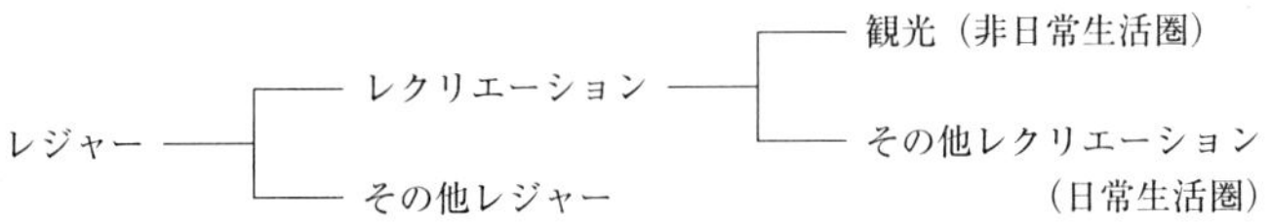

注：以上の分類に対し，次のように観光とレクリエーションを分離した使用法もしばしば見られる。この方が実際的な用法であるともいうことができる。

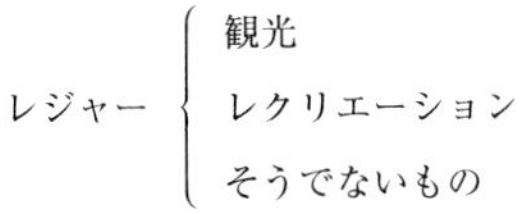

図 2-1　観光とレクリエーションの関係

注：内閣総理大臣官房室「観光の現代的意義とその方向」p. 13を一部修正。

著書の中で，次のように観光を定義している。

田中：自由の動機に基づき一時定住地を離れて旅行すること，滞在地に於て愉楽的，消費生活を享受すること[42)]。

井上：人が再びもどる予定で，日常生活を離れ，レクリエーションを求めて移動すること[43)]。

両者の定義は，田中がWTOのツーリストの定義と，そして井上が観政審の定義と同一である。井上の説が観政審と同じというよりも，観光の定義を検討していた観政審が井上を参考にしたのかもしれない[44)]。

末武直義は，Fremdenverkehr や tourism は旅行の概念とほぼ同じであるとした。それらから観光旅行は所用旅行を取り除いたもので，観光旅行には，見学，見物，遊覧，保養休養，スポーツ，体験，教養，信仰，文化芸術鑑賞などが目的行為とされるとする[45)]。レクリエーションと観光との区分けを活動では明示していない観政審の定義は最も適切であると述べる。ただ，観光を「美しい風光，珍しい風物または歴史的遺物を観る」のは狭義の限定された行為であると述べている。この点，後述の筆者の観光を狭義に捉えるという考えとは一致する。

1974年に観政審の観光の定義とは異なる意見が出された。日本交通公社[46)]は，活動の相違から，観光とレクリエーションとは並列になる概念として捉えた。

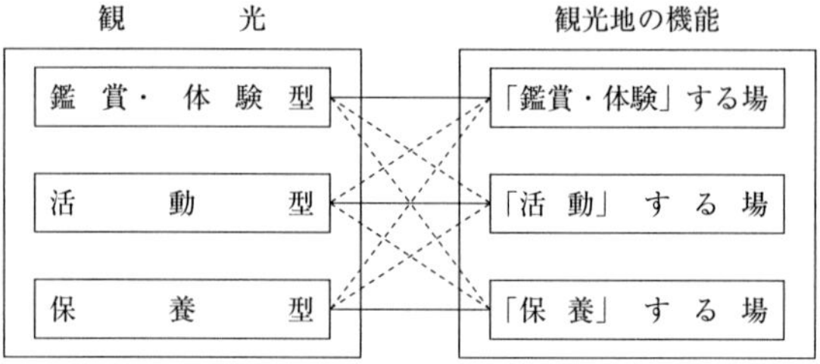

図 2-2　観光と観光地の機能との関係

注：内閣総理大臣官房審議室編（1982）:「望ましい室内観光の実現のために」

レクリエーションは，肉体・精神の回復に，観光は精神の発展にあるとして，観光は，偉大な自然や文化に自ら対峙することで，その観光対象と通じて，自らを知り，何かを得る“厳しい”ものとみている。用語も，双方使用するときは，観光・レクリエーションとすべきであるとする。塩田正志は，観光は人が日常生活から離れて，再び戻ってくる予定で移動する行動であるが，営利を目的としないで，風物を親しむことであるとする[47]。

末武の狭義の観光を加えた三者の意見は，これまでみてきたツーリストの定義におけるメドサン，コーエンらの考えと同じである。

このような流れの中，1980年からの観政審で，1969年の観光の定義を再検討した。1982年に意見具申にまとめられ，その中で観光の行動態様は多様であるが，①鑑賞・体験型観光，②活動型観光，③保養型観光の３つに大別され，それぞれに対応する場があるが，その活動の場においてはこの行動態様も複雑に組み合わされたものになるとしている（図 2-2）。注目すべきは，ここでは観光という言葉を使用しつつも，鑑賞・体験型観光が観光，活動型観光がレクリエーション，保養型観光が宿泊にと，それぞれに対応して，従来の観光とレクリエーションとを分けたことである。

しかし，現在に至るまで，1969年の観政審の定義を覆すには至っていない。日本の「観光」の定義の問題点については後述するが，WTO はツーリストの定義として，観光目的以外のビジネスや友人・親せき訪問の旅行者を含み，観政審では，観光は自由時間内の活動としてレクリエーションの一部であると定義した。したがって，この段階では少なくとも，ツーリストの定義をみる限りツーリズムは日本語では旅行，あるいは観光事業を意味し，観光は非日常生活圏でのレクリエーションというのであるから，観光はツーリズムの一部と考えるのが妥当ではないだろうか。

3　レクリエーションと他の用語との関係

観政審はレクリエーションと観光とは同一活動であり，日常生活圏と非日常生活圏とのどちらで行なうかで両者を区別した。日本交通公社は，両者は活動そのものから違うと述べる。ここではまず，同一英語言語であるレクリエーションとツーリズムとの関係を外国文献から検討して，その後に，日本で，観光，レクリエーション，旅行について，旅行者がどのような受け止め方をしているのかを先行研究から分析をする。

(1) レクリエーションとツーリズム

同一の英語言語であるツーリズムとレクリエーションとの相違について，ガン（Gunn）は，「ツーリズムとレクリエーションを区別しても，結局は同じ現象であり，同一のものである。レクリエーショニストとツーリストは，同一の場所で見いだされる。ツーリストはツーリズムの行為者である。レクリエーションは“プレジャー”と“エンジョイメント”，そして人々の生活をより豊かにする活動である。しかし多くの国において，レクリエーションの言葉は存在しない」と述べている[48)]。あえて両者を峻別するならば，「ツーリズムには，商業主義の色彩があり，民間が関与し，レクリエーションは公共が関与する事業である」とする。1969年の観政審を筆者が傍聴したときに，千家哲麿が，「ハワイが観光地で，ヨセミテ国立公園がレクリエーション地である」と述べた。千家も商業主義の有無で，観光地かレクリエーション地であるかを区別していた。

ロスマン（Rothman）は，アメリカの観光史を述べていく中で，1920年代の自動車登場による，自由な，個人的に行動する新しい旅行形態を「recreational tourism」と説明し，その活動は，野外あるいは野外スポーツに特色があり，経験が重視されるという[49]。この説では，tourism は旅行であり，recreation は日本語のレクリエーションに近い。

Colton（1987）は，レジャーとレクリエーション，ツーリズムの関連を述べている中で，「（ケリィ（Kelly）による定義を）ツーリズムは，自宅を離れて移動するレクリエーションである」と紹介する。しかし「個々人はレジャーとレクリエーション，ツーリズムの区別は，ほとんど意識していない」と述べる[50]。

以上のように，ツーリズムとレクリエーションとを区別する必要はないことがわかったが，あえて分けるなら，次のような意見もある。

Mathieson and Wall（1982）は，レジャー，レクリエーション，ツーリズムの相違点に関して3ページを費やしているが，レジャーは時間の概念で，レクリエーションとの判別は容易であるが，レクリエーションとツーリズムとの明確な区分は困難であるとして，「（Britton が）ツーリズムは，レクリエーションの先端的な形態で，比較的長期間，遠距離に旅行している」と区別するが，現象として両者は同一であろうという[51]。Tribe ほか（2000）は，ツーリズムとレクリエーションを区別するのは明確ではないが，日帰りがレクリエーションで，宿泊するのがツーリズムと言い切る[52]。

カナダにおける旅行者の定義からみると，カナダでは，トラベル・ツーリズムの中が，ビジネス，友人・親戚訪問，他の個人的ビジネス，プレジャーとに分類され，プレジャーの中に，レクリエーションとサイトシーイング，食事がある。ここで，レクリエーションとサイトシーイングとを区別をして，サイトシーイングを「見て回る」tour と同意味で使用している。

外国の観光学文献では，ツーリズムの定義は多くの本で述べられているが，ツーリズムとレクリエーションとの関係あるいは両者の相違を述べているのは少なく，たとえ述べていてもここにみるように，両者を区別することはできないことはないが，それはかなりむずかしいというのが結論であろう。

(2) 旅行者の観光，レクリエーション，旅行に対するイメージ

旅行者が自らの旅行を，観光，旅行という用語に対して，どのように意識しているのかについて，やや古い時代の調査になったが，日本交通公社が，旅行実施者に深層面接を行ない，つぎのことを明らかにした[53)]。

「観光」のイメージは，日帰り・宿泊の日程の長さ，非日常生活圏といったことに関係なく，内容から判断をし，「鑑賞・見物」は8割前後の人が観光，「信仰・参詣」は5割前後，「ドライブ」は4～5割，「休息・休養」，「友人との交際」，「保健・スポーツ活動」，「飲食・ショッピング」は，2～3割の人が観光と位置づけている。

「旅行」と聞くと，距離の概念が入ってきて，1泊以上は問題ないが，日帰りは半日以上をかけないと旅行とはいえないという。「レクリエーション」のイメージは，野外活動，自然志向の活動に集約され，解放感があり，遊びと楽しみ，健康を目的としたもので，グループで活動するのがふつうであるという。

「観光・レクリエーションの旅行ではない」のは登山，友人との親睦旅行，東京から近すぎる横浜への旅行，巡礼，ゴルフ，趣味の旅行があげられた。

「観光旅行」と，観光と旅行を一緒にしてたずねると，観光と旅行の二つの意味が含まれるので問題であり，「レクリエーション旅行」というのはおかしい，という意見が多かった。

4　旅行実態調査における国内観光とツーリストの定義

ツーリズムとツーリストに関するWTOほかの定義は，国際間の移動には適用できるが，国内観光には問題が残ることが指摘されている。

(1) 外国の定義

ここではまず，アメリカ，カナダ，イギリス各国の国内旅行におけるツーリストの定義をみる[54)]。

1973年，アメリカの国家資源評価委員会は，少なくとも片道で50マイル以上

旅行した人をツーリストとした。この定義を11年後に，アメリカのセンサス局は，仕事への通勤を除いて往復100マイル以上の周遊旅行をツーリズムと定義し，５年ごとにツーリストの旅行実態調査をしている。

カナダでは，同定義を居住地の行政境界から少なくとも25マイル以上の周遊旅行とした。

イギリスでは，イギリス観光局が１泊以上の旅行をツーリスト・トリップと呼び，内容は，WTO 同様に，ホリデイの他に，友人・親戚訪問，商用，会議も含めているが，Smith（1989）は，「ヒーリー（Heely）は，商用旅行は除くべきであり，レクリエーション目的であれば24時間以内の旅行も含めるべきだ」と主張する[55]。

フランスでは，ツーリズムの中に，ホリデイとその他ツーリズムがあり，ビジネス，学習，健康の目的を除く４日以上の旅行がホリデイ，３日以内の短期間旅行がその他ツーリズムで，ビジネス，学習，健康の目的も含める。（西）ドイツでは，５日以上をホリデイ，２～４日を短期間旅行と呼ぶ[56]。

米国のビジターの定義に対して，次のような意見がある。往復100マイル以上の周遊型旅行に決めたのは，100マイル以上旅行すれば，人間の記憶に残るからという調査の精度上の問題からである。各州では50マイル以上にしているが，これでも問題であるとする。米国の総人口の３分の１は，太平洋・大西洋の50マイル圏内の沿岸地域に居住し，両大洋沿岸リゾート地の旅行収入の大半は100マイル未満の圏内旅行者によるからである。したがって100マイル以上，あるいはそれより短縮した50マイル以上にしても，沿岸リゾート地域では，旅行実態調査からは除去されているツーリストが多い。五大湖沿岸のリゾート地も同様である。これを20マイル以上とすれば，旅行量はもっと多くなり，観光産業は米国で最大の産業になるという[57]。

(2) 日本の定義

上記1980年の日本交通公社の研究から，旅行実態調査の面接のときに，被面接者により定義が異なるような用語を使用しないことが望ましいということがわかった。その結果，まずは多数の活動をあげておき，被面接者が実施した活動の内容について実施状況を述べ，活動内容によって観光になるかどうかの判断は調査者がするのが望ましいということになった。

1964年から隔年おきに全国の旅行実態調査を実施している日本観光協会では，宿泊と日帰りとに分け，宿泊旅行では，目的に関係なく「泊まりがけの国内旅行の実施」を確認したあとに，観光レクリエーション（スポーツを含む）旅行，出張・業務などの旅行，帰省・訪問・家事などの旅行とそれぞれの兼観光とに旅行目的を分け，各旅行の参加率と回数を訊ねた後に，観光旅行の実態を分析している。

日帰りの観光レクリエーションについては（現在，廃止），定義をしている文書を見せて面接をした。「日常生活圏を離れ，半日以上かけて行なうものとします。したがって，近所の散歩，パチンコ，日常している体操やスポーツ，キャッチボールなどは含みません。」と伝えてから具体的に観光レクリエーションの活動を「その他」を含めて30項目をあげて，月別に回数を訊き，１回ごとの活動を調査していた。

1960年から，ほぼ５年間隔で実施してきた総理府の「全国旅行動態調査[58]」では，宿泊旅行は１泊以上で２か月以内の旅行として，夜行日帰りは含まないと定義したあとで，旅行の種類を，観光（レクリエーション・スポーツなどを含む）旅行，業務ための旅行，家事・私用のための旅行，帰省のための旅行，学業のための旅行，そしてそれぞれのついでの観光旅行（兼観光）とに区分している。

日本観光協会及び総理府の調査も，旅行の種類を訊ねたあと，１回当りの旅行実態については，観光レクリエーション旅行だけに絞って分析している。

5　各用語の最終定義への検討

(1)　ツーリズムと観光事業との関係

グリュックスマンが，観光は「諸般の関係の総体」といったときに，ツーリズムには観光事業の意味も含まれていた。アメリカでは，1981年にアメリカ観光政策を可決したときに，ツーリズムとは「日常生活と関係のない目的で居住地以外の所へ旅行する人のために，輸送，食事，サービス，宿泊その他の施設をすべて，あるいは一部分提供するビジネスの相互に密接な関係をもつ集合体」と定義した。しかし「アメリカにおいては，ツーリズムという言葉は，マイナスの反応があり，今後は「訪問者産業」(Visitors' Industry)を用いるべきである」という意見がある[59]。訪問者産業とは，100マイル以上といった距離に関係なく「自分のまち以外の顧客に対応する産業」である。ツーリズムという言葉がマイナスであるかどうかは別として，発地と着地に関係する運輸産業や旅行産業，着地側の宿泊産業にとっては，どのような目的でも利用されればよいわけであるから，訪問者産業でも差し支えない。今日わが国の大学の観光学科や観光関連団体でツーリズムの用語の使用が目立っているのは，こうした定義との関連である。

(2) 観光とレクリエーションとの関係

観政審においては，観光はレクリエーションの一部で，レクリエーションを非日常生活圏で行なうときに観光であると定義した。これは旅行者の変化欲求を重視した定義であり，活動内容においてはレクリエーションと観光はまったく同一であるとする。しかし，観光事業者や観光地においては，次に述べる観光とレクリエーションとの相違に着目をすることで，観光マーケティングが可能になり，事業や地域振興に寄与するので，両者は分けておく必要がある。

1) 資源の相違から

①活動と資源との対応

テニスを一例にあげれば，観政審の定義は，日常生活圏で行なうテニスはレクリエーションであり，非日常生活圏で行なうテニスは観光である。これを資源と対応させると，テニスの活動の場となる用地が，一方ではレクリエーション資源とよばれ，他方では観光資源とよばれることになる。このように，活動が日常生活圏と非日常生活圏との相違により資源名称が変わるのはおかしなことで，テニスは日常生活圏・非日常生活圏で行なうかどうかで判断するのではなくて，テニスはレクリエーション活動であるとして，活動との対応から資源を分類することが望ましい。

②資源の顕在性と潜在性

観光資源は，利用されないままに潜在化していても，観光資源に接近する交通関連の整備が行なわれれば，ただちに観光対象として顕在化する。しかし，レクリエーション資源は，例えば，スキー場として使用されるには，積雪，植生，斜面の傾斜など個々が潜在的レクリエーション資源であり，これらの資源がいくつか組み合わさりスキー場の適地と判断されてはじめて，資本投下をし，リフトを架け，コースが整備されて，スキー場として顕在化する。その意味では，観光資源以上にレクリエーション資源は潜在化しているのである。

2）資源の代替性の相違から

観光資源は後述するように代替性の少ない特性をもつが，これに対して，スキーや海水浴などのレクリエーションは，一部で積雪，水といった自然に依拠するものの，日本においてはスキーや海水浴をたのしむような適地は多い。ゴルフ場，テニス場などになると，活動対象となる資源は随所にある。このようにレクリエーション資源・施設は，観光資源と比較すると代替性がある。この資源の代替性の有無の程度が，以下の①から③において，両者間の相違を生むのである。

①土地利用計画における競合

同一資源が，観光とレクリエーションとの利用に競合するときは，資源の代替性の少ない観光的な利用を優先させる。たとえば静謐な雰囲気がありかつ景観的魅力の高い十和田湖では，じっくりと景色を眺めて，その素晴らしさに感動するという観光利用を優先し，モーターボートやウィンド・サーフィンなどのレクリエーション利用は制限する。湖上でのレクリエーション利用を望むときは，十和田湖近くの八郎潟の調整池のように，観光的価値の少ない湖沼で行なうべきである。

②市場との関連

レクリエーション活動の場には代替性があるため，レクリエーション施設として顕在化して事業化されるには，市場からの移動距離が重要になる。レクリエーション行動は，現地での滞在時間を長く，同一路を往復するから，市場からの移動時間を可能な限り少なくする交通機関・交通諸施設の整備が大切になる。新幹線や高速道路の開通により大市場と結ばれると，スキー場やゴルフ場などのレクリエーション施設の開発が盛んになるのは，その例である。

③資源の代替性と誘致力との関係

資源の代替性の有無が，誘致力に関係する。旅行が遠隔地域になるほど観光目的の旅行が多くなるのは，見る・学ぶ目的の対象となるような優れた自然風景や歴史的・文化的遺産と同等の価値を持つ資源が周辺にはないため，遠くまでわざわざ出かけても見に行く価値があるからである。したがって，代替性が少ない資源を対象とする観光ほど誘致力は強くなる。前述したように，レクリエーション施設は，可能な限り，市場からの近距離地に用意されることが望ましいため，距離で表わす誘致力は小さくなる。

ここでの誘致力の強弱とは，市場からの距離の長短であり，客数の多寡からではない。客数の多寡は，市場との距離が作用するので，同規模の施設，同ランクの観光資源であれば，市場に近いほうが多くの旅行者を集める。市場距離が同一であれば，観光資源の魅力，あるいはレクリエーション施設の規模あるいは魅力の相違が，客数の多寡を決定する。

レクリエーション施設の誘致力は，施設の規模で決定されるからわかりやすいが，後述するように観光資源の誘致力を決定する資源の評価は容易ではない。

3）観光行動との関連

①地域経済への影響

観光は，各地の優れた自然や文化的遺産を観て回るという周遊型の旅行であるため，個々の観光対象での滞在時間は短くなり，観光者数の割には，地域への経済効果は弱い。滞在時間が短い上に，昼間を中心とした観る・学ぶ活動であるから，宿泊施設が成立しないこともある。これに対してレクリエーション活動は，同一路を往復して，１か所に滞在してスキーやテニスなどを楽しむ行動であるため，１か所での滞在時間が長く，当該地域への経済波及効果も大きくなる。もちろん，観光地でも観光資源が数多く集積する都市観光地のパリやロンドン，あるいはリゾート地域に発展しているヨセミテ渓谷のようなところでは，滞在時間が長くなり，宿泊施設もあり，経済効果は大きい。

②交通計画における相違

周遊型行動をとる観光行動を満足させるには，往復同一路のルートを選択させないように，観光対象地からさらに多方面への道路を整備して周遊型旅行を可能にする。つまり，選択肢の多い枝線道路を各方面に向けて用意する。他方，レクリエーション地では，旅行者は往復同一路をたどると同時に時間集中がはげしいために，レクリエーション地に到達するまでの道路の幅員と，1か所に長時間滞在するので現地での駐車場スペースとを，それぞれ十分にとることが望ましい。

こうした考えは鉄道においても同様である。

(3) 観光とビジネスとの旅行の相違

ツーリズムには，観光とビジネス，その他の目的が含まれている。目的地においてビジネス目的の旅行者の消費も多いので，ツーリストの目的からビジネス旅行者を除外する必要はないとされた。しかし，上述の観光とレクリエーションとの相違と同様に，観光とビジネスとの間には，個人の家計消費と仕事上からの企業消費との相違による旅行行動の選択にさまざまな相違が存在する。そのためにビジネス旅行者の旅行量や旅行行動は経済変動に敏感に反映する。観光者も経済の影響を受けるが，それは弱くやや時間遅れで結果があらわれてくる。交通機関の利用においては，企業は時間距離が重要で，料金が高額でも航空機や新幹線の利用が短距離間でも行なわれる。宿泊施設は，会社の旅費規程内で利用されるが，一般的に旅館よりもホテルの利用が多い。行動が目的地とのピストン型になり，周遊型旅行の形態は少ない。この両者の相違を見きわめることが，旅行目的地や観光事業者のマーケティングには重要である。

(4)「非日常」との関連

観政審の「観光」の定義は，旅行者の変化欲求を重視して，非日常生活圏に出かけて行くかどうかで，観光とレクリエーションとに分けた。前田勇は，「旅行はたんに距離の問題ではなく，日常的には行かない所への一時的移動という，時代により社会により，また，個々人によって，基準が異なり得る事柄なのである」という[60]。「非日常生活圏」について，寺前秀一は，日常生活圏が新幹線や高速道路により広がっているので，観光の概念もあいまいになっていると指摘する[61]。しかし，日帰り圏が拡大しても，旅行者の変化欲求はかわらない。毎週，別荘に行き，居住地では経験できない菜園の管理をしたり，自然を楽しんだりする。これまでのルーチンの仕事とは違って，周辺環境も異なり，何よりも自分のペースでのんびりと過ごせるという気分転換を求めて別荘生活を享受しているのである。

交通が便利になり，旅行者の観光地の選択権が広がることは確実である。それだけに，観光地においては，旅行者が観光地に異日常，非日常を感じさせる観光地づくりに取り組むことが，いっそう重要になってくる。たとえばこれまでは鉄道でも車でも時間のかかった高山で，名古屋圏からの高速道路の開通や安房トンネルの開通により東京圏と直結してから，息抜きに訪れるリピーターの旅行者が増えているのも，高山で非日常というよりも，異日常を求めて気分転換を図っているからである[62]。

6　結論

WTOのツーリストとツーリズムの定義が，世界各国の観光政策や観光学会，観光業界で広く受け入れられている。24時間以上1年以内で居住地に戻ってくる旅行がツーリズムである。非営利性からビジネス目的の旅行者をツーリズムには含めないという学者もみられたが，ビジネスなどの旅行を含めたのは，ビジネス目的の旅行者も来訪地に多くの消費をもたらし，地域経済に与える影響は無視できないし，国際観光で旅行者の目的を判別するのは調査上困難である

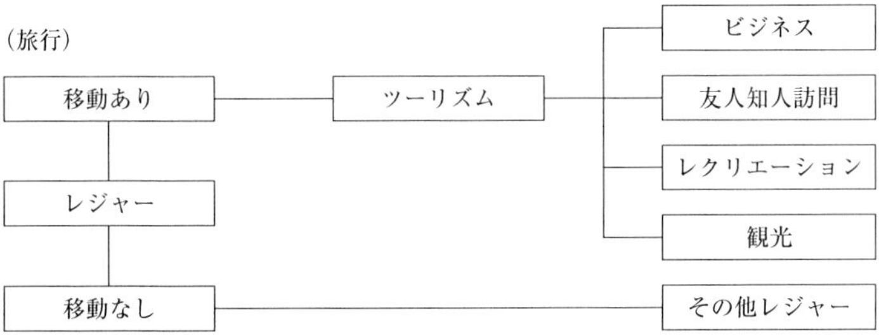

図 2-3　観光とツーリズムの関係

という理由からであった。

その意味から，ツーリズムに該当する日本語は「旅行」であろう。したがって，航空や宿泊，旅行などに関連する観光産業は，旅行産業と呼ぶのがふさわしい。ツーリズムの一部にプレジャーなどの日本語でいう観光目的が含まれているので，観光はツーリズムの一部である。

ツーリズムと観光との関係は明瞭になったが，問題は，観光とレクリエーションとの関係である。外国の観光学研究においては，ツーリズムとレクリエーションとは，区分できないことはないが，判別はむずかしいという。しかし，日本の観政審の非日常圏に旅行するかどうかによって，観光であるかレクリエーションであるかという定義することは，すでに詳述したように問題が多い。さらに，旅行者を受け入れる地域や観光事業者においては，観光，ビジネス，レクリエーションなどの活動や旅行目的を詳細に把握しておくことが，観光経営上重要である。観光が狭い概念で誤解を招くのであれば，観光レクリエーション，もしくは観光・レクリエーションと使用するのがよい。

いずれにせよ，わが国では観政審の定義は早急に再検討の要があり，本論では，新たに図 2-3 を提言する。

引用文献・注：

1）なお，筆者は1993年に「『観光』の定義をめぐって」の論文を立教大学応用社会学研究，35， pp. 39–48に発表し，その後，2003年に『観光学――基本と実践』においても，ツーリズムと観光との定義に関して論を展開した。本稿をまとめるにあたり，前論文を下敷きにしてはいるが，今回さらに検討を重ね，大幅に修正をしていることをここでお断りをしておく。

2）Simpson, J. A. and Weiner, E. S. C.（1989）：［The Oxford English Dictionary Second Edition, Volume XVIII］p. 306.

3）竹林滋・小島義郎（1984）：『ライトハウス英和辞典』研究社， p. 1519の travel の類義語において，文中の説明をする。

4）ボールマン, A.（1981）：『観光学概論』橘書院，p. 13。

訳文である本書では，原著名と発行年が記載されていないが，著者が1930年８月に著者序文を本書に寄せているので，1930年を使用。少なくとも，塩田正志（1975）：『観光学研究Ⅰ』学術選書， p. 53に記載されているボールマンの引用文献での1931年よりは前のはずである。

なお，1940年当時の訳本原本は，発行者は財団法人日本交通公社で，訳者が国際観光局である。

5）ボールマン, A.（1981）：『観光学概論』橘書院，p. ８。

6）同上，扉裏。

7）Mathieson, Alister and Wall, Geoffrey（1982）：［Tourism Economic, Physical and Social Impact］Longman Scientific & Technical, p. 10.

8）グリュックスマン, R.（1940）：『観光事業概論』国際観光局， p. 2 Glücksmann, Robert（1935）：［Allgemeine Fremdenverkehr］.

9）マリオッティ, A.（1934）：『観光経済学講義』国際観光局，p. 12。

10）高寺奎一郎（2004）：『貧困のためのツーリズム』古今書院，p. vii。

11）塩田正志（1999）：『観光学研究Ⅱ』学術選書，p. 26。

12）前掲塩田 11），p. 28。

13）前掲 Mathieson, Alister and Wall, Geoffrey ７）, p. 11.

14）塩田正志（1994）：『観光学研究Ⅰ』学術選書，p. 44。

15）前掲塩田 11），p. 31。

16）前掲 Mathieson, Alister and Wall, Geoffrey ７）, p. 11.

17）Simpson, J. A. and Weiner, E. S. C.（1989）：［The Oxford English Dictionary Second Edition, Volume XVIII］p. 306.

18）Holloway, J Christopher（2002）：［The Business of Tourism sixth edition］. Pearson Educational Limited, p. ３.

19）前掲 Mathieson, Alister and Wall, Geoffrey　7), p. 1 .

20）Metelka, Charles J.（1986）:［The Dictionary of Tourism Second Edition］Delmar Publishers Inc., p. 101.

21）新村出編（1955）:『広辞苑』岩波書店，p. 470。

22）上田卓爾は，高田真治・後藤基巳訳（1993）:『易経　上』岩波書店，p. 208において，「聖王に接近し，その君徳の反映たる国俗の威勢光輝を観る象。君主から賓客のもてなしを受けて，国事に力を致すのがよろしい」と訳しているのは，賓は仕えるの意味であるから間違いであると指摘。筆者は高田らの一部を採用し，上田説も取り入れ，本論のように訳す。

23）後掲上田の30）p. 32からであるが，鈴木由次郎の訳である。

24）白川静（2003）:『常用字解』平凡社，p. 86。

25）観の初六。童観。小人无咎。君子吝。（高田真治・後藤基巳訳（1993）:『易経　上』岩波書店，p. 205）。

26）勝海舟・勝部真長（1972）:『氷川清話　付勝海舟伝』角川文庫，pp. 295–300。

27）上田卓爾（2008）:日本における「観光」の用例について，名古屋外国語大学国際学部紀要，pp. 85–104。

28）上田卓爾（2004）:中国における「観光」の用例と日本への伝播，日本観光会誌，第45号，pp. 83–87。

29）澤木康昭（2000a）:『観光丸』蒸気船から宇宙船へ 2，観光文化 No.141，2000.5，p. 23。

30）上田卓爾（2005）:観光学における「観光」の歴史的用例について――「観光丸」から「観光」を見直す，　pp. 34–39,「第11回観光に関する学術論文入選論文」財団法人アジア太平洋観光交流センター。

31）秦鼎　校本『春秋左氏傳』群玉堂版，1811（文化 8 ）年。

32）澤木康昭（2000b）:『観光丸』蒸気船から宇宙船へ 3，観光文化 No.142，2000.7，p. 20。

33）井上万壽蔵（1957）:『観光教室』朝日新聞社，p. 236，において，pp. 63–65に，観光の語源が易経にあると記載されている。

34）前掲上田の30）p. 36。

35）久米邦武編（1977）:『米欧回覧実記（一）』岩波書店，p. 8 。

36）前掲上田の30）p. 41。

37）岩崎爾郎・加藤秀俊（1971）:『昭和世相史』社会思想社，p. 42。

38）日本交通公社（1962）:『五十年史』日本交通公社，p. 11。

39）梶本保邦（1990）：もし勝海舟が観光丸に乗っていたら，観光，90−５，p. ５。
40）大槻文彦（1982）：『新編版　大言海』冨山房，p. 480。
41）観光法規研究会（1963）：『観光基本法解説』学陽書房，p. 208。
42）田中喜一（1950）：『観光事業論』観光事業研究会，p. ５。
43）井上万壽蔵（1961）：観光，『観光事典』観光事業研究会 p. 30，井上は，この他『観光読本』（1940），『観光教室』（1957），『観光と観光事業』（1967）を著している。
44）観光政策審議会の議事録を読むと，角本良平氏による観光の定義がもとになり，専門委員が議論して一部修正してまとめている（観光政策審議会専門委員議事録，第９回〜第13回，1968，1969）が，角本が井上の定義を参照したことは明らかではない。しかし，当時，田中と井上の書物は，観光研究者であれば必ず目を通すものであった。すでに観政審以前，1966年版『観光産業総覧』p. 23に，「今日，わが国の観光専門家筋の間では，『観光とは，旅行を伴うレクリエーションの一種である』という見解がとられているようである。」とある。
45）末武直義（1974）：『観光論入門』法律文化社，pp. ６−14。
46）日本交通公社（1974）：『余暇社会の旅』日本交通公社，p. 203。
47）塩田正志（1974）：観光の概念と観光の歴史，鈴木忠義編著（1974）：『現代観光論』有斐閣，p. ４。
48）Gunn, Clare A.（1988）：[Tourism Planning] Taylor & Francis, pp. 12−13.
49）Rothman, Hal K.（1998）：[Devil's Bargains] University Press of Kansas, p. 149.
50）Colton, Craig. W.（1987）：Leisure, Recreation, Tourism A Symbolic Interractionism View. Annals of Tourism Research, Vol. 14, pp. 345−360.
51）前掲 Mathieson, Alister and Wall, Geoffrey ７), p. ７.
52）Tribe, John et al.（2000）：[Environmental Management for Rural Tourism and Recreation] Cassell, p. ４.
53）日本交通公社（1980）：『観光調査統一化に関する研究』日本交通公社，pp. 53−69。
54）Holloway, J Christopher（2002）：[The Business of Tourism sixth edition] Pearson Educational Limited, p. １.
55）Smith, Stephen L. J（1989）：[Tourism Analysis] Longman Scientific & Technical, p. 22.
56）William, Allan and Shaw, Gareth（1988）：[Tourism and Economic Development] Belhaven Press p. 181, p. 196.
57）国際観光振興会（1988）：『国際観光情報』第266号，国際観光振興会，p. 19。

58）その後，調査は国土交通省に引き継がれたが，調査は第9回，2001年度調査でやめている。

59）国際観光振興会（1988）:『国際観光情報』第266号，国際観光振興会，p. 17。

60）前田勇（1978）:『観光概論』学文社，p. 2。

61）寺前秀一（2006）:『観光政策・制度入門』ぎょうせい，p. 18。

62）2004年6月，民宿「山久」の主人談。この民宿の宿泊者の8割はリピーターである。交通が便利になってから，何をするということではなく，ただ息抜きに高山に来る旅行者が増えたという。

第3章　観光資源と観光地の定義

ヒトを旅行に駆り立てる対象となるのが観光資源である。したがって，山岳・湖沼などの自然資源や城閣・寺社などの人文資源のほかに，遊園地，食，宿泊施設など，極端にいえば何でも観光資源に成り得る可能性がある。それがまた観光対象は時代によって，急にクローズアップされるものもあれば，観光としての価値が消滅してしまうものもあり，変化する。

このことを踏まえた上で，本章においては，まず観光をこれまで述べてきたようにレクリエーション，宿泊の活動とは区別して，「見る・学ぶ」を目的とする核的な観光資源から出発し，観光施設や「光を観る・観せる」広範囲の観光資源にまで広げていきながら，観光資源としての代替性と永続性との関連について言及する。

さらに，単一の観光資源だけでなく，観光地やリゾートの成立要因としての観光資源，国内観光から国際観光の視点になるとさらに付加される観光資源にまで述べることにする。

1　観光資源の種類と特性

(1) 観光事業と観光対象

観光事業には，旅行者，観光対象となる観光資源，旅行者に利便性を提供する観光関連企業の3分野がある。さらに旅行が増大するにつれ，観光対象となる資源の保護や旅行者に快適な旅行を保証する行政の役割が加わる。近年，地域住民の役割が増大して，地域住民を加えることもあるが，それは広く観光対象（地域）に含める。具体的に説明をしよう。

観光行動は，基本的には観光主体としての観光者と観光客体としての観光資

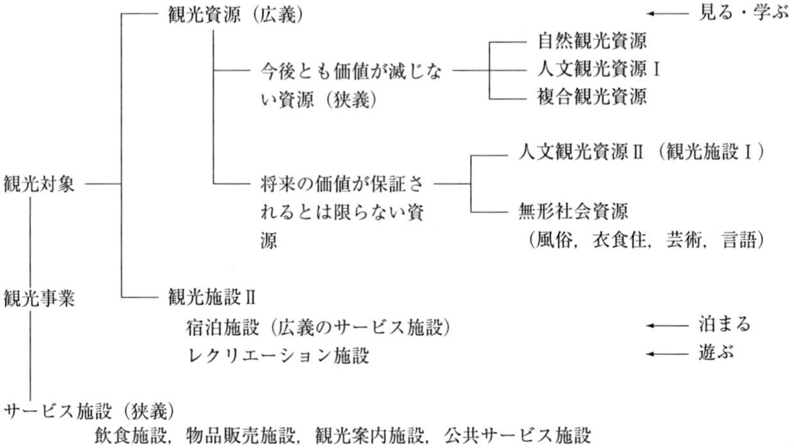

図 3-1　観光資源，観光対象，観光施設，観光事業の関係

資料：観光基礎概念研究会（1998）：「観光・観光資源・観光地」の定義，観光研究 Vol. 9，No 2，p. 35-37。

源，さらに観光資源が集積をした観光地との関係で成立する。観光者は目的の観光対象に接するために居住地を離れて旅行し，観光対象である観光資源に接して感激し，満足し，再び居住地に戻ってくる。感動，満足が得られる旅行，これは観光の意義の一つであろう。

ところが，観光事業には観光者の旅行をより快適にするために，旅行途中や観光対象地において，飲食や物品販売，宿泊などに対応するサービスが必要とされ，これらサービスを提供する観光関連産業の「観光施設」がある。このサービスのための施設（観光施設Ⅰと呼ぶ）を超えて，宿泊や日常生活の行動である買物，飲食が目的となる旅行もあり，しばしばこれら施設が観光対象（観光施設Ⅱと呼ぶ）にもなる。このように旅行者の旅行目的となる観光客体には，観光資源と一部の観光施設がある（図 3-1 ）。

(2) 観光資源の特性

資源とは資産の源の意味で，人間が社会生活を維持向上させる源泉として働きかけの対象となる自然や労働力である。資源は英語では resources で,「源，元，出所」の source に，「後へ，元へ，再び」の re が付いた。よって resources は何かに役立つ原材料であり，途中で消耗される性質をもっている。観光資源とは，英語では resources for tourists あるいは resources for tourism であり，1920年代に慣用されてきた resources for tourists を観光資源と訳したのは，鉄道省国際観光局である。[1)]

以上のように，資源は，人間が社会生活を維持向上させる源泉であるならば，われわれが観光資源といっても，それは旅行者および観光経営にとっての資源であって，その資源が，観光的に価値がなければ観光資源とはいえないし，あるいは観光資源といっても，時代や社会の変化とともに観光的価値が喪失したり，観光資源になり得るものが他の目的に利用されたりする場合もある。

一例をあげるならば，湖（水）の状態が source で，それをどのように利用するかで資源 resources となる。湖は水力発電としてのエネルギー資源，上水資源，漁業資源としての利用が可能である。観光的側面でも，景観資源や，レクリエーション資源としての利用が可能である。かつて日本第２位の大きさであった八郎潟は観光資源と漁業資源として機能していたが，国の米増産政策のもと，農業資源として価値が最優先され，埋め立てられ農業用地に転用された。しかし，それが現代では無用の長物と化して，減反や一部畑作への転換を強いられているが，もとの漁業資源，観光資源として湖を再生させるのは困難である。

同様に日本の海岸線が全国各地，枚挙にいとまがないほどに，観光・レクリエーション利用よりも，農業，工業の目的で埋め立てられた。尾瀬ヶ原も長い間，水力発電用にダム湖になる運命にあったが，植物学的に貴重な資源であり，観光資源として多数旅行者を集めていたため，ダム建設への反対運動がおこり，かろうじて現在の状況を保持できたのである。

逆に，寺社は観光資源ではないが，社叢林を含めて宗教的観点から保護されて，観光対象の利用に供している。

以上の点を念頭におきながら，ここで，観光資源の特性をまとめる。

第１に，観光資源は，すでにレクリエーション資源との比較で述べたが，一般の旅行者の接近が困難であった潜在的観光資源が，道路などの交通関連整備と宣伝がなされて，旅行者が訪れるのが可能になり，観光対象として顕在化される。観光資源は潜在的に広く各地に存在するが，地元の人々はそれらに日常接しているために気づかないことがある。地域の観光資源を発見，評価するには「外の目」も必要である。

第２には，社会と時代の価値観の変化により，これまで観光資源と思われなかったものが，とつぜん観光対象となる。それは世界遺産に登録されたり，ミシュランから高い評価を得たり，あるいは国の文化的景観という新たな法律による選定といった外的基準から評価を与えられたりして，日本有数の観光地に様変わりする。白神山地や石見銀山が世界遺産の例であり，高尾山がミシュランの例，近江八幡が文化的景観の例である。そのような世界的日本的な基準の設定ではなくても，フラワーツーリズムやＢ級グルメの掛け声とともに，観光地と化す地域が登場する。

しかし，各観光資源には，観光客数という量的な，あるいはどの市場からという距離的な誘致力が存在し，それらの価値を見きわめるための観光資源評価に基づく観光マーケティングが大切になる。

第３に，観光資源には，適正な資源管理を行なえば，だれもが自由にいつの時代でも利用が可能で，消耗しないものもあるし，すぐに模倣され全国各地にその種の観光資源が出てくると，希少性がなく，飽きられて，存在価値がなくなる観光資源もある。

上記の特性第２の観光魅力を評価するには，観光資源の経済的価値の評価が不可能で，使用価値が主観的なものであるということから，だれもが納得するような客観的に観光資源の価値を評価できる手法の提示はむずかしい。小澤健市は，観光資源の大部分が公的資源，あるいは公共財ないしは社会的共通資源に属しているため，市場を通じては配分されないので経済的価値の評価ができない問題があると指摘する[2)]。想定できる評価手法としては，全国の他事例と比較検討する相対評価，深田久弥の日本百名山に代表される特定個人あるいは有識者数名からなる委員会での決定，その他にだれでも使用すれば同じ解答が得られる評価式から評価する方法（溝尾ほか，1975[3]，溝尾・大隅，1983[4]）などが考えられよう。日本交通公社では，これまでの研究成果として，全国の観光資源を評価した中の特A，Aクラスに限定し，写真入りで『美しき日本』を刊行している[5]。

(3) 観光資源の種類と分類

観光基本法第14条において，国が保護，育成及び開発すべき観光資源について，「私企業の採算において，適切な保護育成及び開発しうるものについては国の施策を要しないし，破壊されても，原状回復の容易になしうるものや，ほかのもので十分に代替しうるものを保護する必要はない」と，国が関与する観光資源を限定している[6]。

現在，日本の法律で指定されている観光対象となる資源をまとめると表3-1

表3-1　国が保護する主な自然資源・文化的資源

種類	法律・条約	資源・施設・人・地域		
自然	自然公園法	国立公園・海中公園	国定公園	都道府県立公園
	森林法	森林		
	温泉法	温泉		
	世界遺産条約	世界自然遺産		
	ラムサール条約	登録湿地		
文化	文化財保護法	国宝・重要文化財		
		重要無形文化財		
		重要有形民俗文化財		
		重要無形民俗文化財		
		重要伝統的建造物群保存地区	登録文化財	
		重要文化的景観		
	古都保存法	歴史的風土特別保存地区		
	明日香村特別措置法	明日香村		
	世界遺産条約	世界文化遺産		
自然・文化	文化財保護法	特別史跡名勝天然記念物	史跡名勝天然記念物	
	景観法	都市，農村，自然公園		
	世界遺産条約	世界複合遺産		

注：正式な法律名ではなく，略称を使用している。
　　溝尾作成。

になる。この表にみるように，実際に，観光以外の目的から保護されている資源が，同時に観光資源であるという性格を有している場合が多い。しかし，それらが必ずしも観光資源としての保護を図っているものではないだけに，観光資源に関する施策の複雑さが生じる。

現在，貴重な自然は環境省管轄の自然公園法と温泉法，文化財は文化庁管轄の文化財保護法によって指定され，それら保護のもとに一定の利用がされている。世界遺産となると，文化庁を通してユネスコ世界遺産委員会に申請して，登録の採択が決定される。

わが国では世界遺産の登録を受け，一躍世界的な観光地になろうと，申請へ向けて過熱状態にあり，登録された地域でも，多くの観光者が集中し，かえって自然破壊や地域社会に混乱をもたらしている状況もみられる。そのため観光の弊害が指摘されるが，世界遺産を登録し保護していくのは観光分野ではないのである。

表 3-2　観光資源の分類—2001年

自然資源	人文資源Ⅰ	人文資源Ⅱ	複合資源
1．山岳	1．史跡	1．橋	1．歴史景観
2．高原	2．寺社	2．近代公園	2．田園景観
3．原野	3．城跡・城郭	3．建造物	3．郷土景観
4．湿原	4．庭園・公園	4．動物園・植物園	4．都市景観
5．湖沼	5．年中行事	5．博物館・美術館	
6．峡谷	6．碑・像	6．水族館	
7．滝		7．テーマパーク・遊園地	
8．河川			
9．海岸			
10．岬			
11．島嶼			
12．岩石・洞窟			
13．動物・植物			
14．自然現象			

注：溝尾良隆（2001）：観光資源・観光地．を一部修正。

溝尾良隆は2001年に表 3-2 のように観光対象となる資源・施設を分類した[7]。まず人間の力では創造し得ない自然観光資源がある。自然資源は，一度破壊をしたら回復が不可能な代替性の少ない資源であるが，湖沼，滝，自然現象など枯渇性資源としての危険性も秘めている。人文資源の分類が研究者により異なるが，人間が創造したが，長い時間の経過の中で高い評価を獲得して，今日まで残った人文観光資源，これをⅠとし，先述の観光対象化している観光施設Ⅰと人文資源Ⅰと類似の特性をもつ施設で当初から集客目的に造られた新しいものを人文資源Ⅱとした。人文資源Ⅱの特性は，観光施設がその地でなければならないというものではないし，集客性があるとすぐに類似施設ができるため，それら施設の立地は変動し，施設の進出・撤退が激しい。現在は多数を集客する施設であるが，今後ともその集客を続けることが可能かどうか不明なもので，ある時点で評価され観光対象の役目を果たしている資源である。これら施設は，テーマパーク・遊園地にみるように，絶えることなく智恵と資金を投入しないと，集客数は減少してしまい，施設の存続性も危ぶまれる。それだけに，サービス施設としても，観光対象施設としても，これら諸施設が良好な経営を持続するには，不断の努力が必要になる[8]（図 3-1 ）。社会や時代の変化により急に

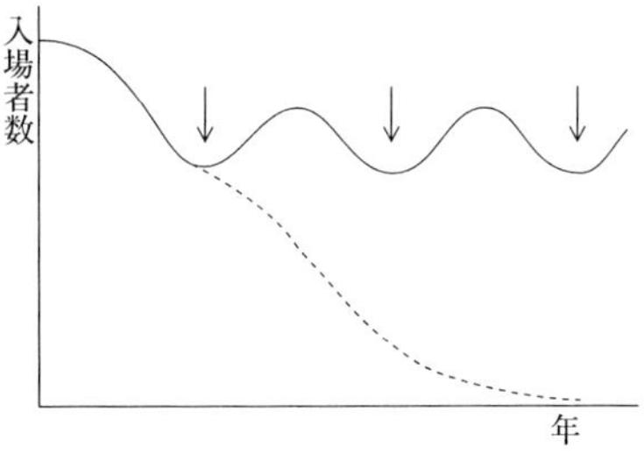

図 3-1　遊園地の需要曲線

(注)------線は追加投資をしないときの需要曲線。
——線は追加投資をしたときの需要曲線。
↓は追加投資。

資料：溝尾良隆（1994）：『観光を読む　地域振興への提言』古今書院，P72。

表 3-3　溝尾良隆-今回（2008）

自然資源	人文資源
1．山岳	1．史跡
2．高原	2．寺社
3．原野	3．城跡・城郭
4．湿原	4．庭園・公園
5．湖沼	5．年中行事
6．峡谷	6．碑・像
7．滝	7．建造物
8．河川	8．動物園・植物園
9．海岸	9．博物館・美術館
10．岬	10．水族館
11．島嶼	11．田園景観
12．岩石・洞窟	12．郷土景観
13．動物・植物	13．都市景観
14．自然現象	

登場した，存続性がかなり危ういＢ級グルメのような「食」もここに含まれてくる。

2001年に策定した表 3-2 について，二つの疑念がその後生じた。一つは，複合資源についてである。面的な広がりがあることから複合資源にしているが，歴史的な町並みのように単一かつ等質であれば，それは面積の大小であって人文資源Ⅰに入れればよい。郷土景観や都市景観が，各種資源が含まれているので複合型観光資源というならば，島嶼こそ複合資源であり，山岳や高原もその種の資源であろう。このようにみてくると，単一資源と複合資源の境界がむずかしく，あえてわける必要もないというのが現在の見解である。

もう一つは，人文資源Ⅰと人文資源Ⅱについてである。Ⅰの碑・像にはあたらしくできたⅡもあるだろうし，Ⅱの橋には錦帯橋のようにⅠに属する人文資源がある。公園も同様である。このようにみてくると，人文資源のⅠとⅡの境界もかなりあいまいである。

結論として，複合型観光資源はやめる。人文資源ⅠとⅡについては，市町村や都道府県の範囲で，リストアップしたすべての資源がわかり，ⅠとⅡとの相違の判断がつくときには使用する。ある時点で区分しても，たとえば５年後に消滅している資源もあれば，Ⅱにとどまっている資源もあり，さらに評価が定着しⅠに移行していく資源もあるといったように，誘致力の評価が年々変化するものはⅡに区分けしておくのが望ましい。しかし，すべての資源をチェックできない全国調査のようなときには，ⅠとⅡとは分けないのがよい。

以上の理由から，全国レベルで観光資源を評価するときには，単純化した表3–3がよいだろう。

なお，ここでの資源は，資源の創造が人間によるものか否かによって，人文資源と自然資源とに分けたのであって，観光対象に接したときの見方・眼差しとなると，両者が複雑に重なってくる。わが国では，霊山とよばれる山岳，ご神体となる滝や岩石，そしてサクラ，これら自然資源の評価には人文的要素が入ってくるし，逆に，寺社を取り巻く社叢林，庭園に取り込まれている自然などは，人文資源に自然的要素が入ってくる，この点は観光資源の評価のときに考慮すべき課題である[9]。

この項の最後に，観光概論書などでしばしば観光資源として取り上げられながらも，表3–3には含まれない観光資源について，省いた理由を説明する。

「温泉」は，宿泊という特に日本の観光事業には貴重な資源であるが，間欠泉や地獄めぐりのような「見る」対象として観光資源になるときは「自然現象」に含める。

「気象」はリゾート形成やレクリエーション開発には重要な要素であり，国際観光資源には，加えるのが望ましい。しかし，不知火，蜃気楼，オーロラのように見る対象は，「自然現象」に含める。

「無形社会観光資源」として，足羽洋保（1997）は，人情，風俗，国民性，衣食住，芸術，芸能，スポーツなどをあげている[10]。これらは個人についている技であったり，特定集団が他集団より際立っている特徴を有したりするときには，観光対象になる。しかしこれらは変容しやすいし，個人や集団が代わってしまうものもある。技術のようなものは技術者が集団として集まり，集落を形成しているとき，たとえば鳴子のこけし，有田の焼き物の例では，人文資源の産業景観に含まれよう。「風俗・習慣」のような対象は，国内では次第に地域性や文化が均質化されてきたので観光対象にはなりにくいが，ニュージーランドのマオリ族のように，少数民族の風俗・習慣・舞踊など国際観光における観光対象として誘致力をもつ。そうしたものを見る場所が施設化されていれば，人文資源Ⅱに入れればよい。しかし，こうしたものは，観光的なショーに変質し，見世物となっているという批判も多く，しばしば観光のオーセンティシティの観点から問題視されているし，将来的にも観光対象となるかどうかは予断できない。

「言語」も観光資源ではないかという意見がある。中国語を習ったので中国へ旅行に行くとか，英語が通じる国だからイギリスに行くといったように，言語が旅行決定に重要な鍵を握っているのは事実である。イギリスは，英語による文学や演劇などを含めて情報が世界各地に伝わりやすいことや英語が通じることで，世界各地からの多数の旅行者を集めやすくなっている。

以上のように，無形社会対象は変わりやすいという点を考慮に入れ，採否を検討していけばよいだろう。

(4) 観光資源の発掘と発見

日本では交通の利便性がすみずみまで整備されているので，すでに観光対象の評価が個々人のなかで定められており，新たな観光対象としての資源を発見したり，発掘したりすることは少なくなっている。しかし，観光対象は，時代により社会の価値観が変化すると，ものの見方，つまり対象に対する見る眼が変わり，新たな観光資源がクローズアップされる。日本の山が，信仰対象から登山対象の山に明治時代に変化したのはその例である。

表3-2には，文化的景観は郷土景観に，産業遺産は産業景観に含まれているが，このようにきわめて特徴をもつ資源が前述の日本交通公社による全国の観光資源調査では，3，4か所程度全国で選ばれていたのが，今日，世の中の新たな見方，新しい動きに触発されて脚光を浴び，地域において関連の対象資源を発掘し，世に紹介し始めたのである。産業観光は，先端的な現代企業の色彩が強かったが，次第に歴史ある地場産業に，農業に，と拡大された。

地場産業で日本一というのは，その産業が特定地域に特化しているわけであるから，その地を訪れなければ，その生産工程などを見る機会が少ないので，地場産業のまちは学びの対象地にふさわしい。製品の購入もできる。例えば，洋食器生産の燕市，将棋駒の天童市などがその例である。しかし，眼鏡フレームの9割前後を生産する福井県鯖江市や，軍手の時代から現在の革手袋まで，手袋生産の7割を占める香川県白鳥町（現東かがわ市）などは，地場産業が観光対象となるにはまだ十分とはいえない。

植物に含まれていた花も，昨今フラワーツーリズムとして推進されている。フラワーツーリズムは観光目的に，シバザクラ，ナノハナ，ヒマワリなどを大規模に植えているが，そのような例ではなくても，もともと農業生産としてのチューリップ栽培地の砺波市，桃の生産地の白根町（現南アルプス市），わさびの穂高町（現安曇野市）など農業の生産風景が観光対象になっている。

観光の定義である「光を観る」の「光」が地域の自慢できるものと考えるならば，観光資源には，地域の努力次第で新たに創りあげることができる。

たとえば，すぐれたスポーツ活動や文化活動を実施している地域には，よその地域から視察にきたり交流したり，あるいは観客として見に来たりする。国体のカーリング会場になったのを契機に，カーリングのまちを標榜して，オリンピック選手まで輩出するようになった北海道常呂町（現北見市）や盛んな俳句やコーラスなどを通じて国内外との交流を深めている地域の例がある。

さらには自分たちの地域が生んだ人物，ゆかりのある人物も，観光に生かすことができる。そのような流れから，その人物に関連をした美術館，陶芸館，文学館，音楽館がいま各地にできている。

イベントが流行りである。札幌の雪祭りは全国から集まるほどのイベントになったし，昨今では，この札幌雪祭りをしのぐといわれるイベントとして，「YOSAKOIソーラン祭り」が登場している。ただし，アイディアは良くても地についたイベントでないと，他ですぐに真似されてしまうし，年々イベント規模を大きくして盛んにしていくのは多大な努力が要される。

先に「外部の目」の必要性を述べたが，日常みているものは，地域の人々にはすばらしいものとわからないことがある。北海道美瑛町の丘の風景は，写真家前田真三による「発見」であった。いまでは，富良野のラベンダーと並んで，一大観光地になっている。福島県下郷町大内宿も，武蔵野美術大学相沢韶男の「発見」により，広く世に紹介されたのである。日本発見に多大な役割を果たした，ラフカディオ・ハーン，アーネスト・フェノロサ，ブルーノ・タウトも忘れてはいけない。

以上のように，時代による社会の価値観の変化により，新たな観光資源が脚光浴びることがあるが，これらは表3-2の人文資源Ⅱに該当するものが多く，時間の継続性という観点からは盛衰もはげしく，観光対象として持続させるには多大な努力が必要とされる。

2　観光地の定義

(1)　観光地の範囲

観光の用語と同じように，観光地という用語も，明確な定義がないままに，ひんぱんに使用されている。林実は，観光地を次のように定義をする[11)]。

「観光地とは，通念上観光者が多く集まる地域をいう。その広がりについては，たとえば，小規模な温泉集落の場合から，長径50kmに及ぶ観光地域の場合まで，まちまちである。観光調査・計画上，観光地という場合は，特に観光者の漫歩する単位区域を指す。この場合，その長径は最大限900mを出ない。この意味での観光地には，観光拠点を中心として広がる遠心型観光地と，求心型観光地の別がある」。

その後，林は，観光地を次のように定義をしている[12)]。

「観光統計上の行政用語としても用いることばであるが，観光者の集まるところ，または，これから観光者が集まってきそうなところを指す漠然たる言葉である。一層正確に表現しようとすれば，観光地域とするほうがよい。ただし観光地域と呼ぶには，通念上面積が小さすぎるし，地点というには広がりすぎるとき，呼び方がないままに，観光地と呼ぶ場合がある」。

つまり，外国人には日本が観光地であり，国内の人には，東京も，東京の一部である浅草も観光地になる。観光地の規模ランクは無視される。十和田湖，阿蘇山といったように観光資源がそのまま観光地と呼ばれたり，日光，京都といったかなり広い範囲が観光地と呼ばれたりするのである。しかし，同じ観光資源でも，姫路城，東大寺のような人文系の観光資源が観光地と呼ばれることはない。人文資源はいくつかの資源が集積をした嵯峨野とか明日香という地区単位で，観光地になる。その点，自然資源のほうが，人文資源に比べると，多少面的な広がりがあるので，単独資源で観光地といっても抵抗がないのだろう。その一方で，京都，日光という観光地は行政の範囲が色濃く出ているが，観光地として定着している。

最近になって，さらに問題になってきたのは，東京都よりも面積が大きくなった高山市や他の新市町にみられるように，平成の合併によって面積が大きくなり，従来の観光地がいくつも加わってきたときは，観光地の呼び名はどうなるかである。例えば，合併後の日光市は，以前の日光市，足尾町，藤原町，栗山村，今市市で構成される。足尾町は，もともと東照宮など二社一寺からは日光市内の戦場ヶ原や切込湖・刈込湖よりも近距離にあったが，行政が異なるため，観光地日光には含まれなかった。逆にこれまで日光といった群馬県に接する戦場ヶ原付近を，これまでのように日光と呼ぶのだろうか。今後，日光というときにどの範囲を呼ぶのか注目したい。

規模という広がりはあいまいにしつつ観光地を定義するならば，等質の単体の自然資源か，いくつかの自然資源・人文資源が徒歩圏内に集積しているか，あるいは1日行動圏のなかで各観光資源が機能的に強く関係しあっている圏域，これらは観光地と呼ぶことができよう。例えば，京都であれば，同系統の寺社資源が集積をしている地域では，8時間の徒歩区域で，地区を分けて名称をつけて，その地区を嵯峨野，八瀬・大原，鞍馬・貴船などと区分けして観光地にするのはよいだろう。鎌倉の場合でも，由比ヶ浜・長谷，鶴ヶ岡八幡宮，建長寺・円覚寺の地区といったように分けることはできよう。

観光マーケティングに寄与するために全国の観光統計を相互に比較をし得るようにするには，全国の都道府県が話し合いながら，観光地を人為的に決定していく以外にないだろう。

(2) 観光地のタイプ別区分

これまでみてきたように，旅行者は，旅行，観光，レクリエーションの区別は意識していないし，あえて区別する必要もないだろう。しかし，すでに観光とレクリエーションとの相違でみたように，旅行者を受け入れる側の目的地においては，資源と市場との関係による立地特性から，一般にいわれる観光地を，さらに狭義の観光地，レクリエーション地，そして宿泊地の３区分にする必要がある（図 3–2）。

これまで取り上げてこなかった宿泊地も旅行選択には重要になる。宿泊地の成立条件をみると，わが国では温泉の存在が成立条件に強く働くので，温泉地が宿泊地になることが多い。しかし必ずしも温泉がなくても，観光ルート上にあるか，レクリエーション地であるか，市場から近いか，これらいずれかの条件が成立し，環境に恵まれた地で水準の高い宿泊施設をつくれば，宿泊施設の事業化は可能である。しかし，宿泊施設・宿泊地の立地条件は多々あり代替性があるため，宿泊地間，宿泊施設間の競争は激しい。

いずれにしても，観光地は，この狭義の観光地，レクリエーション地，宿泊地のいずれかから出発して，他の要素を強めつつ，別の２観光タイプの特性をも併せ持つ総合的な観光地を目指していくことが大切になる。この３タイプの機能を１か所で同時に合わせもつような観光地は，総合的な観光地でありリゾートといえるであろう。しかし，この３タイプの観光地を資源性と立地から

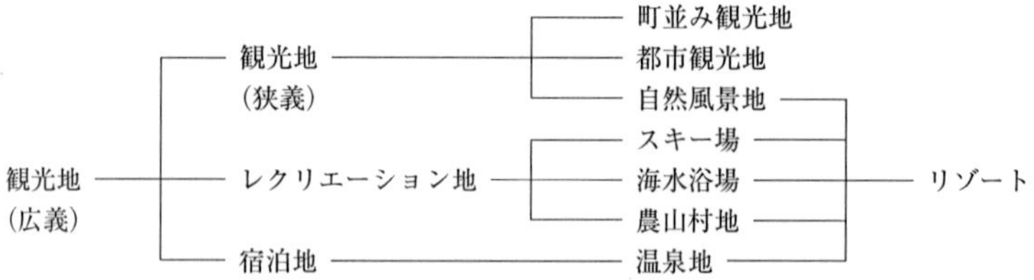

図 3–2　観光地の種類と分類

注：溝尾良隆作成。

すべて１か所で満たすことが出来るとは限らない。宿泊地であれば，宿泊地から日帰り圏内でレクリエーション活動や観光活動を楽しめるような観光地との連携を図ればよいのである。

引用文献・注：

1）林実（1973a）：観光資源『観光事典』財団法人日本交通公社，p. 55。
2）小澤健市（1994）：『観光を経済学する』文化書房博文社，p. 175。
3）溝尾良隆ほか（1975）：多次元解析による観光資源の評価. 地理学評論，第48巻第10号，pp. 694–708。
4）溝尾良隆・大隅昇（1983）：景観評価に関する地理学的研究――わが国の湖沼を事例にして，人文地理，第35巻第１号，pp. 40–56。
5）日本交通公社（1999）：『美しき日本』日本交通公社，pp. 1–207。
6）観光法規研究会（1963）：『観光基本法解説』学陽書房，pp. 185–190。
7）溝尾良隆（2001）：観光資源と観光地，p. 121，岡本伸之編『観光学入門』有斐閣。
8）「倉敷チボリ公園」は，1997年の初年度は約300万人の入場者があったが，11年目の2008年度は約80万人で，2009年１月閉園した。原因は追加投資のなかったことをあげている。同様に，開業15年の「志摩スペイン村　パルケエスパーニャ」は開業時は約375万人であったが，現在は120万人前後である。これに対し，追加投資をし，各種イベントを展開する東京ディズニーランドは，図３−１のような展開で入場者は順調に推移している。
9）溝尾良隆（2009）：日本人の自然に対する情感，「観光景観論試論10」，『地理』644号，2009. 3，pp. 90–97。
10）足羽洋保（1997）：『観光資源論』中央経済社 p. 7。
11）林実（1961）：観光地，『観光事典』観光事業審議会，p. 58。
12）林実（1973b）：観光地，『観光事典』日本交通公社，p. 56。

第４章　観光研究の諸側面とその構造

本章では，まず観光研究者や観光産業に従事する人々が，観光現象をどのような構成要素からなる社会現象と考えているのかについて，いくつかの先行研究を紹介する。後段では，それらを踏まえた上で，研究対象としての観光の構造について筆者の見解を述べてみたい。

研究対象をどのように考えるかは，研究が進むに従ってその輪郭がより鮮明に，また奥行きが深くなる面があるので，観光学のような比較的歴史の浅い分野では，断定的な主張を慎む必要がある。しかし，研究を始めるに当たってさしあたってどのように考えたらよいかという論考はあってしかるべきといえよう。

1　観光の構造に関する先行研究

(1)　田中喜一による観光事業論

観光現象に対する科学的な研究は，塩田によれば，1899年にイタリア政府統計局のボディーオが「イタリアにおける外国人の移動及びそこで消費される金銭について」という観光統計を雑誌論文に発表したことに始まるという（塩田，1978）。19世紀末，蒸気船が普及したことによって，北米とヨーロッパの間の観光往来が盛んとなり，ヨーロッパではアメリカのドルを獲得する手段として国際観光が注目されるようになった。そのため国際収支に関心を抱く経済学者が観光現象に関心を寄せたのである。

国際観光統計の研究から始まった観光現象に対する科学的な研究は，その後ヨーロッパの経済学者によって観光現象そのものを拡大させる方策の研究へと発展し，その成果は1920年代末から30年代にかけて学術書として刊行された。

日本政府も，インバウンドの国際観光が国際収支の改善に寄与することを認識し，1930（昭和５）年には，鉄道省にわが国初の「観光」を冠する行政機関として国際観光局を設置した。ヨーロッパの観光研究の成果に学ぶことが急務とされたのであろう，国際観光局によってマリオッティによる『観光経済学講義』など多数の専門書が翻訳，紹介された。マリオッティ（A. Mariotti）による『観光経済学講義[1)]』（原著は1927年，翻訳書は昭和34年の刊行，以下同じ），ボールマン（A. Bormann）による『観光学概論』(1931年，昭和16年，日本交通公社訳)，オギルヴィエ（F. W. Ogilvie）による『ツーリスト移動論』(1933年，昭和９年)，グリュックスマン（R. Glücksmann）による『観光事業概論』(1935年，昭和15年)，ノーヴァル（A. J. Norval）による『観光事業論』（1936年，昭和16年）などがそれである。しかし，その後第二次世界大戦が近づくにつれて国際観光そのものが不振となり，ヨーロッパにおける観光研究も下火となった。

戦後，わが国で最初に観光研究に本格的に取り組んだ研究者は，経済学者で交通論を専攻した田中喜一であった。田中は上述したような戦前のヨーロッパにおける観光研究を整理して『観光事業論』を著した（田中，1950)。田中，さらに田中が参照した戦前の観光研究の枠組みは，田中の著書の書名にも採用されているように，＜観光事業論＞，とりわけ，インバウンドの観光振興の推進という政策課題に対する解を求めるためのものであった。観光経済学，ひいては観光学の構築という課題意識もあったと推測されるが，まずは観光事業に役立てるという目的の下で知識の整理が行なわれた。観光学はその意味で実学，すなわち実用の学として始まった。今日では実用とは距離を置く観光研究も盛んであるが，社会現象を対象とするのであり，実用とまったく無縁の観光学をイメージすることは難しい。

田中による観光事業論の枠組みを『観光事業論』の目次を紹介しながら概観しよう。まず第１章「緒論」は，「観光の基本概念」，「観光事業の特性」，「観光事業の効果」の３節から構成されている。基本概念は「観光の定義」と「観光の種別」，観光事業の効果は「経済的効果」，「社会的効果」の項から構成されている。第２章「観光事業の史的発展」は，「序説」，「観光事業発達前史」，「観光事業発達本史」の３節から構成されている。

田中による『観光事業論』の中で，観光の構造を考察する上で注目すべき章は，次の第３章「観光の決定要因」である。第３章の第１節は「観光決定要因の分析」で，上述したマリオッティ，グリュックスマン，ボールマン，ノーヴァル等の見解を整理して，観光の決定要因を内生的要因と外生的要因に分ける枠組みを提示している。第２節は「観光決定の内生的要因」で，内生的要因は「観光欲求」，「観光資源」，「観光媒体」の３要素からなるとしている。第３節は「観光決定の外生的要因」で，外生的要因として「経済的一般事情」，「経済的特殊事情」，「社会的政治的事情」の３つを挙げている。観光現象を取り巻く，マーケティングでいうところのマクロな経営環境のことである。第４節は「観光における需給関係」を取り上げている。

第４章は，観光に対する科学的研究の出発点となった「観光の統計的考察」で，経済的意義ほかの３節によって構成されている。続く第５章が「観光事業の経済的構成」で，内容は観光事業を構成する交通，宿泊，旅行斡旋といった「基礎的観光営業」，料理飲食業，娯楽場，温泉場，土産品業といった「補成的観光営業」に関する説明が加えられている。第６章は「観光事業運営の組織」で，行政をはじめとする観光振興を担う組織の説明が行なわれている。第７章は「観光政策の基本問題」と題して，観光政策の遂行をめぐる各種課題等の説明がなされている。

第８章は「観光事業の振興方策」で，７章までの説明を踏まえた上での観光振興の方策について，再びマリオッティ，ボールマン，グリュックスマンの見解を紹介した上で，田中自身の見解を示している。振興方策は，観光資源，観光施設，観光迎接，観光宣伝の４分野に分けて論じられている。第９章は「我国観光事業の再建」で，戦前の観光事業の発展過程を振り返りながら，将来に向けての具体的方策が提示されている。

田中による『観光事業論』の枠組みを，目次を手掛かりとしながら紹介した。全般的に戦前のヨーロッパにおける観光研究の枠組みを継承したといえる。第３章の「観光の決定要因」，とりわけ「観光決定の内生的要因」，すなわち「観光欲求」,「観光資源」,「観光媒体」は，観光現象が直接的には3つの要因の関係によって生起するとしたものである。こうした内生的決定要因に働きかけるのが，第5章で取り上げられている観光事業を構成する基礎的，さらに補成的観光営業であり，田中による観光事業論の枠組みは今日でもわが国の観光研究，とりわけ観光事業の研究に継承されているといえる。

(2) 米国における観光研究

19世紀になって工業化に成功した米国では，19世紀末以降まずアウトバウンドの国際観光が盛んになった。第一次，第二次の世界大戦が観光の阻害要因となったものの，国土が戦場となったわけではなく，戦後は世界各地に観光者を送り出すことによって，戦争によって疲弊した国々を経済的に援助する役割を担った。アウトバウンドの国際観光に続いて,米国人であることのアイデンティティを求めるディスカバー・アメリカの動きが台頭し，国内観光も盛んとなった。さらに,その後先進国としての米国を訪ねる世界各地からの観光者が増加し,国際収支の改善のためにも無視できないとなると，インバウンドの国際観光も重視されるようになった。そうした背景の中で，観光に対する研究教育は，戦前からのホテルやレストランの経営研究や森林を活用した野外レクリエーションの研究などの延長線上で取り上げられるようになった。

米国の大学では，1920年代以降，ホテルやレストラン経営のための人材育成を担う大学が現れ，現在では1922年創設のコーネル大学を筆頭に，州立大学を含めて多くの大学がホテル・レストラン経営の教育プログラムを提供している[2)]。観光が盛んになるにしたがって，これらの大学でも観光に関する科目を開設するようになったが，現在でも選択科目の一部を構成するに過ぎない場合が多い。しかし近年は，パデュー大学の Department of Hospitality and Tourism Management のように，プログラムの名称に Tourism を加えるなど，観光を重視する大学が増えている。

米国におけるこのような背景の中で観光研究が本格化したのは1970年代になってからである。1972年には，マッキントッシュ（McIntosh, 1972）によって，題名に“tourism”を含む教科書として *Tourism: Principles, Practices, and Philosophies*（『観光——原理，実践，哲学』）が刊行された。マッキントッシュは，農学部から発展したミシガン州立大学の経営学部ホテル・レストラン経営学科に所属する教授であったが，実用の学としての観光学を教えた。マッキントッシュによる教科書は，ゴールドナー等の後継者が版を重ね，最新の13版（Goeldner and Ritchie, 2006）は，他の学問分野同様，補助教材，教員用マニュアル，パワーポイント用スライドなどが揃った定評ある教科書となっている。関連して，現在観光分野の国際的な学術雑誌の数は30誌を超えるが，最も権威があるとされる *Annals of Tourism Research* が最初に刊行されたのは1974年であった。同誌を編集したジャファリ（Jafari）は，イラン出身の文化人類学者であるが，戦後の観光研究の発展に主導的な役割を果たし，1988年には既加入会員の投票によるという厳しい入会審査で知られる国際観光研究アカデミー（International Academy for the Study of Tourism）を創設して初代会長となった。マッキントッシュやゴールドナーも同アカデミーの創設に参加している。

ここでゴールドナーとリッチイによる *Tourism: Principles, Practices, Philosophies* が観光の構造をどのように説明しているか紹介しておこう。著者等は，観光は複合的な現象であって，簡潔に説明することが非常に難しいとしながら，観光現象を説明しようとするどのようなモデルであっても，観光現象がシステムとして機能する際の構成要素，決定的に重要な過程，さらにその結果を把握できなければならないとしている。また，これらの過程と結果は，観光現象，旅行体験，さらに観光現象の生起を可能にする各種手段を含むとされる。著者等は「観光現象：観光の構成要素と観光経営」と題する図4–1のような枠組みを提示して，観光現象の構成要素を幾層かの次元によって整理しながら，構成要素間の複雑な関係を図解している（図4–1）。

以下，図が示す内容を，本文の記述を参照することによって筆者の責任によって適宜補足しながら紹介しておこう。図を見ると，まず図の中心に観光者（tourist）が置かれ，周囲を公共部門と民間部門が取り囲んでいる。前者には，国際的及び各国政府，州や県，さらに市町村の公的観光推進機関が含まれる。

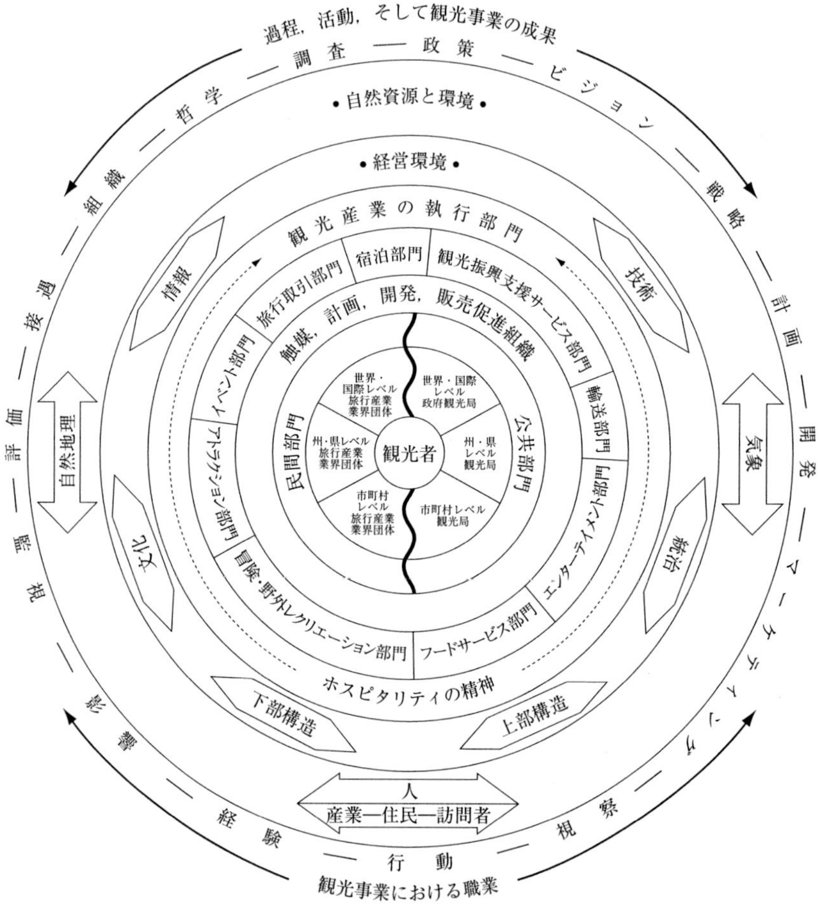

図 4-1　観光現象：観光の構成要素と観光経営

出所：Goeldner and Ritchie, 2006: 14p.
注：図の表題や図中の用語は岡本伸之の訳による。

後者には，前者と同じように国際的なものから市町村に至るまでの民間企業からなる観光推進を目的とする協会等各種業界団体が含まれる。これらの機関が，観光振興に対して，触媒，計画，開発，さらに販売促進といった役割を担う。

公共部門と民間部門の外延部を，観光振興支援サービス，輸送，ラスベガスのショーに象徴されるようなエンターテイメント，フードサービス，冒険と野外レクリエーション，ディズニーランドに代表されるようなアトラクション，祝祭などのイベント，旅行業の役割に代表される旅行取引，ホテルなどの宿泊といった各種観光事業部門が取り囲んでいる。これらが観光産業の代表的な執行部門であって，基底にはホスピタリティの精神があるとしている。図は，次に観光地に固有の文化，観光交通の分野などで顕著な技術革新，観光政策を含む制度的な基盤，上部構造（観光者のニーズを充足させるための施設など），下部構造（観光振興に資する道路などの基盤施設），ＩＴ革命の進展といった人為の環境要素が観光産業を取り巻いていることを示している。さらに，これらの環境要素の外側を，気候，人間（観光産業―地域住民―観光市場の相互関係），自然地理（自然と風景），すなわち自然資源と環境という，最も基盤的な次元を構成する要素が取り巻いている。

図の最も外側には，研究，政策，ビジョン，戦略，計画，開発，マーケティング，視察，行動，経験，影響，監視，評価，接遇，組織といった，観光の過程，行動，結果，さらに，観光産業を担う各種職業が存在するとしている。図4-1の構成を概観すれば，この図は観光現象を構成する各種観光事業とそれらの経営環境を整理したものといえよう。

なお，ゴールドナーとリッチイは，上記のような複合的な構造を持つ観光現象を研究するに当たっては多様な方法があり，いかに研究すべきかについてコンセンサスが得られているわけではないという。代表的な方法としては，①制度的研究と呼ばれる各種観光事業の内部及び相互連関に関する研究，②製品研究と呼ばれる観光事業を構成する製品サービスそのものに関する研究，③歴史研究と呼ばれる観光現象の発展過程に関する研究，④経営研究と呼ばれる，観光産業を構成する企業活動の研究，⑤経済研究と呼ばれる観光現象の経済的側面に関する研究，⑤社会学的研究と呼ばれる社会現象としての観光現象に関する社会学的研究，⑥地理学的研究と呼ばれる観光現象に対して地理学を援用する研究，⑦学際的な研究と呼ばれる，既存の自然科学，人文科学，社会科学の方法を援用することによって観光現象の複合的な性質を解明しようとする立場，

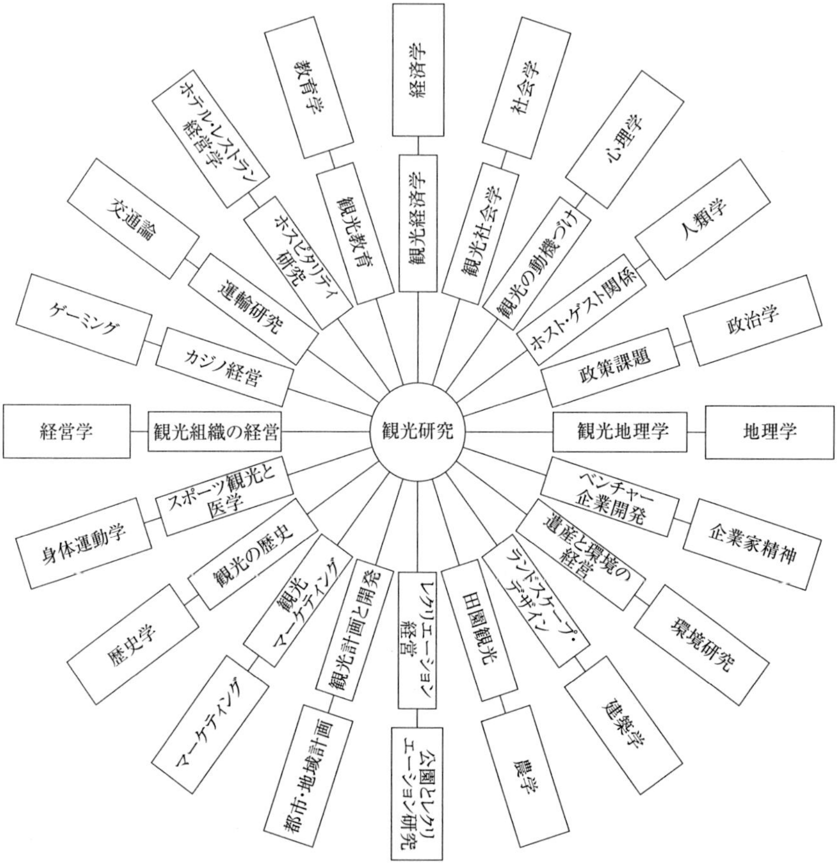

図 4–2　観光領域への諸科学からのインプット

出所：Goeldner and Brent Ritchie, 2006: 25p.
注：図の表題や図中の用語は岡本伸之の訳による。

最後に現在最も必要性が高いとされる⑧システムズアプローチと呼ばれる，観光現象を統合的なシステムと捉えて構成要素間の因果関係を明らかにする方法があるという。図 4–2 は1973年に *Annals of Tourism Research* を創刊したジャファリによる図を引用したものである。現在の観光研究の動向に照らしてみると，医学からの接近による旅行医学ないし観光医学が含まれないなどの問題を指摘できようが，観光研究がいかに多くの学問領域にまたがるかを示すものといえる（図4-2）。

観光現象に対する経済学，経営学，地理学，社会学，心理学，文化人類学，生態学，法学，医学などからの研究は，それぞれ貴重なものとして存在するが，やがては観光現象全体を整合的に説明できる科学として観光学に統合されることが望ましい。観光現象は，それが求められるほどに，現代社会において重要な社会現象としての位置を占めている。観光が人々の日常生活にとって切実な問題ではないような時代には観光学が生成・発展する必然性は無かった。そもそも科学的な接近は，多くの場合社会的な要請による。学問の中には，社会的要請とは無関係に進化するものもありうる。しかし，観光研究に関する限り，観光現象の発展という社会の動きが観光研究の進化を要請したといえる。

ここでは，観光学を，「研究の対象を社会現象としての観光現象とする科学であり，その方法は自然科学，人文科学，社会科学における既存科学からの接近を集大成するもの」としておく。学問研究に対する現代的な要請に応える学際的で複合的な領域であり，環境学その他と同じ性格を持つ。今後，自然と社会と人文に関わるそれぞれの個別科学が，観光現象に内在するそれぞれの科学に固有の研究対象に焦点を当てながら観光現象を解読する作業が続くだろう。いつの日か，そうした個別科学からの接近がやがて観光現象全体を説明するものとして統合される日が来るとすれば，観光現象全体を解明する科学としての観光学が成立したといえることになろう。本書も含めて「観光学」を標ぼうするのは，学としての成熟した体系を前提としたものではなく，むしろいつの日かそうなることの確信を表明する意味においてである。確信すら抱くことができなければ，諸学による観光研究の成果を集めた「観光論」にとどまることになる。

(3) 日本ツーリズム産業団体連合会によるツーリズム産業の範囲

前項で取り上げたような，観光の構造を各種観光事業の構成として把握する見方はわが国にもあって，次の図4-3は日本ツーリズム産業団体連合会（略称

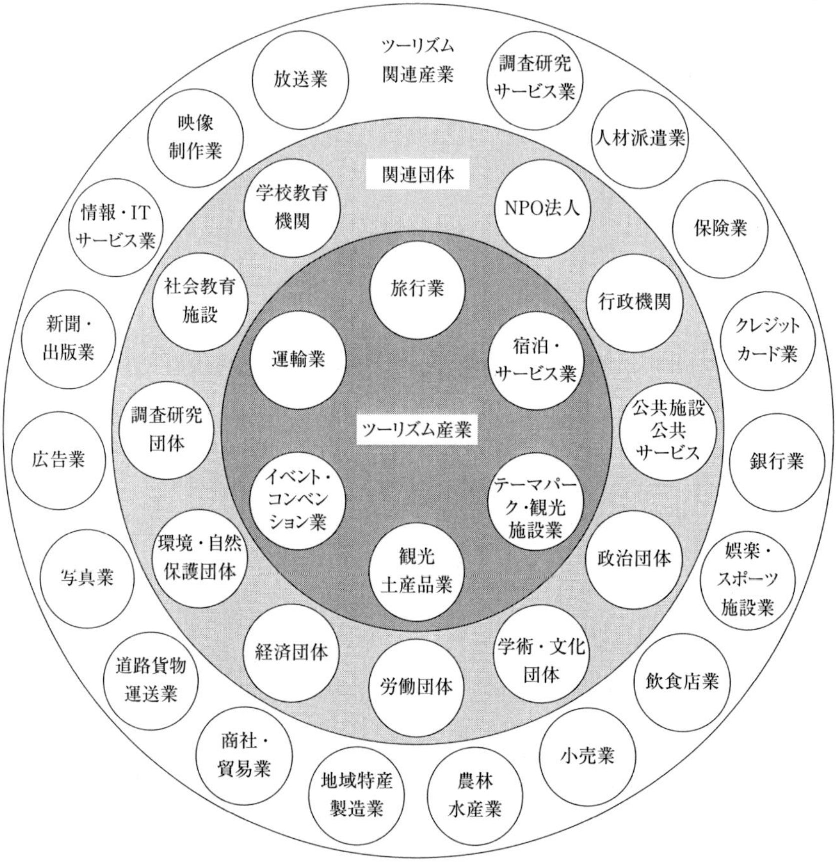

図 4-3　ツーリズム産業の範囲

出所：日本ツーリズム産業団体連合会のホームページに掲載されている図を，許可を得て転載。
（http://www.tij.or.jp/about_tij/outline/sphere.html 参照）

TIJ）のホームページに掲載されているものである。観光と関連のあるあらゆる領域の事業活動を網羅したものといえる。同連合会は，2003年に開始された政府の観光立国政策に呼応して，政府の政策を支援することを目的として，日本の陸海空の交通，ホテルなどの宿泊，旅行業の大手企業などによって組織されたものである。2003年に“観光立国担当大臣”が誕生した際には一定の役割を果たした。これらの企業にとっては，どのような目的であろうと国民が大いに旅行してくれることが事業の繁栄につながることから，社会的通念として“旅行”よりも狭い“観光”を意図的に避けて，“ツーリズム”を TIJ の名称に採用した経緯がある。“旅行”を採用しなかった理由は不明であるが，“旅行”では“観光立国”の政策意図との整合性に難があると考えられたのではないかと思われる。いずれにしても，観光関連の事業活動を網羅したものといえる（図 4-3）。

(4) その他の枠組み

観光研究の枠組みは，研究対象の範囲，研究の視座と方法によって多様であり，研究者の数だけあるといっても過言ではない。実際，哲学者である高井(1991)による，観光世界を日常世界と対極的な位置に置く思弁的な枠組み(高井，1991：p. 171）から，前掲のゴールドナーとリッチイによる実際に観察可能なあらゆる観光関連事象を包摂するようなそれに至るまでさまざまである。高井は，「観光とは現に住んでいる日常生活の世界を超え出ようとする人間の根源的な営為の一つである。人は，観光のために日常世界を超え出ることができるということによって，自己を一つの世界にのみ閉ざされた存在者から，別の世界へ開かれた存在者に変えることができる」（高井，1991：p. 8）という。高井の論考は，九鬼（1930）による「『いき』の構造」にヒントを得たものであるが，日常生活圏を一時的に離れることを意味する観光には，そうせざるを得ない，止むに止まれぬ理由があり，人々は観光を通して人間であることを取り戻す契機にするという。英語のホリデイ（Holiday）が，哲学で全体論を意味するホリズム（Holism）と通底するのではないかと連想させて興味深い。

前掲のゴールドナーとリッチイによる図は，視野が広いという点に特色があるものの，要素間の動的な相互関係までをイメージさせるものではない。その点，ウォールとマチーソン（Wall and Mathieson, 2006）による枠組みは，観光現象がもたらすさまざまな影響を視野に収めた点に特色がある。ウォールとマチーソンは，観光現象（Tourism）を「人々が日常生活圏の外にある目的地に向けて移動し，滞在することを含む複合的側面からなる現象」と定義した上で，図 4–4 のような枠組みを提示している（Wall and Mathieson, 2006: pp. 19–20）。この図は，観光現象がもたらす影響を広い文脈に位置づける点に特色があるとした上で，観光現象は 3 つの基礎的な要素から構成されるという。まず，多数の社会的，経済的，制度的要因が関わる目的地の選択に関わる動態的な要素，第 2 に，目的地の経済的，環境的，社会的システムが相互に作用する中での滞在，第 3 に，上記二つの要素から結果的に生起する，観光者が目的地の環境と社会的サブシステムと直接的，間接的に接触することから生ずる影響という要素である。

そこで，図 4–4 は，与件としての観光需要から始まり，それが多様な観光行動となって目的地に向かい，観光者の滞在が目的地に影響を与え，同時に目的地側の諸要素から影響を受け，結果的に経済的，物理的，社会的にさまざまな変化が起こり，それが観光現象のあり方を変質させ，やがて観光需要を変化させて新たな与件になるという循環を示している。観光現象の構造そのものから，観光現象を内包する要素のダイナミックな相互関係を視野に入れた枠組みとして興味深い。マス・ツーリズムの限界を克服する「持続可能な観光（Sustainable Tourism）」が希求される今日，環境保護の観点から地域が受け入れ可能な観光客の数を問題とする「環境容量（Carrying Capacity）」の概念が挿入されるなど，現代的な枠組みといえる（図 4–4 ）。

2　観光の構造

以上のような観光研究の諸側面を踏まえた上で，改めて観光現象がどのような構造を持ち，どのような要素によって構成されているかについて考えてみよう。構成要素間の因果関係を説明できてはじめて構造を理解できたといえるが，まずはどのような構成要素によって観光現象の全体が構成されるのかについて，作業仮説としてのイメージを描く必要がある。その後に自然と社会と人文に関わる諸科学がそれぞれに固有の視点と方法によって，構成要素間の因果の連鎖

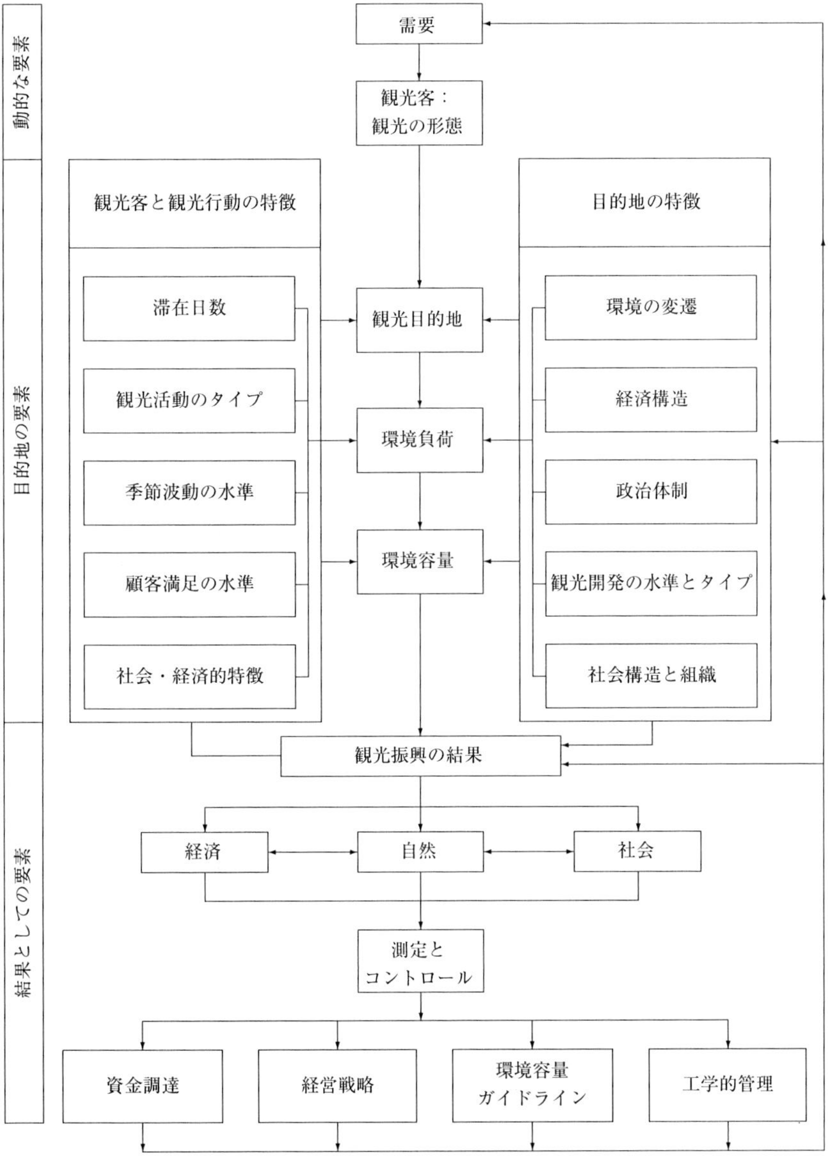

図 4-4　観光現象の概念枠組み

出所：Wall and Mathieson, 2006: 20p.

注：図の表題や図中の用語は筆者の訳による。

を解明することになる。ここでは，観光現象の全体像を理解するためにさしあたって有効と思われる基礎的な枠組みを，構造とそれを構成する要素という観点から検討する。

観光の構造をイメージする場合，まず，それが存在しなければ観光現象が生起し得ない，人々の観光行動すなわち人々が何らかの楽しみを目的として旅行をするという事実に注目することが出発点になる。次に，観光行動が生起する原因と結果の関係を軸に関連する構成要素を導き出す。観光の構造は，各種観光行動とそれらが相互に関連する事象から構成されると考えるのである。例えば，観光行動の対象として美しい景観が存在する。それは観光者が美しいと思うから美しいのであって，観光行動を生起させる出発点はあくまでも観光をする人すなわち観光者の側にある。したがって，観光現象の構造を理解するための出発点としての構成要素は「観光行動」であるといえる。ちなみに，現代観光における観光行動の基本的な特色は「観光の大衆化」である。「ニューツーリズム」（国土交通省総合政策局観光政策課，2007：pp. 52–55）の動向が注目されるように，ポストモダンの観光のあり方が模索される中で，「大衆化」といえば今や過ぎ去ったかのような響きを持つ「マス・ツーリズムの時代」（安村克己，2001）を連想させるが，ここでは観光があらゆる階層の人々によって享受されるようになった時代を示す用語として残しておきたい。

観光行動について理解するには，まずその背後にあって，観光行動を生起させる原因を考える必要がある。原因としては，自由に裁量可能な所得，休日が増えるなどの余暇の増大，豊かさを求める価値観の浸透，都市化の進行といった環境要因などが挙げられよう。次に，これらの原因を背景として生起する観光行動が向かう対象として，観光行動を誘引する要素としての「観光対象」に視点を移動する必要がある。観光対象には，まず，それが観光行動を誘引する要素として機能する際に，天からの授かり物として存在する，あるいは観光行動に寄与することが第一義的な目的ではないものの，結果的に観光行動を誘引するといった，物事の素材という意味で一般的に「観光資源」と呼ばれる要素が存在する。また，観光資源のような素材としてではなく，観光行動に関わるさまざまな要求・欲求を直接的に充足させる「観光施設・サービス」という要素が認められる。

観光対象はそれを地域としてイメージすれば，「観光地」となる。「観光地」は地域社会を構成しており，観光者がそこを訪れることによって，ホストとしての地域住民と，ゲストとしての観光者とのあいだに，観光の本質としてのさまざまな交流が生まれる[3)]。交流は，ホストとゲストの双方に影響をもたらし，その結果，ホストとゲスト自身及び彼らが帰属する地域社会は，彼らにとって望ましい，あるいは場合によっては望ましくない変化を経験することになる。

次に，観光の構造を理解する上で欠かせない要素として観光行動と観光対象を繋ぐ媒介的な要素に注目する必要がある。媒介的な要素としては，観光行動は空間的な移動を伴うことから，まず人々にとっての各種「交通手段」が物理的で基盤的な要素として存在する。さらに，情報が提供されることによって観光行動が動機づけられることから，「観光情報」という要素が存在する。情報が提供されなければ，観光行動は起こりにくい。マスメディア，ガイドブックなどの出版，旅行業が果たす旅行企画や予約のサービスなどもこの要素の一部を構成する。現代においてはインターネットが大きな役割を果たしていることは周知の通りである。その役割が今後どう進化するのか，極めて興味深く，予断を許さない。また，ICタグに象徴されるようなマイクロ・コンピュータと通信技術の飛躍的な進歩が，観光情報の分野に革新的な変化をもたらすものと予想される。外国人を含む誰もが，いつでも，どこでも観光の動態情報にふれることができるような時代が到来するものと思われる（坂村，2006）。

さらに，観光現象を十全に機能させるための制度的な基盤として，政府や地方自治体による「観光政策・行政」という要素が大きな役割を果たす。歴史を振り返ると，長い間，人々にとって自由な観光行動は大きく制限された。自由な空間的な移動が今日のように国境を越えてまで可能になったのは決して古いことではない。政府や地方自治体は，観光を含む人々の空間的な移動に対して，それを制限する，あるいは逆にそれを促進する上で大きな役割を果たす。例えば，出入国管理の実態を想起すれば，この点は容易に理解されよう。

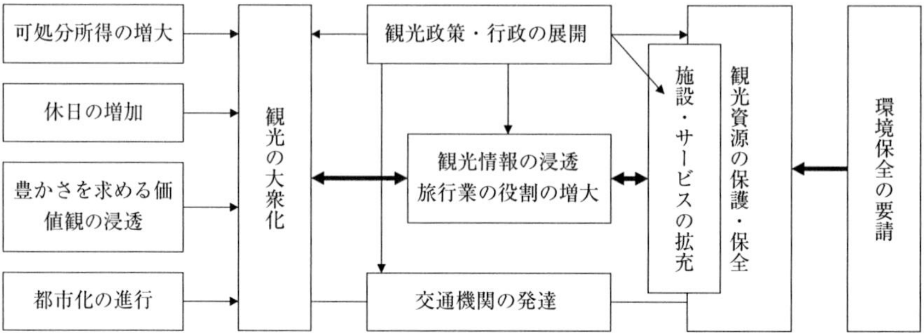

図 4-5　現代観光の構造

注：岡本伸之作成。

観光の構造を，基礎的な出発点としての「観光行動」，対象としての「観光対象（ないし観光地)」，観光対象を構成する「観光資源」と「観光施設・サービス」，さらに媒介的な要素としての「交通手段」と「観光情報」，さらにすべての要素を包括する位置にある「観光政策・行政」の各要素に分解して考えることは，観光学をどのような学問としてイメージするかにも関わる。観光学を，各要素の因果関係に関わる，固有の概念，現象が生成し発展する基本原理，各要素の因果関係に関わる法則の発見，法則を説明できる理論によって体系的に構成される学問と考えることになるからである。しかし，こうした事柄が総合的かつ統合的に整理される日は，仮に可能であるとしても，かなり先のこととなろう。構成要素に対するイメージも観光の実態の変化に即応して変えていく必要があるかもしれない。その意味で，上記の議論は作業仮説の域を出ない。上記の検討を踏まえて現代観光の構造を図示すれば，図 4-5 のような図を描くことができよう（図 4-5)。

(1)　観光行動と規定要因

観光者の存在とその行動は観光現象の基礎的な構成要素である。その背後には，構造図との関連ですでにふれたように，観光行動を規定するさまざまな要因が存在する。主な要因を改めて整理すれば，①所得（可処分所得)，②時間

(余暇時間)，③意識（余暇に対する価値観）の3つが基礎的なものとして挙げられよう。これらのほかにも，都市化の進行といった，日常生活を規定する環境要因が，例えば人々を豊かな自然環境を求める観光行動に駆り立てるといったことが考えられる。わが国における観光の現状に若干ふれながら，これらの要因が持つ意味について考えておこう。

まず①の所得は，自由に裁量可能な可処分所得の額が問題となる。わが国の観光市場の大きな特色は独身の若年層が指導的役割を果たしているとされるが，彼らがそのような役割を果たすことができる理由は自由に裁量可能な所得に恵まれているからである。逆に，学齢期の子供を抱えた家族にとっては，旅行に出かけるには多額の費用が掛かり，そのため観光を享受することが極めて困難な状況にある。この点，欧米では観光を目的とする家族旅行が盛んであることと対照的である。原因と問題解決の方策を明らかにすることは，観光研究の一つの課題といえる。

②の時間は，これも観光の量と質に決定的な影響力を持つ。わが国の国内観光の大きな特色は1回当たりの宿泊日数が極めて少ないことである。社団法人日本観光協会の調査によれば，宿泊を伴う観光の1回当たり平均泊数は2泊に満たず，1泊2日が過半を占める（社団法人日本観光協会，2006)。原因の一つは長期休暇を取り難いことにある。わが国は，労働者に2週間の有給の連続休暇を保証するILOの有給休暇条約をいまだに批准できない世界でも稀有な国であり，そのことがわが国で長期滞在型の観光が根付かない決定的な原因となっている。この問題を解決する糸口を明らかにすることも，観光研究に課せられた喫緊の課題といえよう。

③の意識も観光行動を大きく規定する。多くの社会調査の発見事実を総合すれば，日本人は余暇，とりわけ観光を積極的に享受したいと強く希望している。したがって，わが国の国内観光の実態が欧米諸国に比べて著しく貧弱である原因は，意識の問題よりも，その他の要因にあるものと思われる。わが国の所得水準が世界有数の高水準にあることは周知の通りであるから，観光行動の背後にある要因としては，②の時間の制約が効いていると考えるのが自然といえよ

う。他方，人々を観光行動に駆り立てるはずの観光対象の側も，人々の潜在的な要求・欲求を充足させる条件に欠けているといえる。例えば，観光施設として基盤的な宿泊施設を取り上げても，家族が廉価に観光を享受できるような施設はわが国の場合極めて少ない現状にある。

(2) 観光行動の類型

観光行動はさまざまな観点からの類型化が可能である。観光が旅行を伴う余暇活動であることに注目すれば，①休息型，②気晴らし型，③自己実現型といった，ディマズディエ（1972）のいう余暇の3機能による類型化が可能である。また，行動の態様に注目すれば周遊型と滞在型に区別できるが，欧米のバカンスのような滞在型観光はわが国では時間条件の制約があってまだ一般化していない。そのためわが国では短期間ながら特定の場所に滞在して近隣を周遊する拠点型観光を促進すべきとの意見がある（観光行政研究会，1995）。

次項の観光対象ないし観光地との関連では，溝尾（1993）によれば，①（狭義の）観光，②レクリエーション，③保養・休養と3区分する必要がある。これは鈴木（1978）による①流動型，②目的型，③滞在型，さらに観光政策審議会による①鑑賞・体験型，②活動型，③保養型の3区分にそれぞれ対応している（内閣総理大臣官房審議室，1982）。鈴木（1978）は，観光資源性としては，①にはすぐれた景観などの“見る”が，②には各種屋外スポーツのような“遊ぶ”が，③には“遊ぶ”に加えて，オートキャンプ場のような“休む・泊まる”がそれぞれ対応するとしている。

観光行動はすでに心理学や社会学の研究対象として多くの研究業績が積み重ねられてきた。1970年代の半ば以降，高度経済成長を達成した国々においては，観光の大衆化が進み,「マス・ツーリズム」と呼ばれる発展段階に達した。そこで,今日ではマス・ツーリズム以後の段階の観光がどのような機能や特色を持つことになるのかに研究者の関心が寄せられている。そうした文脈に位置づけることができる研究としては，例えば，観光体験が脱近代（ポストモダン）的なライフスタイルをつくりだす大きな要因になることを明らかにした遠藤（2005）

による研究が挙げられる。遠藤は，先行研究の成果を踏まえて，東大寺南大門と法隆寺を訪れた日本人観光客を対象として実施した面接調査の結果を因子分析にかけることによって，まず現代のライフスタイルに対して，「『物質主義』，『達成的地位志向』，『Having 志向』といった近代的なライフスタイルと，『脱物質主義』，『関係的地位志向』，『Being 志向』といった脱近代的なライフスタイル，この 2 次元からとらえることが可能」（須藤・遠藤，2005：p. 215）とした。その上で，観光経験については，「生の意味の探求」，「レクリエーション」，「気晴らし」の 3 つが因子として構成できるとし，「ツーリストが『レクリエーション』という『遊び』の形式において『生の意味』に思いをはせるとき，観光経験は脱近代的なライフスタイルをつくりだす大きな要因になる」（須藤・遠藤，2005：p. 222）と結論づけている。

3　観光対象

観光対象ないしその空間概念としての観光地は，観光者を惹きつける誘引力を持つ素材としての観光資源と，観光者がその魅力を実際に享受できるよう各種の便益を提供する観光施設・サービスから構成される。観光資源とは，観光者の要求や期待とは無関係に存在しているものの，実際に人々を観光行動に駆り立てる原因となっている事象のことである。一方，観光施設・サービスは，もっぱら観光者の要求や期待を充足させるために人為的に創造された事物のことである。

現代観光の特色は，観光資源の種類がますます多様化していることである。例えば，フランスでは，多数の国民が余暇活動の一環として，環境共生型の潮汐発電所，食品・酒造メーカー，宇宙・航空産業などの工場を訪れている。米国のフロリダ州にあるケネディー宇宙センターなども強力な誘引力を持つ観光資源である。実際に機能している工場などを訪ねる観光や，廃鉱になった炭鉱などの産業遺産を尋ねる観光を産業観光と呼ぶが，わが国でもこうした分野の観光資源の発掘と評価が近年になって盛んに行なわれるようになった。

観光対象をめぐる現代観光のもう一つの特色は，観光施設の観光対象としての役割が飛躍的に高まっていることにある。毎年2,000万人を超える人々が東京ディズニーランドを訪れるという。東京ディズニーランドが開発された場所は埋立地であって，観光者を誘致できる材料は潜在的にはほとんど存在しない場所であった。それが民間企業の卓越した創造力によって多数の観光者を誘致できる観光対象として機能する目的地となった。米国のラスベガスにおける巨大なテーマパークのようなホテル群も同じような性格を持つといえよう。

(1) 媒介機能

観光主体と観光客体の間にあって，観光情報を提供することによって両者の結びつきを可能とさせるのが観光情報，また，実際に空間的な移動を可能とさせるのが観光交通である。

観光情報をめぐる現代観光の特色は，観光者が入手できる観光情報の範囲が飛躍的に広くかつ深くなり，しかも情報の“鮮度”が高まったことであろう。観光情報の特色は，それが単なる文字情報ではなく，画像や音声を伴うことである。インターネットの普及が観光情報の機能をどこまで拡充することになるのか，今後の大きな研究課題といえる。

20世紀における観光の大衆化は，19世紀に始まった蒸気機関の発明などによる交通革命によって実現した。観光交通をめぐる現代観光の大きな特色はモータリゼーションの進行である。わが国でもオートキャンプ場が整備されるなど，モータリゼーションへの対応が進んでいるものの，戦後米国で急速に進んだ宿泊施設の分野におけるモータリゼーション対応，すなわち新業態としてのモテル[4]の隆盛のような動きはまだ起こっていない。

わが国では，高速鉄道網の建設が盛んであるが，観光振興の観点からは必ずしも歓迎すべき点ばかりではない。鉄道は，時間，目的地，途中下車，携行手荷物の選択等の面で観光者の自由裁量性が小さく，しかも鉄道運賃は自動車利用に比べて決して安くはない。しかも，高速になればなるほど，日帰り圏が拡大するわけで，宿泊を伴う旅行体験の拡充には逆行する面もある。

(2) 観光政策と行政

観光政策と行政も観光の構造を構成する要素として決定的な役割を果たす。ここで政策とは方針のことであり，行政とは方針に基づく具体的な施策を意味する。観光政策と行政のあり方は，観光振興の制度的及び物的基盤を構成する。公園，道路，空港の整備といった行政の役割を想起すれば，その重要性は容易に理解できよう。

観光政策のあり方が決定的な役割を果たす例は多いが，例えば，国際観光は政府が採用する出入国管理の方針に決定的に依存する。現在，日本人は，観光を目的とする海外旅行を自由に楽しむことができるが，1964年以前はそうではなかった。一方，日本の10倍以上の人口の中国では多くの人々が日本を訪れたいと希望しているものと想像されるが，中国人が観光を目的として日本に入国することは制度的になお容易ではない。

観光行政の事例をもう一つ挙げておくと，現代のように，観光が日常生活の一部として一般化すると，経済的，身体的などの理由で観光を享受しにくい人々，すなわち社会的弱者をいかに観光に参加させるかが課題となる。欧米，特にヨーロッパでは，バカンスを楽しむことは国民の権利とみなされており，社会的弱者が観光に参加できるような条件を確保することは，ソーシャル・ツーリズム（Social Tourism）と呼ばれ，国民的義務と認識されている。そのため，市場の自由な競争に任せていたのでは観光を享受できない人々に対して，低所得者に対する経済的援助，身体障害者の利用の障害となる要因の排除，児童を含む家族旅行者に対する施設面その他の援助など，さまざまな措置が講じられている。

観光政策と行政の内実は観光の振興に決定的な影響をもたらすが，2003年の小泉内閣の誕生以降，わが国の観光政策と行政は大幅に強化されて今日に至った。2006年には観光基本法が改正されて観光立国推進基本法が制定された。翌年には同法に基づいて「観光立国推進基本計画」が策定され，2008年秋には「観光庁」が設置されるなど隔世の感がある。インバウンドのツーリズムの隆盛，国内観光の面でもニューツーリズム[5)]が台頭するなど，その成果が顕著に表れてきている。今後の展開が期待されよう。

引用文献・注：

1）塩田（1975：p. 57）によれば，マリオッティは新しい科学の設立までを意図したわけではなく，書名の『観光経済学講義』は『観光経済講義』と訳すべきであったという。

2）ホテルやレストランを含む産業は，現在ではホスピタリティ産業（Hospitality Industry）と総称される。ミシガン州立大学には経営学部の中の1学科として1929年創設のSchool of Hospitality Businessがある。この学科の名称はかつてSchool of Hotel, Restaurant, and Institutional Managementであったが，1995年にSchool of Hospitality Businessと改称された。

3）観光現象を，ホスト（hosts）としての地域住民，ゲスト（guests）としての観光客，両者の相互関係（interaction）として捉える視点は，文化人類学者のスミス（Smith, 1989）によって最初に提示された。

4）motel, motorist's hotelの略で自動車を利用する旅行者に便利な廉価な宿泊施設のこと。

5）ニューツーリズムとは，長期滞在型観光，エコツーリズム，グリーンツーリズム，産業観光，ヘルスツーリズムなどのことをいう。

第5章　観光史　外国編

1　観光の歴史に学ぶこと

観光史を学ぶ目的は何だろうか。旅の歴史，観光の歴史，リゾートの歴史，それぞれに興味深い。しかし，観光の中でも，それぞれの分野で歴史が語られることはあっても，観光学における観光史の位置づけは，いまだ定かではない。

そもそも観光学自体の輪郭がおぼろげであり，観光史は，観光学の体系をつくる諸領域のあり方に関わるものといえるだろう。

観光学以外の学問分野においてもそれぞれに歴史の扱いは異なる。興味深いのは，領域によって，研究対象としての「歴史」がある分野とない分野があることである。経済学史，社会思想史，文学史，建築史，美術史，技術史，文化史，服飾史などは，それぞれの学問領域の中で重要な位置づけにある。すなわち，大学の専門基礎教育の中で，教えられているのに対して，電気工学史，コンピュータ史，物理学史，機械工学史などの「歴史」はあまり重要ではないためか，大学の教育科目にもない。

「観光史」については，その意味では発展途上にあり，現在，観光史の意義づけが，多方面から検討されている段階であるといえるだろう。

また，ここではひとまとめに大きく扱っているが，旅や観光そのものの歴史である「観光史」と観光学の発展を扱う「観光学史」は厳密には違うものである。とはいえ，観光も観光学も時代の社会的背景を通して密接な関係にあることから，両者ともに「観光史」の主たる関心の対象・研究の対象となるだろう。過去に起きた観光現象を時間軸に沿って整理し，事実と因果関係を明らかにしていく「観光史」の分野と，それらを研究資料として分析し，新しい知見を生み出す「観光学」及び，その理論，概念，分析方法が，経済社会の発展とともにどのように変化してきたかを研究する学問の成果が体系化されてきた歴史である「観光学史」という側面から，「観光に関連する歴史」をみていく必要があると考えられる。

さて，以上のような「分野史」の上位に位置するものとして「歴史学」がある。歴史学が目的とすることは，まず歴史を科学的に，すなわち学問の対象として扱うことであろう。研究対象そのものである歴史的事実が記述された資料を厳密に批判・検証し，因果関係を含めて時間軸の中に位置づけることである。そして，次の段階では，見解が分かれるところであるが，事実がそのまま歴史になるのではなく，それをどう読むかが問題であり，その記録された事実の意味を考えるとき歴史ができるという立場がある。つまり，よく考えてみると複数の人間が長い時間をかけて作り上げた事実をそのまま再現することなどできないのである。その意味で記述された事実は，歴史家によって解釈された事実として存在するだけである。

もともと歴史学自体は，固有の対象を持っているわけではない。歴史的に起きたさまざまな分野すなわち，経済，社会，宗教，芸術，そして観光などいずれも対象とすることができる。またそれらが絡み合う複合的なものをそのまま対象とすることもできる。歴史家は自らのテーマでそのどれかを切り取り，どれかにスポットをあてて，自分のビジョンでそれを一つの全体として示すのである。

現在の歴史学の大きな流れの一つであるアナール学派においては，歴史はフィクションに近い，という立場である。観光の分野では，代表的な研究者であるアラン・コルバン『浜辺の誕生』などがあり，それまでの史料解釈中心の正統派ではあるが実証主義的な歴史学に対して，特定のテーマで歴史を切り取り，自らのビジョンのもとで，フィクションのように語るのである。

他の領域で歴史がどのように扱われているかも参考にしながら，「観光史」の意味について概観し考えていきたい。しかし，これまでにも述べたように「観光史」は発展途上にあり，その意義について語ることは困難である。ここでは，断片的になるが，さまざまな見方を紹介して，議論の出発点としたい。

1）歴史学から見た観光史

過去において起きた重要な観光現象についてのできるだけ正確な事実の把握と記録をすること。また，それらは社会的背景の中で捉えられるべきであり，その現象をもたらした要因や後に続く影響などについても記録することが大事である。観光史においては，いまだ歴史的に空白の部分も多く，それを埋めること，因果関係の連鎖を明らかにすることが求められている。ここでの記録自体が歴史的研究の出発点であり，他の見方からの研究資料として重要である。

2）歴史に教訓を学ぶ

いわば「温故知新」ということである。古いことを調べて，そこから新しい見解や知識を得ることである。歴史は繰り返すとも，二度あることは三度あるともいう。すなわち，過去の失敗や成功に学ぶという意義であり，一番広く受け入れられている歴史の見方であろう。また，個人の経験することには限りがあり，あらゆるケースから学ぶことはできない。それに対して，記録された人類の歴史に学べば，個人の経験を遙かに超えたさまざまなケースからものを見ることができるようになる。「愚者は経験に学び，賢者は歴史に学ぶ」という。しかし，歴史どころか経験にも学ばない観光地が多いのには頭が痛い。

3）現象学的な見方・・・その場に居合わせたように語り，考える

画期的な観光史上の出来事も時間が経つとその印象も薄れ，どのような状況の下で，当時，新しい出来事が起きたのかが分からなくなるものである。その起源に立ち会ってこそ，その意味をはっきりと知ることになる。また，困難な状況に直面して，これをどのように乗りきったかを考えるとき，リアリティを持って過去に実際に起きた出来事のぎりぎりの状況を再現するには，歴史的な事実をベースとすると臨場感が明らかに違う。

4）感動を追体験する。感情移入する・・・フィクションの世界

映画やテレビドラマ，小説のジャンルは，歴史物，ノンフィクション，アクション，コメディ，ロマンス，サスペンスなどに分けられている。

中でも歴史物は，大きなジャンルを形成しており， NHK の大河ドラマは，

批判を浴びながらも，もう数十年も続いている。歴史は，「事実」であり，フィクションにはないリアリティがある。実際に起きたことは，我が身にも起きるかもしれないというのがリアリティの源泉になる。感情移入もしやすくなる。物語自体の筋はフィクションだが，舞台は実際に起きた出来事であるという映画「タイタニック」の設定は，このケースである。

5）歴史はフィクションに近いという歴史学が台頭

フィクションでは，歴史的事実を背景にすることが多いのだが，反対に，新しい歴史学では，歴史と文学（フィクション）が接近しているようである。フランスで始まったアナール学派は，これまでの史料解釈中心の実証主義的な歴史学に対し，歴史のなかにおける深層構造を理解し，人々の心性や感性の形成の歴史の把握を目指している。

文明は進歩しても，人間自体は，あまり進歩しているとはいえない。歴史の中の人間を研究することは，現代に生きる人間を研究することでもある。構造主義的な考えは，地域や時間を超えたのであり，文化人類学の考えとも共通するところがある。

アナール学派は，第二次世界大戦後，フランス以外の世界の歴史研究にも大きな影響を与えている。観光研究において歴史を扱う方法論としてよく適合するだろう。

6）時間的に安定した歴史的事実

文化研究は，個人の心の研究ではなく，社会的事実である。デュルケームは，社会学の研究対象は，社会学的事実であるとする。すなわち，個人のイメージをいくら調べても，それは心理学の範疇であり，社会学的事実とは異なるとする。たとえば，リゾートブームのとき，リゾートのコンドミニアムや別荘がたくさん売れた。このときに，アンケート調査のようなものを行なえば，当時のリゾート開発は肯定され，ようやく日本人も余暇を存分に楽しむ時代が来た，ということになっただろう。それで良かったか。ある時点で採ったデータは，時間が経過してもなお安定したものであるかどうかは，まったく保証がない。それに対して，出来事や物証など時間を経て残った歴史的なデータなら，安定していることは時間が証明している。一定の時間が経過し，離れたところから全体を見なければ，安定した評価はできないのである。

2　旅と観光の歴史概説

さまざまな種類の旅のなかで現代的な意味での観光旅行は，人類の長い歴史の中で，それほど中心的な位置を占めてきたわけではない。旅は人類の誕生とともに発生したと考えられるが，それはより良い生存環境を求めての移動・植民や領土拡大のための遠征や他民族との戦争，貿易のための旅，巡礼や布教など宗教的な目的を持った旅などの方がむしろ一般的であったといえる。

しかし，現代的な観光旅行とはいえないそれらの旅であっても，固有な文化を持った人間が移動し，他地域の文化や異なる風土に接触するという点では，本質的に同じ意味を持っている。また，本人の意志に基づく自発的な旅ではないにしても，旅先の未知のものに対する好奇心や期待は，今に劣らず大きかったと想像される。

①領土拡大の戦争に伴う旅・・・アレクサンドロスの東征
②宗教的な目的に基づく旅・・・イブン・バットゥータの旅，十字軍の旅
③商業・貿易の旅・・・大航海時代の旅
④観光の旅・・・グランドツアー以降の旅

人類の旅・観光の歴史を限られたページで描くのは困難であるが，以下のような旅に関する大きなトピックを取り上げて概説したのち，【　　　】内に記したテーマについて，各論で述べることとした。

紀元前334年と実際に記録されている最も古い時代のものであるマケドニアのアレクサンドロス大王の遠征は，東西文化の融合を生み，ヘレニズム文化を生み出した。【アレクサンドロスの東征】

また，続く時代には，広大な領土を持つローマ帝国が誕生し，強大な軍事力と整備された道路網によって領地を支配した。ローマ帝国によってもたらされ

た帝国内の平和と交通路の整備によって，いわゆる「観光旅行」も発生したとされる。特に温泉への入浴を習慣としたローマ人は帝国内での温泉地開発を各地で行なった結果，温泉地への旅も発生したといわれている。【ローマ・イタリアの別荘】【ローマの温泉】

交易や商業などの目的を持った旅は，いつの時代でも旅の主流であったろう。東西を結んだシルクロードは，モノを運ぶ交易路であると同時に東西の文化の交流の道でもあった。『東方見聞録』に記録された1271年に始まるマルコ・ポーロの旅はその代表例だろう。東方見聞録に記述された東洋の風土や豊かな資源は，西洋人の東洋への憧憬を増幅し，大航海時代へとつながっていく。【マルコ・ポーロの旅】

領土の拡大，商業的な成功を求める野心，宗教的動機などが一体となって西欧を中心とする世界が拡大したのが，「大航海時代」である。胡椒や繊維などの植物資源や貴金属などを求めて，西欧諸国が競争でアメリカ大陸，アフリカ，アジアに進出した。バスコ・ダ・ガマ，コロンブス，マゼランなどが活躍した時代である。日本も無関係ではない。東方見聞録に描かれた黄金の国「ジパング」のイメージや16世紀から石見銀山により大量に産出されるようになった銀は，大航海時代をもたらす大きな動機になったとされる。【大航海時代】

宗教的な動機を持った旅は，どの時代でも行なわれていた。聖地への巡礼の旅は，それがどんなに辛いものであっても信仰心によって克服された。その代表例は，モロッコで生まれたイスラム教徒イブン・バットゥータの旅である。1325年メッカを目指して巡礼に旅だったが故郷のモロッコに帰った時には，出発から30年も経っていた。キリスト教にも，仏教にも，巡礼や聖典を求めての旅がある。また，13世紀から行なわれたキリスト教とイスラム教の戦争である十字軍は大規模な人と文化が交じり合う旅であったともいえる。【イブン・バットゥータの旅】

17世紀になると，英国の裕福な貴族の子弟が，長期にわたる修学旅行として，当時の先進国であったフランス，イタリアへ家庭教師を伴って旅行し，政治，文化，芸術などを学んで帰国した。単に外国で学ぶだけでなく，見聞を広

め，社交や恋愛など人生経験を深めるための重要な機会として位置づけられていた。【グランドツアー】

その後，英国で始まった産業革命は，新たに富裕な市民層を生むと同時に，発明された蒸気機関によって鉄道や船が動力化され，交通革命が起きた。この時代から現代的な意味での観光が始まったといって良いだろう。トーマス・クックによって，旅行会社が設立され，鉄道の発達は，市民が海辺のリゾートで過ごすことを可能にした。【鉄道の発展とシーサイドリゾートの成立】

大西洋を横断し，欧州とアメリカを結んだ船を特にオーシャンライナーと呼んだ。太平洋を横断する客船として，蒸気船が初めて北大西洋航路に登場したのは1838年であったが，まもなく1840年にはキュナード社による定期船「ブリタニア号」が就航した。当時は，大西洋の横断におよそ2週間かかった。以降，新たな船会社も定期航路に就航し，競争が激化，スピードと快適さを競うようになった。処女航海で遭難したタイタニック号もその競争の中にあった。【オーシャンライナーの旅】

19世紀は，次々と新しい技術が開発されたことに加えて，また新大陸の植民地に向けて新しい航路が開かれ，世界中から目新しいものがヨーロッパに集まるようになり，市民の好奇心を刺激した。この時期にひんぱんに開かれたのが万国博覧会である。1851年にロンドンで開かれた第1回の万国博覧会では，鉄とガラスで造られたクリスタルパレスが人気を呼んだ。その後，ひんぱんにヨーロッパやアメリカで開催され，大いに人々を旅に駆り立てた。万国博覧会において展示された熱帯地域の文物や写真が普及する前に画家が描いた風景は，ヨーロッパ人の熱帯やアラブへの幻想をかき立てた。実際に，多くの画家たちがアジアや太平洋地域の熱帯地域を訪れ，オリエントのイメージを作り上げることになった。【万国博覧会】【熱帯幻想】

欧米人のアジアへの進出に伴い，欧米にはない暑さを避けるために山の上に避暑都市が建設された。特に，暑さに弱いイギリス人は，本国と同じような気候・風土のもとで植民地での仕事ができるように最初にインドのダージリンやシムラに都市を建設した。これをヒルステーションと呼ぶ。ヒルステーション

は初め，夏の保養地であったが，しだいに夏季の首都として実際に植民地統治機能をもつものも多くなった。【ヒルステーション】

遊園地の起源は，ヨーロッパの中世にまで遡るといわれるが，近代的な遊園地は，17〜19世紀の英仏で発達したプレジャーガーデンとされ，ロンドンやパリの郊外に広まった。しかし，後に風紀が乱れるなどの問題が生じ，廃れていくが，それに代わって登場したのが現代の遊園地の原型となるチボリガーデン（1843年：デンマーク）である。さらにアメリカでは大規模で商業的なコニーアイランドがニューヨークに現れ，それに対抗するように西部のカリフォルニアには，テーマパークを名乗るディズニーランドが第二次世界大戦後の1953年に登場した。【遊園地とテーマパーク】

地球が丸いことが分かって以来，世界を一周することは，人類の夢となった。最初に成功するのは，1522年のマゼランに率いられた遠征隊の一行である。マゼランは航海途中のフィリピンで戦死したが，生き残った乗組員が本国に帰り着き，地球を一周した最初の人間となった。

観光旅行として世界一周を最初に試みたのは，トーマス・クックである。1872年にクック自身が添乗して，世界一周に旅立ち，途中で日本にも立ち寄っている。世界一周は，飛行機や飛行船などによるもの，時間を競う早周りなどさまざまなテーマで試みられた。【世界一周旅行】

イギリスで19世紀に始まったシーサイドリゾートは，イギリス国内でいくつかのリゾートを誕生させたばかりか，フランスの地中海沿岸のコートダジュールと呼ばれる地域にニース，カンヌなどのリゾートを成立させた。さらに，これらのリゾートの流行は工業の発展などで経済的にも豊かになっていたアメリカにも飛び火し，フロリダやハワイなどが開発されていく。【フランス・コートダジュール／アメリカ・ハワイのリゾート】

自然公園の思想が誕生するのは，19世紀の後半である。西洋においては，山岳や海浜などの自然風景を美しいと感じるようになったのは19世紀になってからともいわれており，東洋に比べて著しく後になってからだった。しかし，これらを保護し，美しさを鑑賞するために制度化したのは，アメリカが最初だった。

南北戦争の最中1864年にヨセミテがカリフォルニア州の管理する自然公園となり，その後，国立公園の父と呼ばれるジョン・ミューアの活躍により，1872年（明治5年）3月，アメリカにおいてユリシーズ・グラント大統領がイエローストーン公園法に署名したことにより世界初の国立公園が誕生した。【国立自然公園の誕生】

1930年代，世界的な大恐慌による経済不況と失業にあえぐヨーロッパで，国が経済・社会政策として「観光振興」に力を注ぎ始めた。この動きの中，1936年，社会主義政権だったフランスで世界初のバカンス法が制定され，すべての労働者に2週間の有給休暇が義務付けられた。これにより，それまで上流階級の特権であった観光やバカンスといったものが労働者全体に浸透し，国民全体が旅をして過ごす時間と精神的な余裕を手にすることになった。

バカンス法制定以後，特に第二次世界大戦が終わると，フランスの労働者の間では，余暇活動として長期滞在型旅行を行なうことが瞬く間に浸透していった。しかし，当時フランス国内には，多くの長期旅行を行なう労働者を受け入れる場所も，サービスも不足していた。この状況を受け，フランスでは1960年代の後半，第五次国家計画のシンボルプロジェクトとして南フランスの地中海沿い，「ラングドック・ルシオン」の海洋リゾート開発と，アルプス山地のスキー場開発に着手した。このようにフランスに見られるように，ヨーロッパにおける政府主導の大規模観光開発計画は，戦後の復興とともに展開された「万人にバカンスを！」をスローガンとしたソーシャル・ツーリズム運動に後押しされ，各国でみられるようになった。すなわち，真の意味で，観光旅行やリゾートの大衆化が急速に進んだ時代となった。【バカンスとソーシャルツーリズム】

1960年代以降，戦争で疲弊した各国が復興し，経済活動が活発になる中，農村から都市への人口集中によって過疎問題や大規模開発による環境の破壊が問題となった。こうした中でヨーロッパを中心に，農村観光の動きが始まっている。フランスでは，過疎に悩むアルプス地方において，民宿が農業省と観光省の支援を受けて始まり，ドイツでは，酪農や畜産が盛んであるが農業条件は決して良いとはいえないバイエルン州から始まったといわれている。

第二次世界大戦後，経済が復興し，さまざまな観光がマスツーリズムとして大がかりに実施され，リゾートが大規模に開発されるようになると，受け入れ先の自然や社会環境を損なわない旅のあり方が模索されるようになった。エコツーリズムは，受け入れ地の地域社会を尊重し，自然的・社会的に持続可能な観光をめざす観光のあり方として成立した。【グリーンツーリズム・エコツーリズム】

3　旅と観光の歴史

(1) アレクサンドロス大王の東征

〈マケドニア王国〉

若くしてマケドニア王国の王位についたアレクサンドロス大王の東征は，東西に活発な文化交流の場をもたらし，豊かな東西文化が融合したヘレニズム時代がはじまることとなった。もとより戦争のための旅であり，現代の旅とはまったく様相を異にするが，結果として生まれたヘレニズム文化は，ヨーロッパ文明の一つの源流となった。

紀元前 4 世紀の頃。マケドニア王国は，ギリシア世界の中でも発展の遅れた地域と見なされていたが，アレクサンドロスの父フィリッポス 2 世の時代に強大な軍事国家となった。前357年よりポリス間で対立するギリシア本土に侵攻を開始し，前338年には，マケドニア軍はカイロネイアの戦いにおいてギリシア連合軍との戦いに勝利した。その結果，マケドニアは各ポリスとコリントス同盟を結びギリシア世界を統一した。フィリッポス 2 世は全ギリシアを統一した後，ペルシャへの遠征を計画したが紀元前336年に暗殺された。

〈アレクサンドロス 3 世（アレクサンドロス大王)〉

暗殺されたフィリッポス 2 世のあとを継いだのが20歳という若さのアレクサンドロス 3 世である。アレクサンドロスは，当時の最高の知識人であった哲学者アリストテレスから教育を受けていた。アレクサンドロスが，ギリシア文化を尊重したのは，アリストテレスの影響が大きいといわれている。王位継承後，父の遺志を継いで紀元前334年にギリシア軍を率いてペルシャ遠征に出発した。

このときのマケドニア軍，ギリシア同盟軍は約４万人であった。５月には，ダーダネルス海峡を越え，グラニコス河畔の戦いが行なわれる。このときには，４万のペルシャ軍を撃破し，進路上にある都市を制圧しながらメソポタミア地方に向かった。

本格的にアレクサンドロスをペルシャ軍が迎え撃ったのは，メソポタミア地方の玄関口にあたるイッソスである（前333年イッソスの戦い）。この戦いにおいては，初めてペルシャ大王ダレイオス３世が自ら率いるペルシャ軍が出陣した。ペルシャ軍は，規模的には，アレクサンドロスの軍隊を遙かに上回っていたが，大敗を喫した。その理由は，ペルシャ軍の正規の兵士は，人数が比率としては少なく，他は領内から集められたさまざまな民族からなる訓練されていない兵士によって編成されていたからといわれている。その結果，アレクサンドロスはペルシャ軍に大勝する。

そしてアレクサンドロスは，降伏したペルシャの貴族にも寛容な政策をとったため，征服した地域の安定に成功する。その後，南進し，ペルシャ艦隊の根拠地であるフェニキアの諸都市を攻略し，ギリシアの海上貿易に大きく貢献した。前332年にはアレクサンドロスは，フェニキアからさらにエジプトに遠征するが，エジプト人からは抑圧されていたペルシャからの解放者として，大いに歓迎されアレクサンドロス３世はファラオの後継者となって，エジプトを占領した。また，ナイル河口に自分の名前を冠した港湾都市を計画・建設したのが現在のエジプト第２位の都市アレクサンドリアの起源である。

アレクサンドロスは，前331年再びエジプトからメソポタミアに軍を進め，ガウガメラにおいてダレイオス３世が率いる圧倒的な軍勢を誇るペルシャ軍を打ち破った。これがペルシャとの最後の戦いとなった。

ダレイオス３世は前330年側近のバクトリア総督に殺害され，アケメネス朝ペルシャは滅亡した。その結果，アレクサンドロス３世はペルシャ帝国の支配者ともなり，ギリシア，エジプト，小アジアの広範囲を支配し，さらに中央アジアのバクトリア，ソグディアナにまで侵入する。しかし，この頃から，彼の東方化政策（ペルシャ風の儀式や服装の採用など）に対しマケドニア人，ギリシア人が反発し，内部の統制に問題が生じるようになった。このような状況においても，アレクサンドロス３世はさらに前326年インドを目指し，インダス川を渡りパンジャーブ地方に侵入してヒュダスペス河畔で，地方の王を降伏させ，さらに侵攻した。ヒュパシス河畔まで進んだとき，兵士たちがそれ以上の進軍を拒否したため，遠征の継続は断念された。既に東方遠征を開始してから８年の歳月が流れていた。ここにおいて遂に東方遠征が終了した。

〈東西文化の融合〉

アレクサンドロス３世は，シリア，フェニキア，エジプト，ペルシャ，インドにまたがる広大な地域を支配したが，地域の文化を尊重し，ギリシア文明と征服したオリエント文明の融合を図った。アレクサンドロス３世は自らペルシャの風俗・習慣に従い部下にも強制した。例えば，ペルシャの衣装を身につけ，この地域での習慣である平伏の礼をギリシア人にも強制した。また，民族の融合を図り，ギリシア人とペルシャ貴族の子女との集団結婚を進めた。アレクサンドロス３世自身もペルシャ王族の女性と結婚する。

この政策の結果，ギリシア文化がペルシャ文化など東方のオリエント文化が融合し，広大な地域にわたり華やかなヘレニズム文化が誕生した。ミロのヴィーナス，ロードスのラオコーン群像，サモトラキのニケ像などの優れた彫刻が各地で制作された。アルキメデス，エウクレイデスなどの優れた学者も輩出した。ヘレニズム文化は，その後，ヨーロッパやイスラムの文化に強い影響を及ぼしたばかりでなく，インドではガンダーラ美術に強い影響を与え，さらには，中国などを経由して日本にも伝わった。

〈アレクサンドリア〉

アレクサンドロス３世は征服した領土に自分の名前を冠して「アレクサンドリア」というギリシア風の都市を建設する。アレクサンドリアはアレクサンドロス３世がギリシアから連れてきたギリシア兵たちの居住の場所としての位置づけであった。中央アジアやインドに近いアレクサンドリアに植民定住させられたギリシア人兵士は，ギリシア本土から遠く離れているため現地の人々と計画的に集団結婚などして土地の人々に吸収されていく。このような過程でギリシア風の文化がこういう地域にも広がった。アレクサンドリアは，後に地中海交易や学問が支配者の保護のもとに発展し，ヘレニズム文化の中心地となった。

(2) ローマ・イタリアの別荘

古代ローマの富裕な人々は，都市の郊外や景勝地に別荘を建てていた。都市生活者であったローマ市民は，都市に住むストレスから逃れるために別荘を必要としたのだろう。

〈別荘（ヴィラ）の誕生〉

カルダゴとの長いポエニ戦争（紀元前264～146年）でローマの小農民は没落し疲弊してしまった。その間に土地を買い大規模な農場を経営する地主が出現した。このような地主は戦争の捕虜などを奴隷として農作業を行なわせた。ローマ人は，このように普段は都市に住み，田舎や郊外にある別荘のヴィラで奴隷に農作業をさせて利益を上げ，自分は個人的な楽しみに時間を費やし気ままに暮らすことが一番理想の暮らしと考えていたようである。

当初ヴィラという言葉は土地，農地を意味する言葉であったが，次第に農場をまったく持たない新しい形のヴィラも出現するようになった。これは都市に住んだローマ人は，過密に集住する都市生活から来るストレスを発散する場として別荘を必要としたのだろう。

気候の温暖なナポリ湾沿岸の海の眺めが良い場所には皇帝・貴族・富裕層が避暑や避寒のための海浜ヴィラを建てた。ベスビオ火山の大噴火の火山灰に埋もれていた町ポンペイは，その代表である。

古代ローマの政治家である小プリニウスは，トスカーナなどに持っていたヴィラについて詳細な記録を残している。この中で農場を持った形のヴィラを農村ヴィラ，農場を持たずに避暑や避寒のために作られたヴィラを郊外ヴィラと分類した。

この時代に作られた有名なヴィラにはローマ帝国の皇帝であるティベリウスがカプリ島に作ったものがある。ティベリウスは暗殺を恐れ，治世下においても長く島に隠棲し,島内に別荘を作りそこで政治を行なった。ローマとの連絡・通信用と思われる狼煙台も設置されている。豪壮な居住空間・図書館・浴場など都会と同じ機能を持つ施設群が造られ生活が営まれていた。

〈ルネサンス期の別荘（ヴィラ)〉

中世になると古代ローマ時代に建てられたヴィラのほとんどは放置されて廃墟と化していたが，それらの基礎を利用して城や修道院や新しいヴィラなどを建てたものも多くあった。ルネサンス期に入ると昔のようにヴィラを経営しようとする都市国家の有力者が現れた。中には古代ローマのヴィラの特色をそのまま取り入れたものもあったが，大半は避暑や遊興のための郊外ヴィラで建築や庭園に重点が置かれていた。ルネサンス期に古代ローマ期のヴィラが復興したのはイタリアの建築家のアンドレア・パラディオの影響が大きい。パラディオは古代ローマ建築を熱心に研究し，古代の伝統を生かしながら新しい形式であるパラディオ主義のヴィラを作り上げた。この形式のヴィラはイタリアだけでなく世界に影響を与えた。他にもこの時期にはミケランジェロ，ヴァザーリなどの建築史上重要な建築家が携わったヴィラが多数作られている。

(3) ローマの温泉

日本でも温泉は観光の発展に大きな役割を果たしたように，古代ローマ人も温泉を精神と身体を癒す場として,また社交の場として利用していた。ヨーロッパの温泉は，東はイギリスから西は現在のトルコのあたりまで，北は，ドイツの北方から南はアフリカにまでおよぶ大帝国を作り上げたローマ人が温泉好きであったことから，古代ローマ帝国全土にわたって，温泉が開発された。イギリスのバース，ドイツのバーデン・バーデン，フランスのエクスレバン，イタリアのモンテカティーニ，トルコのパムッカレなどの世界的にも著名な温泉地の起源はローマ人による開発であり，その多くの地に公衆温泉浴場跡が残っている。

ローマ人が好んだローマ風呂（温泉でない場合もある）は，浴槽が高温浴用，低温浴用，冷水浴用に分かれているほか，蒸気浴もある贅沢なものだったので，ローマ市民個人が自宅に備えることはできなかった。

その代表的な遺構を現在ローマ市内にあるカラカラ浴場に見ることができる。名前の通り，カラカラ帝の治世の3世紀に建設されたもので，浴場には温度の違う数千の浴槽を収容することができたといわれている。蒸気浴，シャワー，マッサージの部屋もあり，ジムや談話室などを備えていた。人々は，ジムで運動したあと，複数の浴室をめぐって時間を過ごした。古代ローマの公衆温泉浴場は，社交場であると同時に娯楽施設として機能していたようだ。

ローマ帝国では，“すべての道はローマに通ず”といわれるように，道路網が整備され旅行がしやすく，日本においても江戸幕府による宿駅制度の整備が旅を促したように，各地への温泉の旅が行なわれていたようである。その証拠として，ローマ市内から温泉旅行の土産として持ち帰られた各地の温泉の飲泉用のコップが多数発見されている。

しかし，後にキリスト教が隆盛すると，混浴による風紀の乱れが非難され，またペストなど伝染病の蔓延によって温泉は次々と閉鎖されていった。

その後もヨーロッパでは，温泉を直接飲む飲泉が一般的に行なわれていた。単なる入浴より，温泉を直接摂取する飲泉の方が医療効果は明らかであったためだろう。やがて近代になると温泉の持つ医療効果が見直され，それによって医療・療養を目的とする湯治場型温泉地が復活した。そして保養地の常であるが，王侯貴族が行く保養に名を借りた華麗な社交の場となった。産業革命が進展した19世紀以降は豊かになった商工業者など市民層が主役となるが，文化人や芸術家もしばしば訪れ，時間とお金を使って温泉リゾートを訪れることがステータスシンボルとなった。

第二次世界大戦後は大衆化が進んだが，旅行やリゾートの開発が多様化し，既存の温泉地は人気が低迷した。しかし，新しい時代への対応を図るため，ヘルスリゾートやコンベンションなどのコンセプトを導入した再開発によって，人気の回復を図っている。

以上述べたように，ローマ時代に開発された温泉地は，ローマ帝国の広大な領土全体に分布しているが，中でも有名なものとして，ドイツのバーデン・バーデンとイギリスのバースを紹介する。

〈バーデン・バーデン（ドイツ)〉

ドイツの代表的温泉保養地は，バーデン・バーデンである。この地も約2,000年前に古代ローマ軍が20か所の源泉を発見したのが始まりである。当初は皇帝，兵士，馬の3つの浴場がつくられたといわれており，痛風に悩むローマ軍兵士のために湯治場も設けられた。その後18世紀中旬には王室，貴族の高級保養地として発展した。1872年には男女混浴のローマ風呂「フリードリッヒ浴場」が建設されると同時に多くの保養施設が建てられ，ヨーロッパの代表的な社交場の一つとなった。1980年代には，新しい時代の観光や温泉リゾートに対応すべく，健康施設としてカラカラテルメという温泉施設やコンベンション施設も整備された。現在でもバーデン・バーデンは長期滞在型の高級保養地として高級ブランド店が立ち並び，競馬やカジノといったギャンブル，乗馬，テニス，サイクリングなどのスポーツが楽しめるリゾート地となっている。

〈バース（イギリス)〉

イングランド地域西部に位置するバースの地名は，温泉が存在したからこそ，「Bath（風呂)」になったのであろう。この町が温泉の街となった背景にはローマ帝国による領地拡大が大きく関わっている。2,000年前イギリスがローマ帝国の支配下にあったときに，温泉の効用にひかれ，温泉を利用したローマ風呂を建設したため，多くのローマ人がこの地に住み，温泉の街として発展した。ローマ帝国の衰退後は廃れ，ローマ風呂も一部破壊されたが，温泉としての利用は細々と続いていた。

その後，16世紀エリザベス1世の治世（在位：1558～1603）に復活し，さらに17世紀にはリチャード・ナッシュによってロンドンの貴族や富裕層の保養地として大規模に開発が行なわれて賑わいをみせた。

現在では，温泉地としての利用は，近年，入浴施設が長い空白期間の後に建設されて話題になったほか，ローマ時代の浴場跡やロイヤル・クレセントなどジョージ3世の頃の伝統的建造物が数多く残り，バース市街は世界文化遺産に登録されている。

(4) マルコ・ポーロとイブン・バットゥータの旅

〈マルコ・ポーロ（Marco Polo, 1254〜1324）〉

マルコ・ポーロは，イタリアの都市ヴェネツィアで生まれた。当時，ヴェネツィアは同じイタリアの都市であるジェノバと東地中海貿易の覇権を争っていたが，ジェノバがビザンツ帝国と組んだため覇権争いに敗れた。そして東地中海から締め出されてしまったため，モンゴル帝国に直接向かおうとしたマルコ・ポーロの父と叔父のような商人も現れた。1271年にマルコ・ポーロは父と叔父に連れられてイラン・中央アジアを通る陸路シルクロードで元の国へと旅立った。当時の世界情勢はチンギス・ハーンがモンゴル民族を統一し，アジアを越えて領土を拡大し道を整備していった時代であった。ヨーロッパにまで及ぶこの大帝国のおかげで文物の東西交流が盛んに行なわれていた。そのため陸路においては，駅伝制を整備し，海路では大運河の改修などが行なわれた。とは言えマルコ・ポーロのシルクロードの旅は過酷で3年半もの月日を要して元の大都へ到着すると，当時の皇帝フビライ・ハーンは礼を尽くして彼らを迎えた。中でも当時22歳であったマルコ・ポーロは皇帝に気に入られ，皇帝の外交官として召しかかえられた。好奇心が旺盛な皇帝フビライは，マルコ・ポーロを中国の各地に派遣し，事情を調査，報告させた。そのために彼はアジア各地の多くのものを自分の目で見ることができ，新しい知識を増やしていった。17年もの長い間皇帝に仕え，彼は幾度となく帰国を希望したが，皇帝からの許可がなかなか下りなかった。その後皇帝はようやく彼らの帰国を許可し，1292年，元を出発した。元からヴェネツィアへの帰りは海路を利用し，南シナ海・インド洋・アラビア海を経て彼らは1295年に故郷ヴェネツィアへと戻った。のちの戦いでジェノバの捕虜となり，獄中で口述したのが有名な『東方見聞録』である。『東方見聞録』は当時，多くの言葉に訳され，中国のさらに東方のジパング（日本）には黄金が満ちあふれていると伝えている。この書はその後のヨーロッパ社会に大きな影響をあたえた。多くのヨーロッパ人がこの本を読み，大航海時代の先駆けとなったコロンブスなどはスペインから西回りで日本を目指したとされている。『東方見聞録』には種々の写本があるが，コロンブスも15世紀に出版された1冊を持っていて，実に366か所ものコロンブス自身の書き込みを見ることが出来るといわれている。

〈イブン・バットゥータ（Ibn Battuta，1304～1368）〉

イスラム世界の大旅行家イブン・バットゥータは，マルコ・ポーロより50年遅れてモロッコで生まれた熱心なイスラム教徒であり，1325年に旅に出かけたのは，メッカへの巡礼が目的であった。エジプトを経てメッカに達したが，そのいく先々で各地への伝言を頼まれ，イラン，シリア，黒海，キプチャクハン国，中央アジア，インド，ジャワ，中国にも達し，マルコ・ポーロが滞在していた元の大都にも訪れた。1349年に故郷のモロッコに帰った後も，さらにアンダルシアとサハラを旅し，1354年にマリーン朝の都フェスに戻ったときには，30年の歳月が経っていた。イブン・バットゥータは主に海路を使い世界を旅したが，彼の旅を可能にした要因は以下のように考えられる。その一つとして，ユーラシア大陸の大半がモンゴル帝国によって治められていて比較的平和な時代だったことが挙げられる。元もイスラム商人を保護していた。この時代はイスラム商業が栄え世界の各地でイスラム商人を優遇する政策があった。イスラム商業が栄えた理由としては，キリスト教などでは商業活動による利益追求を卑しい行為としていたが，イスラム教の教祖ムハンマドは彼自身が元商人であって，その商人的感覚がイスラム教の聖典コーランに反映されていたことを挙げることができる。彼らイスラム人のため，旅人の便宜を図る宗教的な集団や祈りのための施設なども各地に多く設けられていた。

また，この時代は西洋文化よりもイスラム文化が医療や学問の多くの面で発達しており，その豊富な知識を持っているイスラム商人が旅先で歓迎されたのである。彼の帰国後に，その偉業に関心を持ったマリーン朝のスルタンが命じ，口述筆記によって『三大陸周遊記』が著わされた。この本の特徴として，当時のイスラム社会の実生活がありのままに記録されているとともに，イスラム世界ばかりではなくイブン・バットゥータの広範囲にわたる旅の記録から中世の世界各国の文化の記録としての価値も高く評価されている。

(5) 大航海時代

大航海時代とは，15世紀中頃から17世紀にかけてスペインやポルトガルをはじめとする西欧の国々が，新航路・新大陸を発見し，大西洋やインド洋に進出していった時代をさす。大航海時代が始まった背景には次のようなものがあった。

第１に，スペイン，ポルトガルには東方貿易の新ルート開拓の必要性があったということである。当時まだ肉・魚介類の保存技術が発達していなかったヨーロッパ世界において，保存に必要な香辛料は銀と等価であった。しかし，この香辛料貿易はイタリア商人とムスリム商人による東方貿易に独占されていた。そこでより安い香辛料を独自に入手するため，またオスマン・トルコが地中海に勢力を伸ばし東方貿易が困難になってきたため，大西洋側のスペイン・ポルトガルが大西洋航路開拓を始めることになったのである。

第２に，西欧諸国の人々のなかに東方世界への憧憬があったことである。マルコ・ポーロの『東方見聞録』を読んだ人々が中国やインドの繁栄ぶりや豊かさに期待を膨らませ，未知の国に大きな関心を抱くようになった。

第３に，ちょうどこの頃，遠洋航海に不可欠な大型帆船の普及や羅針盤の改良，経度と現地時刻の変換などに使われる天体観測用機器であるアストロラーベなど航海技術が進歩し始めていた。

こうして始まった大航海時代であるが，その先駆けとなったのが15世紀のポルトガルの王子，エンリケ航海王子である。彼自身は航海をしてはいないが，航海を奨励し，航海の研究やアフリカ西岸の探検に尽力した。エンリケ航海王子の死後もポルトガルはアフリカ海岸の探検を続け，1488年，バルトロメウ・ディアスがアフリカの南端，喜望峰に到達した。

それから10年が経過した1498年，マヌエル１世に命じられてリスボンを出発したヴァスコ・ダ・ガマがようやくインドのカリカットに到達した。こうしてポルトガルはインド航路を発見したのである。翌年，ガマは香辛料をポルトガルに持ち帰った。

一方，航路開拓に出遅れたスペインはポルトガルによってアフリカを廻ってインドへ行くルートを独占されてしまっていた。そこに現れたのがコロンブスである。イタリアのジェノバ出身の船乗りであった彼は，トスカネリの地球球体説の影響を受け，西回りでインドへ到達できることを確信し，大西洋岸の国々にその計画を売り込んだ。彼の計画を受け入れたのがスペインのイサベル女王であった。イサベル女王の援助を得て，1492年，バルセロナをサンタ・マリア号で出発し，西インド諸島サン・サルバドルに上陸，その後も94年にジャマイカ，98年に南アメリカ北部，1502年に中央アメリカに到達し，翌年スペインに帰国したコロンブスは，西回りインド航路を発見したと宣言した。

その後，多くの探検家がアメリカへ行った。フィレンツェ出身のアメリゴ・ヴェスプッチは新大陸を探検し，この地がコロンブスのいうインドではなく未知の大陸であることを発見した。アメリカという名は彼の名前に由来するものである。

新発見は偶然によって起こることも多かった。たまたま黄金を求めて探検していたスペイン人のバルボアはパナマ地峡を横断して太平洋を初めて見た。また，ポルトガルの航海者カブラルは東回りでインドへ向かっていたが，途中嵐に遭い大西洋を横断してしまい，ブラジルに漂着した。現在の中南米諸国の多くがスペイン語であるのに，ブラジルだけがポルトガル語なのはこうした理由による。

多くの探検家がアメリカへ行ったなか，船に乗って最初にアメリカ大陸の西側に出たのがマゼランである。1519年にスペイン王カルロス１世の援助を受けセビリアから出港して，大西洋を西に航海し，1520年10月にマゼラン海峡を発見して太平洋に出た。さらに西に進み，太平洋を横断して，フィリピン諸島に到着したが，フィリピンのセブ島で先住民の争いに巻き込まれ殺されてしまった。その後残った部下たちが，1522年，スペインに帰り着き，世界で初めて世界一周が達成された。これによって初めて地球が球体であることが実証された。５隻の船に265人を載せて出発したが，帰還したのは，１隻，18名だけだった。

こうした新航路・新大陸発見は世界全体にさまざまな影響を与えた。

東回り航路を先駆けて開拓したポルトガルはゴア，マラッカ，マカオを拠点にモルッカ諸島の香辛料貿易を独占，支配していった。また，コロンブスによって新大陸を発見したスペインは豊かにあった金銀を略奪し，先住民を奴隷に銀山の採掘を行なった。スペイン人の進出により，マヤ文明，アステカ文明，インカ帝国といった古代文明が次々と滅亡していった。

一方，ヨーロッパではコロンブスによる新大陸の発見とヴァスコ・ダ・ガマによる新航路発見により，国際商業体系に一大変革が起き，それまで商業の中心であったイタリアのヴェネツィア，ジェノバや南ドイツの都市が没落，商業の中心はスペインやポルトガルといった大西洋岸へと移った。また，新大陸から大量の銀が流入してきたことによって銀の価値が低下して価格革命が起こり，ヨーロッパの物価が騰貴した。銀のほかにも新大陸からタバコやトウモロコシ，トマト，ジャガイモなど当時では未知の物産が多くヨーロッパにもたらされた。

このように，大航海時代における新航路・新大陸発見はヨーロッパが中心的な役割を果たしたが，17世紀の中頃までには，世界の主要な地域にはヨーロッパ人がすべて到達し，大航海時代が幕を閉じた。

(6) グランドツアー

グランドツアーとは，17世紀末から18世紀にかけて，英国の裕福な貴族の子弟が，学業の修了時に古典的な教養の修得のために行なった大規模なヨーロッパ大陸への旅行のことで，いわば修学旅行のようなものである。子弟には，家庭教師が同行し，旅行の間，近隣諸国の政治，歴史，文化，芸術，そして考古学などの学問にふれ，礼儀作法や洗練された社交生活など生きた知識を学ぶ機会になっていた。イギリスから出発し，まずは英仏海峡を渡ることから始まる。イギリス側の港町ドーバーから，フランスへ渡り，カレーの港に着く。いよいよここからが本格的な旅の始まりである。彼らは，フランス，イタリア，スイス，ギリシア，ドイツ，オランダ，と各国を巡るが，最終目的地は，イタリア，特にローマだった。期間は数か月のものから１～２年，長いときには８年にも及んだ。

〈時代背景〉

グランドツアーが盛んに行なわれた17世紀末から18世紀の英国は，産業革命が起き，次第に豊かになり新たな資本家が誕生するとともに，地方では土地を持つ裕福な貴族が力を持っていた。彼らの子弟の旅行は，トーマス・クックによって近代的な団体旅行すなわちマスツーリズムが登場する19世紀中頃までは，旅の一つの典型的なスタイルであった。

当時のヨーロッパにおける文化の中心はイタリアであり，そこで貴族の子弟のエリート教育の一環としてグランドツアーが行なわれるようになった。その背景には，英国知識階級のローマ時代への郷愁やルネッサンスに対する劣等感のようなものもあったのであろう。

このように18世紀英国ではじまったグランドツアーは自国から離れ諸外国の文化にふれて学ぶ重要な行事だった。異文化にふれることで自文化を認識し異文化を尊重し共生してゆくことを考える場にもなったのだろう。

19世紀に入ってからも貴族や裕福な家庭の子弟はグランドツアーをする伝統が残っていた。その後には，女性たちも参加するようになった。

〈グランドツアーの目的地と学んだこと〉

「イタリア」が最も人気のある場所の一つであった。古代ローマやルネサンスの歴史文化遺産が多く残り，ナポリでは音楽を楽しみつつ学んだ。ナポリ東の活火山ベスビオ山も人気があった。

「フランス」は，洗練されたファッションや礼儀作法，社交生活における上品なマナーを身につける場であり，その他，フランス舞踊，フェンシング，乗馬なども習得の対象だった。

〈家庭教師〉

グランドツアーには，家庭教師として当時の一流の学者が，同行することが常だった。現代にまで名前を残す学者としては，トマス・ホッブズ（政治哲学者『リヴァイアサン』）やアダム・スミス（経済学の父『国富論』）などがおり，彼ら自身にとっても，破格の報酬をもらい，ヨーロッパ大陸の学者と交流し，自身の学識を深めるまたとない機会でもあったのである。

(7) 鉄道の発展とシーサイドリゾート成立

19世紀のイギリスでは，鉄道の発達によって，人々は短期間に長距離を旅行することができるようになった。それによって，近代的な団体旅行すなわちマスツーリズムが成立し，また海浜リゾートが誕生したのだった。

〈鉄道の発展〉

鉄道の起源は古代エジプトやギリシア時代の専用軌道までさかのぼるといわれる。しかし，レールは鉄製ではなく木や石で作られたものであり動力も馬や人力に頼っていた。17世紀のイギリスでも馬車鉄道や荷馬車用軌道といったものが利用されており，現在のような近代的な形の鉄道が誕生するのは18世紀後半の産業革命の時期となる。背景としては石炭を炭坑から工場に大量輸送することが必要となったこと，そしてワットが蒸気機関を発明したことが大きい。1800年頃にワットの蒸気機関の特許が切れ，改良された蒸気機関車を製作する技術者が現れた。1804年に，リチャード・トレビシックが史上初の蒸気機関車を走らせることに成功した。そして，1825年にはイギリスで世界初の蒸気機関車を利用した商用鉄道であるストックトン・アンド・ダーリントン鉄道が開業し，蒸気機関車の父と呼ばれるジョージ・スチーブンソンが蒸気機関車「ロコモーション号」の運転に成功した。これは石炭輸送のために作られた鉄道で貨物専用であり旅客は馬車鉄道を利用することとなった。この鉄道の開業により効率的に石炭を輸送することが可能となり鉄道の有用性を示して鉄道建設ブームへとつながっていった。そして1830年にはイギリスのリヴァプールとマンチェスターを結ぶリヴァプール・アンド・マンチェスター鉄道が開通し，ついに鉄道による旅客輸送が開始された。この鉄道は貨物輸送だけではなく旅客輸送でも大成功を収めたことにより欧米は鉄道熱狂の時代を迎え各地で鉄道の建設が活発となった。1827年にアメリカ，1832年にはフランス，1835年にはドイツと続々と鉄道が開業した。1840年代にはイギリスではかなりの鉄道が開業している状態になり，鉄道は代表的陸上交通手段となった。

鉄道の発展による社会的・経済的な影響は計り知れないものとなった。鉄道が出来る前は，旅行は経費がかさみ，辛く危険なものでさえあったので富裕な者だけのものであった。しかし鉄道の出現により大勢の人々を速くかつ長距離にわたって安価で移動させることが可能となったため，旅が一般の人々の手に届くものになった。そして郊外に出かけるレジャーやシーサイドリゾートなどの保養地の発展に大きく寄与した。

近代ツーリズムの祖あるいは旅行業の創始者として知られているトーマス・クックは熱心な禁酒論者であった。1841年に禁酒運動メンバー500人ほどを連れてレスター駅から11マイル離れたラフバラー駅まで貸切列車を利用した団体旅行を行なった。クックは1シリングの料金で列車の手配だけでなく昼食の支給やダンスやクリケットなどの娯楽の提供までも行なった。これがいわゆる団体旅行のパックツアーの原型になったといわれている。最初は禁酒運動と結びついた社会運動の形であったが，その後は商業ベースの鉄道を利用した団体旅行やフランスで行なわれた万国博覧会に多くの旅行者を送り出すなど成功を収め，観光の歴史に大きな影響を与えた。

〈シーサイドリゾートの成立〉

古代ギリシアの時代から海水の持つ治癒力は知られていたが，海水浴が温泉に代わる医療として始まったのは意外と遅く18世紀になってからである。1753年に医師であるリチャード・ラッセルが胃腸病の治療や健康を維持するのには空気のきれいな場所で海水浴をすることが望ましいと発表し，1754年に自らブライトンで医院を開業した。これを契機に，ロンドンから85kmほど離れた小さな漁村だったブライトンから海水浴ブームが起こり，イギリス中の注目を浴びることとなった。さらにブライトンはのちにイギリス国王になるジョージ4世にも気に入られ，男女別に利用ができる公共の海水浴施設を開設し，さらには1787年には離宮となるオリエント風のロイヤル・パビリオンが建てられた。この頃はまだ海水浴は上流社会のものであったが，1841年にはロンドンとの間に鉄道が開通したことにより大衆化し，一大保養地として発展した。1801年には7千人ぐらいだった人口も100年後には12万を超えるほどへと増加し，イギリス各地にシーサイドリゾートが発展する先駆けとなった。

(8) 万国博覧会

万国博覧会とは，大規模で国際的な参加国と参加者で開催される博覧会であり，万博あるいはEXPO（エキスポ）とも称される。

15世紀以降の大航海時代により，世界中でヨーロッパの植民地が拡大した。その結果，ヨーロッパの王侯貴族を中心に未知の世界への関心の高まり，万物を収集し分類と体系化することが行なわれ，博物学の発展も進んだ。これも博覧会開催の大きな契機になった。18世紀半ばから開催されるようになった国際的な博覧会は，機械産業や国際貿易の発達とともに，しだいに内容と規模が拡大していった。

大航海時代の先駆者であったスペインやポルトガルは，産業革命に乗り遅れ，時代の先端をいく科学技術の展示で先行したのは，イギリスとフランスだった。第一回目の万国博覧会が行われたのは1851年，イギリス・ロンドンで，ハイドパークで開催された「第1回ロンドン万国博覧会」には，約40か国が参加し，144日の会期中に600万人の入場者があり，大成功を収めた。会場には，万国博覧会のシンボルとして，巨大なガラス張りの水晶宮（クリスタルパレス）が建設され人気を集めた。以降の万博では，これにならって，大規模なシンボル的な建造物が建設されることが多かった。パリのエッフェル塔がその代表的な事例である。

第1回ロンドン万博の成功は，当時産業革命で成功したイギリスにならって工業化の道を歩んでいたフランス，アメリカなどの国々にとって大きな刺激となり，以降，ニューヨーク，パリ，ウィーンなどで次々に万博が開かれていった（表5－1）。

1851年は日本では，まだペリーの黒船来航の2年前である。ちなみにその日本からは，1867年（慶応3年）の第2回パリ万博のときに，江戸幕府の他，薩摩藩と佐賀藩が初めて出展した。当時は国際博覧会に関する国際的な条約もなく，各国の都合によって，間をおかず博覧会が開催された年もあった。明治政府は，1873年のウィーン博から，積極的に参加した。また，それをモデルとして，内国勧業博覧会が上野公園などを会場にして相次いで開かれた。

表 5-1　過去に開催された主な万国博覧会

<table>
<tr><th>開催地</th><th>開催会期</th><th>特徴・テーマ</th></tr>
<tr><td>ロンドン</td><td>1851.05.01-1851.11.11</td><td>国際博覧会の始まり。水晶宮が登場</td></tr>
<tr><td>ニューヨーク</td><td>1853.07.14-1854.11.01</td><td>米国初の国際博覧会。オーチスのエレベータが登場</td></tr>
<tr><td>パリ</td><td>1855.05.15-1855.11.15</td><td>仏初の国際博覧会。始めて万国博覧会と称す</td></tr>
<tr><td>ロンドン</td><td>1862.05.01-1862.11.1</td><td>日本の遣欧使節団が視察</td></tr>
<tr><td>パリ</td><td>1867.04.01-1867.11.03</td><td>日本初出品「幕府」「薩摩」「鍋島」が参加</td></tr>
<tr><td>ウィーン</td><td>1873.05.01-1873.10.31</td><td>日本政府としての公式参加</td></tr>
<tr><td>フィラデルフィア</td><td>1876.05.10-1876.11.10</td><td>米国独立100周年</td></tr>
<tr><td>パリ</td><td>1878.05.01-1878.11.10</td><td>エジソンの蓄音機，自動車，冷蔵庫等出展</td></tr>
<tr><td>メルボルン</td><td>1880.10.01-1881.04.30</td><td></td></tr>
<tr><td>バルセロナ</td><td>1888.04.08-1888.12.10</td><td></td></tr>
<tr><td>パリ</td><td>1889.05.05-1889.10.31</td><td>フランス革命100周年。エッフェル塔建設。初の夜間照明</td></tr>
<tr><td>シカゴ</td><td>1893.05.01-1893.10.30</td><td>コロンブスの新大陸発見400年。空中観覧車</td></tr>
<tr><td>ブリュッセル</td><td>1897.05.10-1897.11.08</td><td></td></tr>
<tr><td>パリ</td><td>1900.04.15-1900.11.12</td><td>クジ付き入場券を発売。地下鉄，動く歩道が登場</td></tr>
<tr><td>セントルイス</td><td>1904.04.30-1904.12.01</td><td>ルイジアナ買収100周年</td></tr>
<tr><td>リエージュ</td><td>1905.04.27-1905.11.06</td><td>ベルギー独立75周年</td></tr>
<tr><td>ミラノ</td><td>1906.04.28-1906.10.31</td><td></td></tr>
<tr><td>ブリュッセル</td><td>1910.04.23-1910.11</td><td></td></tr>
<tr><td>ゲント</td><td>1913.04.26-1913.12</td><td></td></tr>
<tr><td rowspan="2">サンフランシスコ</td><td>1915.02.20-1915.12.04</td><td>パナマ運河開通記念。第1次大戦勃発</td></tr>
<tr><td>1928.11.22</td><td>国際博覧会条約採択（施行は1931.1.17）</td></tr>
<tr><td>バルセロナ</td><td>1929.05.19-1930.01.15</td><td></td></tr>
<tr><td rowspan="2">シカゴ</td><td>1933.05.27-1933.11.12</td><td rowspan="2">はじめて「テーマ」登場。「進歩の世紀」</td></tr>
<tr><td>1934.05.26-1934.10.31</td></tr>
<tr><td>ブリュッセル</td><td>1935.04.27-1935.11.06</td><td>「民族を通じての平和」条約による最初の第1種一般博</td></tr>
<tr><td>パリ</td><td>1937.05.25-1937.11.25</td><td>「現代生活の中の芸術と技術」ピカソのゲルニカ出展</td></tr>
<tr><td rowspan="2">ニューヨーク</td><td>1939.04.30-1939.10.31</td><td rowspan="2">「明日の世界と建設」ワシントン大統領就任150周年。ナイロン，プラスチック，テレビなど出展</td></tr>
<tr><td>1940.05.11-1940.10.27</td></tr>
<tr><td></td><td>第二次世界大戦</td><td></td></tr>
<tr><td>ブリュッセル</td><td>1958.04.17-1958.10.19</td><td>「科学文明とヒューマニズム」（第二次大戦後初の万博）</td></tr>
<tr><td>モントリオール</td><td>1967.04.28-1967.10.29</td><td>「人間とその世界」カナダ連邦100周年</td></tr>
<tr><td>大阪</td><td>1970.03.15-1970.09.13</td><td>「人類の進歩と調和」日本初の万博</td></tr>
<tr><td>セビリア</td><td>1992.04.20-1992.10.12</td><td>「発見の時代」コロンブス米大陸発見500周年</td></tr>
<tr><td>ハノーバー</td><td>2000.06.01-2000.10.31</td><td>「人間—自然—技術」</td></tr>
<tr><td>愛知</td><td>2005.03.25-2005.09.25</td><td>「自然の叡智」</td></tr>
<tr><td>上海</td><td>2010.05.01-2010.10.31</td><td>「Better City, Better Life」</td></tr>
</table>

出典：外務省　2005年日本国際博覧会資料（http://www.mofa.go.jp/mofaj/gaiko/hakurankai/kako.html）などより作成。

第一次大世界戦後の1928年には国際博覧会条約が署名され，現代の万博のように公式テーマを持った万博が始まり，「国際博覧会」いわゆる「万博」はこの条約を基準に秩序をもって開催されることになる。

そして日本では，1940年に東京で紀元2600年記念行事の一つとして万博を開催する計画が立てられたが，戦争のために中止された。戦後経済が復興した70年，大阪でアジアでは最初の万博が開催された。183日の会期中，入場者は6,422万人に達し，現在（2008年）もなお破られていない万博史上の最高記録となった。

大航海時代により，ヨーロッパから見た世界は拡大し，人々は新しい技術や未知なる世界への知的な関心を強く持つようになっていった。そして，人々の知的好奇心を満たしてくれる万国博覧会の開催は各国に広がった。規模的には，現代の海外旅行者とは比べものにはならないとはいえ，19世紀の時点で世界規模の人の移動を生み出した万国博覧会は，観光の歴史のなかでも注目されるべき観光現象であるといえる。しかし，巨額の費用と広大な土地を要する万国博覧会は，当初の自由な競争を通じて，技術・文化の交流を促進する理念は，交流の場や機会の多様化が進んだ現代においては，その存在意義に疑問も投げかけられるようになっている。

(9) オーシャンライナーの旅

19世紀，ヨーロッパでは人口爆発や飢饉などが起こった。例えば，ジャガイモの疫病により，アイルランドで100万人以上の餓死者を出したジャガイモ飢饉が有名である。それらの影響により，各地からアメリカを中心としてカナダやオーストラリアなどへ大量の移民が発生することになる。移民は，貨客船を利用することが多かったが，19世紀中頃から大型客船が登場し，移民の大量輸送を可能とするようになる。これがオーシャンライナーの起源であり，特に1840年から20世紀半ばまで，ヨーロッパとアメリカ新大陸などを結んだ大洋横断定期客船のことを指す場合が多い。運航していた船会社の中でもイギリスのサミュエル・キュナードによって1840年に創設されたキュナード社は有名である。1840年にキュナード社の世界初のイギリスとアメリカを結ぶ大西洋横断航路の定期貨物・旅客船として蒸気機関を備えた木造の外輪船ブリタニア号が就航した。ブリタニア号は当時としては俊足で，リバプールとハリファックスの間を速力約11ノット，航海日数９日21時間を記録し，太平洋横断のスピード記録を持つ船に与えられるブルーリボン賞を受賞している。ちなみに，現在のブルーリボン賞を保持しているのは，デンマークの船会社が保有していたキャットリンク５号であり，その速度は，約40ノット（1998年）である。

また，20世紀に入ると，とくに花形であった大西洋定期客船航路において各国が高速性と巨大さを競うようになった。各国のスピードを誇る客船が競う中でもキュナード社の船は，ブルーリボン賞を多数受賞している（1838年から1998年）。豪華で速い客船の建造競争の盛んな1912年に登場したタイタニック号は，１年先に就航したオリンピック号とともに初めて４万トンを超えた巨大船であり，防水のための隔壁が設けられていたため不沈船として宣伝されていた。その船が1912年イギリス・サウサンプトンからニューヨークへ向けての処女航海中に氷山と衝突して沈没し，多数の犠牲者を出す大惨事を引き起こした。

キュナード社の中でも特に巨大で豪華な客船が，クィーン・メリー号とクィーン・エリザベス号である。1930年代に就航し，1960年代以降，大西洋上空を飛行機が飛び交う航空機旅行が主流になるまで活躍し続けた。これらの船は，客室の等級によってダイニングが分かれるクラス制をとっており，映画「タイタニック」で見ることができるように，毎晩，盛装でディナーやダンスパーティが催され上流階級の社交場となっていた。そのタイタニック号を運航していたホワイトスターラインもキュナード社の傘下であった。

20世紀における航空機の出現や移民の減少とともに，下火となったオーシャンライナーは性格を変容させていくことになる。移民が利用する客船から，旅行者が利用する豪華客船としての性格を持つようになるのだ。バカンスを利用して海外へ出かける人々の客船となるのである。海外滞在中のみならず，移動中の客船そのものもバカンスとしてオーシャンライナーは豪華であった。現在では，クィーン・メリー２号などが世界一周や大西洋路線を運航している。

(10) 熱帯への幻想

18〜19世紀ヨーロッパの人々は，熱帯地方に楽園幻想を見た。大航海時代の後，ヨーロッパ諸国の植民地の拡大とともに，熱帯地域にあった植民地のものめずらしい動植物など自然や文化が，直接もたらされ，それまでは，想像上あるいは伝説上のものであった世界が現実のものとなり，芸術家たちは大いなる好奇心を持って新しい世界に接することになった。特に，19世紀の半ばにロンドンで始まった万国博覧会では，探検家や宣教師，植物商などが持ち帰った物産，資料や旅行の記録などを通して，さまざまに紹介され一般人にまで広まった。このときに広まった熱帯地方のイメージは，エキゾチシズム（異国趣味）やオリエンタリズム（東方趣味）を欧米人にもたらした。近代社会に入ったヨーロッパにおいてさまざまな問題も起きる中，遠く離れた未開の熱帯に楽園の幻想を見たのかもしれない。

西欧における近代絵画史の展開においても，南方や東方の熱帯地域の植民地の影響が大きいことは明らかである。多くの画家たちが，実際に熱帯に赴き，それをテーマとした絵を描いている。こうして競うように画家たちが絵画に描いた熱帯の風景や風俗は，南方の熱帯地方やアラブへの幻想をかきたてた。

フランス・ロマン主義絵画を代表するドラクロア（1798〜1863）は，外交使節団に随行してモロッコを旅行し，それをモチーフに「アルジェの女たち」「モロッコのユダヤ人の婚礼」などの作品を残している。

フランスで誕生した印象派の画家については，フランスの国内，特に南仏で活躍したイメージが強いが，タヒチ島に移住して「タヒチの女」などの作品を残したゴーギャン（1848〜1903）だけではなく，モネ，マネ，ピサロ，ドガ，ルノワールなど多くの画家たちが熱帯との関わりを持っていることは興味深い。

特に熱帯を描いた絵画で注目されるのは，印象派と同じ頃に活躍した素朴派を代表する画家アンリ・ルソーである。1889年のパリ万博の展示をみて熱帯の密林に関心を持ち，それをテーマにした数多くの作品を残した。しかし，実際にはパリ市の税関吏だったルソーは，外国へ旅行したことがなく，博覧会やパリ市内の植物園でのスケッチなどを参考に幻想的な風景を作り上げたのであった。当初は，その作品は批評家の嘲笑の的になったが，晩年には評価は一変した。素朴派という名称も伝統的な美術に関する知識や技法をマスターしていない稚拙で素朴な画風を揶揄して呼ばれたものである。しかし，ピカソやスーラ，ゴーギャンなど同時代の画家たちは高く評価をしており，現代では，その後の絵画へ影響を与えた同時代の代表的な画家として知られている。

大航海時代から始まった熱帯への旅によって，探検家や旅行者が持ち帰った文物，画家の描いた絵画などは，ヨーロッパの人々の間にはるか離れた熱帯の異国情緒に溢れた幻想的で楽園的なイメージを形成することになった。

(11) ヒルステーション

ヒルステーションとは，西欧諸国がアジアの植民地に建設した避暑のためのリゾート都市である。世界中に植民地を持っていた大英帝国のヒルステーションの代表例をインドに見ることができる。

インドを最初に訪れたヨーロッパ人は，ポルトガルのバスコ・ダ・ガマである。バスコ・ダ・ガマは，1498年喜望峰を回って航海を続け，南インドに到着した。バスコ・ダ・ガマの後，香辛料などインドとの交易が生み出す膨大な商業的利益は，フランス人，オランダ人，イギリス人をも，インドに惹きつけることになった。1605年にイギリス人によって東インド会社が設立され，1757年にプラッシーの戦いでベンガル太守とフランス勢力に勝利すると，イギリスはインド全域における社会，政治，経済の支配を確立した。イギリス領インドの最初の総督府は，東インド会社の拠点だったカルカッタ（現コルカタ）に置かれていたが，カルカッタの夏の暑さを避けて，1865年にデリーの北西に位置する避暑地シムラに夏の間だけ，首都を遷したのが始まりである。

緯度が高く，比較的冷涼な気候のもとに育ったイギリス人にとって熱帯アジアの暑さは耐えがたいものであった。そこで，本国と同じような気候・風土のもとで植民地での仕事ができるようにと考案されたのがヒルステーションである。ヒルステーションは，夏の保養地としての機能にまず着目されるが，避暑機能の他に，国境に近い山岳地帯では，軍事的な目的で軍隊が駐屯したり，医療目的でサナトリウムが設置されたり，イギリス人子弟の教育の場など複合的な目的を持つようになり，さらに夏季の首都として実際に植民地統治機能をもったヒルステーションもあった。ダージリンやシムラはその例である。インドにはほかにもウータカムンド，マナーリー，ナイニータール，カリンポンなど数多くのヒルステーションが存在する。またインドに限らずフィリピンのバギオ，ベトナムのダラットやサパ，ミャンマーのメイミョー，マレーシアのキャメロン・ハイランド，スリランカのヌワラエリヤなどにインドと同じようなヒルステーションがある。また，中国は，完全な植民地となったことはないのでヒルステーションとするには意見が分かれるところであるが，廬山，鶏公山，莫干山など外国人が開発した山岳リゾート，北戴河などの海浜リゾートが存在している。

現在，インドのヒルステーションはインド人避暑客や新婚旅行客で賑わいを見せている。そこでは，宗主国であったイギリスが残した往事の立派な石造建築などが，ほかのインドの都市とは違う独特の雰囲気を漂わせている。イギリス統治が長かったことから，インドは鉄道網が発達しているが，ヒルステーションの多くにも，登山鉄道が建設された。中でもダージリン・ヒマラヤ鉄道やニルギリ山岳鉄道は100年以上前に製造された古い蒸気機関車が現在も運行されていて，世界遺産「インドの山岳鉄道群」に指定されている。ヒルステーションには，それぞれの母都市となったカルカッタ，デリー，マドラス（現チェンナイ），ボンベイ（現ムンバイ）などと同様の快適な都市生活を送るための施設や，医療機関，教育施設などが高い水準で整備，維持されていた。

日本にもヒルステーションに似た場所がある。それは避暑地で有名な軽井沢である。カナダ人牧師であるショーが軽井沢に別荘を建てた。今の軽井沢の教会の多さから西洋の文化が感じ取れる。また，雲仙や神戸の六甲山もヒルステーションと似た性格を持っている。

このように世界にはたくさんのヒルステーションが存在する。そこにはさまざまな歴史的背景が存在したのである。

(12) 遊園地とテーマパーク

〈遊園地〉

遊園地は，中世の頃からヨーロッパでは，各地で祭に合わせて市が開かれる時，それに付帯して移動遊園地が設けられたのが初めとされている。今でも移動遊園地の形態は，ヨーロッパをはじめ世界各地で見ることができる。近代的な遊園地は，17世紀にイギリスやフランスに登場したプレジャーガーデンに原型が求められるという。プレジャーガーデンとは森や花壇，小径の散策，スポーツ設備や飲食店を持つ，大都市の有閑階級を対象とする施設であった。園内には，カフェ，レストランなど飲食施設があり，気球，綱渡り，花火，仮装舞踏会などのさまざまな催し物が開催された。しかし，賑わいの反面，園内の風紀の乱れのため閉園も相次いだ。そして，その後1843年に誕生したのがヨーロッパ型の遊園地の代表である，コペンハーゲンの中心地に位置するチボリ公園である。当時の国王クリスチャン８世から約６ha の土地を借り受けたゲオ・カーステンセンが創設したもので，チボリ公園の評判はデンマーク国内外へと広まり，開園１周年の日には入場者１万６千人を記録した。アンデルセンもしばしば足を運び，園内で童話のアイディアを考えたといわれている。そこには，庭園，音楽ホールなどがあり，大道芸，コンサートなども開かれた。しかし，全体的に娯楽施設は比較的少なかった。現在，遊園地といえばスピードやスリルを楽しむ大型遊具が競って設置されているが，その導入のきっかけとなったのが，万国博覧会である。1867年のパリ万国博覧会に続く1873年ウィーン万国博覧会がプラーター遊園地で開かれた。このとき，木製の大観覧車・回転木馬などが登場した。このように，ヨーロッパでは万国博覧会が，新しいスリルと愉しさを提供する娯楽施設・大型遊具開発の契機となっていった。

アメリカでは1893年のシカゴ・コロンビア博覧会で大観覧車が登場した。そして，1927年，ニューヨークの南に位置する海岸にコニーアイランドができた。ここは海水浴場であったが，都市型レジャーの延長上にあり，海岸線に散策を楽しむボードウォークや水族館などが設置され，人気を博した。ここには３つの大きな遊園地があり，その一つのルナパークは，大がかりなイルミネーションが施され月世界をイメージした斬新なものだった。また，観覧車やジェットコースターなど大型遊具主体の近代的な遊園地の原型が登場した。しかし，第二次世界大戦後には，コニーアイランドも，治安も風紀も乱れ，子供達を安心して連れて行ける場所ではなくなり寂れた場所になっている。当時の遊園地のアンチテーゼとして誕生したのが，テーマパークとしてのディズニーランドである。

〈テーマパーク〉

カリフォルニア・ロサンゼルス郊外で，1955年，ウォルト・ディズニーによるディズニーランドの開業により，本格的な現代型テーマパーク時代が始まった。テーマパークとは人々が日常空間から離れ，特定の物語（テーマ）を通して非日常空間へと入りこめる場所である。ウォルト・ディズニー自身は，家族で行くことがためらわれるようになったコニーアイランドを反面教師として，デンマークのコペンハーゲンにあるチボリ公園とナッツベリーファームをモデルにしたと伝えられるが，建物の中で人形が演じるアトラクションやスリルライドは，統一したテーマの下で企画されているとはいえ，その原型が遊園地にあることは間違いない。

一方，アメリカ，カリフォルニア州にあるナッツベリーファームは，創業者ウォルター・ナッツが1920年代，自分の農場で栽培するイチゴを道路沿いで販売したのが起源である。その後イチゴ以外に，チキン・ディナーが名物の人気レストランになった。そして，レストラン待ちの客に楽しんでもらうことを目的にアトラクションを作り，これが遊園地へと発展する契機となった。1940年には西部開拓時代のアリゾナ州の古いホテルやゴーストタウンの建築を移築して，園内に現在のゴーストタウンの原型を完成させた。「西部開拓時代の村を再現」したテーマパークの原型といってよいかもしれない。ディズニーランドの開園より，15年も前のことであった。

これら二つのテーマパークを参考にして作られたといわれているのがディズニーランドである。1955年にカリフォルニア州アナハイムに開業した最初のディズニーランドが開業した。その後，ディズニーは，それまでにはないスケールでテーマパークを展開し，今では世界一有名なテーマパークとして，日米のほかにパリや香港などにも開園している。

(13) 世界一周旅行

現代においても，世界一周旅行は，特別な意味を持っている。まして地球が本当に球体なのかどうか，証明されていない時代においてをや。

1519年９月20日，スペイン・セビリアの港から，マゼラン率いる５隻の帆船が265名の乗組員を乗せて出航した。その名は，トリニダード号，サン・アントニオ号，コンセプシオン号，サンティアゴ号，そしてビクトリア号である。この遠征隊の目的は，当時とても貴重なものであった香辛料の産地であるモルッカ諸島（インドネシア）に到着するため，大西洋と太平洋を結ぶ新たな航路を発見することである。遠征隊は大西洋を渡り，南米大陸のブラジルとアルゼンチンの海岸沿いに南へと進んだ。しかし，その後，アルゼンチンで調査中にサンティアゴ号が難破して失われてしまった。そして，ついに1520年10月21日，マゼランはやがて後世，自分の名前が冠せられることになるマゼラン海峡の入り口に到着した。ところが，マゼラン海峡を航行中，艦隊で最大の船であったサン・アントニオ号が食糧を積んだまま，遠征隊を見捨て，スペインに向けて引き返してしまった。海峡を通過し，航海を続けたのは，３隻となった。食糧の多くを失ったマゼランの艦隊は，航路を西に向け，苦しい航海の末にフィリピンに到着するが，そこで先住民との戦闘が起こり，戦いの最中にマゼランは命を落としてしまう。また，乗組員が足りなくなってしまったため，コンセプシオン号を焼却した。残りの２隻は，当初の目的地であったモルッカ諸島にたどり着いたが，指揮官だったファン・セバスティアン・エルカーノは，損傷し，修理が必要なトリニダード号に対しては，太平洋を渡ってメキシコのヌエバ・エスパーニャへ引き戻すように，ビクトリア号に対しては先に西を目指して，インド洋を渡ってスペインへ帰国するように，という指示を出した。しかしこのトリニダード号は，スペインと抗争中だったポルトガル人によって捕えられてしまった。1522年，ビクトリア号ただ一隻が，スペインにたどり着き，セビリアへの帰港を果たした。出航から，すでに3年が経過していた。こうして，この日まで生き延びた18人の乗組員が，世界一周を成し遂げた最初の人間となった。

純粋な観光旅行として世界一周を最初に試みたのは，近代観光の創始者トーマス・クックである。1872年フランスの作家ジュール・ヴェルヌが「八十日間世界一周」という新作を日刊紙「ル・タン」に連載した。この同じ年クック社は世界最初の世界一周ツアーの広告を出し，クック自身が添乗して一行8人と客船オセアニック号でリヴァプールの港から出発している。この旅行の途中，一行は日本にも上陸しているが，クックは大変良い印象を受けたようだ。日本では，特に瀬戸内海の島々のたたずまいを絶賛している。アメリカを横断，アジア諸国を訪れヨーロッパを通ってロンドンに戻る222日の旅だった。1892年にクックが亡くなるまでの間に，計1,000人あまりがクック社の手配で世界一周の旅に参加した。

世界で最初に航空旅客輸送を行なったのは，飛行船だった。1910年，ドイツ飛行船旅行株式会社がツェッペリン飛行船LZ7「ドイッチュラント」号で行なったものである。1914年の第一次世界大戦勃発までに，ドイツ飛行船旅行株式会社は，7隻のツェッペリン飛行船で1,588回の飛行を行ない，延べ飛行距離17万2,535kmを飛んだ。

1928年には，「グラーフ・ツェッペリン」(全長236m，直径30.5m）が登場し，1929年に世界一周（1回だけ）をしたことで有名である。

豪華飛行船「ヒンデンブルク」は，「グラーフ・ツェッペリン」をさらに上回る豪華飛行船。全長245m，直径41m。乗員25～40人。個室25。乗客50人(最大75人)。現在のジャンボジェット機の3倍の長さがある巨大なものだった。船内には，喫煙室や小型グランドピアノまであった。高級レストラン並みの食事，ソムリエによるワインのサービス，プロムナードデッキがヒンデンブルクの自慢で，展望窓がついている。ヒトラー総統の肖像画も掲げられていた。しかし，1937年5月に悲劇が起きた。フランクフルト発アメリカ行き。レイクハーストで到着を待っていた多くの人たちの前で，大爆発事故が起き，危険な水素によって浮上する飛行船の歴史は幕を下ろすことになった。

飛行機では，1931年，ロッキード・ベガ機「ウィニー・メイ」号が，ワイリー・ポスト，ハロルド・ゲティの操縦により世界早周りを８日間15時間51分で達成。

1986年には，ジーナ・イェーガーとディック・ルータンが操縦する「ボイジャー」号が９日間をかけて，無給油無着陸世界一周の記録を達成した。無着陸の飛行距離は，約42,000km，平均時速は，194km であった。機体は，前後にエンジンとプロペラを持つ特殊な設計で，ディックの弟のバート・ルータンが担当した。

今でも，飛行機，ヨット，熱気球などによる世界一周への挑戦がさまざまな形で行なわれている。

(14) アメリカ・ハワイのリゾート

アメリカにおけるリゾートの起源は，宗教的な目的のキャンプであるともいわれている。アメリカのキリスト教の宗派の一つ，メソジスト派では布教を行なう際，野外でキャンプをしながら集会を行なった。メソジスト派の牧師らは農村地域や辺鄙な地など教会のない地へと赴きそこで人を集め「野営布教活動」として集会を数日間にわたって行なう。集会があるという知らせを聞いた周辺の人々は何マイルも移動し，自分たちでテントを張り，集会へと参加した。彼らにとってこの集会は単調で退屈な日常から離れる機会でもあり，一種の娯楽性を含むピクニックのようなものであった。アメリカ北東部都市に近いマーサスビンヤード島や郊外に位置するキャッツキル山地周辺などで，1830年代に行なわれたのが，その始まりであるといわれている。

温暖な地での癒しを求めるアメリカ人のリゾートに対する志向は第一次世界大戦時に始まったといえる。第一次世界大戦時アメリカ軍兵士がヨーロッパに派遣され，現地での彼らの慰労・休養の場として地中海沿岸リビエラのニースなどのリゾートが選ばれた。彼らはリビエラでリゾートにふれ，一つの側面ではあるが，豊かなヨーロッパ文化へあこがれの目を向けるようになった。

20世紀初め頃までのアメリカのリゾートはほんの一部の富裕階級だけが行く

ことのできるものであった。例えばニューヨーク州ハドソン川上流に位置するサラトガ・スプリングスが代表的な地である。温泉の飲用やカジノが行なわれていたところで，今でも全米から競馬ファンが訪れるサラトガ競馬場で有名である。

アメリカのリゾート開発が大きく進展することとなったのは鉄道敷設とホテル建設が同時に行なわれるようになった20世紀初頭前後からである。今でこそ，アメリカでの旅行といえば，飛行機や車が大半を占めるが，1920年頃までには鉄道が網の目のように張り巡らされ，どこへ行くにも鉄道がメインであった。当時の富裕層の旅行客はもちろん鉄道で旅をするのだが，個人が専用の車両を所有しており，一両まるごと自分の車両を占有して旅をするという豪華さであった。そして，その車両はそのままホテルまで繋がれるため，豪華なホテルには車両引き込み線があったという。

現在のアメリカを代表するリゾート地であるのがマイアミをはじめとしたフロリダ半島である。しかしながら，当時フロリダ周辺へのニューヨーク，ボストンなどの北部からの交通はまだ未開発段階であった。野菜や果物が豊富で一年中気候も良く海のきれいなフロリダは冬の避寒地として最適であり，多くの北部の企業家や投資家などの富裕層が目をつけた。そのなかでも鉄道王と呼ばれるヘンリー・フラグラーは療養で訪れた際にフロリダを気に入り，自らの財でマイアミからキーウエストに到るまでのフロリダ・イーストコート鉄道を建設した。彼のリゾート開発は北部から南部へ向け鉄道を延ばし，不動産開発を行なう。すなわち，鉄道の最終地点にホテルをつくり，街をつくる。そしてそこで開発した不動産を売却して資金が集まるとまた南へと線路を延ばし，少しずつ開発を進めていった。その開発を進め，たどり着いた最終地点がマイアミだったのである。これらの資本によりホテルのみならず，ゴルフ場やカジノ，マリーナなど現在のリゾート地の基盤となるものが整備され中産階級向けのリゾートが多く開発されることとなったのである。しかし，1926年にフロリダを襲ったハリケーンにより，大きな打撃を受け不動産の価値が下がったところに，1929年の世界大恐慌が起き，土地の価格は，ピークの10分の1に暴落したといわれている。

現在マイアミは観光のみならず貿易，金融，商業など南部を代表する都市へと発展し，富裕層の別荘地であり，退職者が余生を過ごすリゾート地へと成長している。

その後のアメリカのリゾート開発は植民地化したハワイへと移っていく。ハワイも同じく温暖な気候と美しい自然が豊富で彼らの目指すヨーロッパのモナコやニースなどに対抗できるリゾート開発を行なうには最適の地であった。1901年にハワイのワイキキビーチで最初のホテルとしてモアナ・ホテルが開業し，その後アメリカ本土での宣伝も始まった。ピンクの宮殿と呼ばれるロイヤル・ハワイアン・ホテルがその代表である。リゾート地ハワイのイメージを作りあげられたのもこの時期である。暖かい気候，青い海と白い砂浜，アロハの音楽など，このときにアメリカ人のハワイに対するイメージ戦略が成功し，徐々に本土から訪れるリゾート客がもたらす観光収入が増え，ついには軍からの収入をも超えることとなった。多くのリゾートがそうであるように，第二次世界大戦時にはハワイは兵士の保養地となった。

リゾート地が発展する以前の段階であるキャンプとリゾート地であるマイアミやハワイは気候の差，宗教と保養と目的は違ったかもしれないが，そこに人々が日常から離れ，非日常性を求めているという欲求が存在していることは変わらないのである。

(15) 国立自然公園

国立公園の歴史は，1872年（明治５年）３月，アメリカにおいてユリシーズ・グラント大統領がイエローストーン公園法に署名したことにより世界初の国立公園が誕生したのに始まっている。それまでのアメリカはヨーロッパから移り住んできた移民によって，フロンティア開発の開発が進み，全米で自然の開発が進められていた。そうした中，大規模な開発から壮大な大自然を保護し，開発の犠牲にならないように国立公園の制定が検討され始めた。1864年には，国立公園に先立って，カリフォルニア州のヨセミテ地域とそれに隣接するセコイヤの森が，州が管理する自然公園に指定されている。その８年後に自然保護の父と呼ばれるジョン・ミューアらの活動の結果イエローストーンが国立公園となった。イエローストーン国立公園法では，「訪れる人びとが楽しく過ごすことができる場として広く一般に開放されなければならない」と謳っている。そのためには，このすばらしい自然景観を後世に残していくことが重要であり，無秩序な自然の開発から保護していかなければならない，というのがその理念であった。ジョン・ミューアの理念から1916年に国立公園行政を組織的におこなう国立公園局 National Park Service, NPS が設立され，国立公園の保護管理や公園内で自然解説をおこなうレンジャーが組織された。以来今日までに NPS は，284か所，面積にして実に3,400万ヘクタールを管理するに至っている。国立公園局の管理下にある公園には，国立公園 National Parks，国定公園 National Monuments，国立歴史地区 National Historical Sites がある。それらの規模は，歴史的建造物１軒のものから，アラスカのランゲル・セントエライアス国立公園のように，１億3,200万ヘクタールにも及ぶ広大なものまでさまざまである。ほとんどの国立公園にはビジター・インフォメーション・センターがあり，多数のレンジャーが配置されている。また，その多くには，道路，トレイル，駐車場，洗面所，スナックバー，レストラン，ホテル，キャンプ場などの施設が整い，ガイド・ツアー，乗馬，レクチャーなどの教育的機会を提供しているものもある。

日本では，明治末から国立公園に関する議論が行なわれ，大正期から法制度や地域の選定基準についての準備が進められた。その結果，1931年（昭和６年）にようやく国立公園法が制定され，その３年後の1934年（昭和９年）３月に３つの国立公園（雲仙国立公園，霧島国立公園，瀬戸内海国立公園），12月に５つの国立公園（阿蘇国立公園，中部山岳国立公園，日光国立公園，阿寒国立公園，大雪山国立公園）が指定された。のち，1936年（昭和11年）にはさらに４つの国立公園（十和田国立公園，富士箱根国立公園，吉野熊野国立公園，大山国立公園）が加わった。国立公園法の下で12の国立公園が設立された。

それより以前，日本で国が自然を守ろうとした政策は，1873年（明治６年），イエローストーンが国立公園に指定された翌年，ヨーロッパ各国に倣って都市公園を作ろうとしたことに関する太政官布達に起源をもつ。明治末期になると，欧米の自然公園や天然記念物の考え方が日本にも移入され，国立公園を指定しようとする動きが国会内で高まった。1911年（明治44年）に日光と富士周辺を帝国公園にして保護していこうとする論議が帝国議会でおこなわれたとされる。実際に国立公園への動きが進められていったのは1921年（大正10年）ころからとされ，当時の内務省が具体的な選定地を作業しはじめた。それにより国立公園法の成立へと至ったのである。

(16) バカンスとソーシャル・ツーリズム

〈バカンス法に始まる長期有給休暇〉

1930年代，大恐慌による経済不況と失業にあえぐヨーロッパで，国が社会政策として観光産業による経済振興に力を注ぎ始めた。この動きの中，1936年，フランスで人民戦線内閣により，世界初のバカンス法が制定され，すべての労働者に２週間の有給休暇が義務付けられた。フランスに続き，ヨーロッパではドイツやイタリアなどで同様の法律が制定されていった（フランスではその後1956年に３週間，1969年に４週間，1982年に５週間以上へと延長)。これにより，国民全体が自由に旅行をして過ごす時間ができ，これまで上流階級の占有物であった観光やバカンスといったものが労働者全体に浸透していった。

すべての労働者が手に入れた２週間という有給休暇は，長期滞在型旅行の需要を高めた。もともと，多くの国民が旅をすることで，国内の需要創出や消費拡大が図られることを目的にバカンス法は作られた。しかし，この時点でのフランスは，多くの労働者に対応できるサービスも少なく，また物価が近隣の他国（イタリア，スペイン）に比べ高かったことなどから，バカンスのため国外へ向かうことも多く，外貨の流出という課題を生み出した。

〈社会政策としてのソーシャル・ツーリズム〉

バカンス法制定以後，フランスの労働者の間では，余暇活動として長期滞在型旅行を行なうことが瞬く間に浸透していった。しかし，前述の通り，当時フランス国内には，多くの長期旅行を行なう労働者を受け入れる場所も，サービスも不足していた。そのため，バカンス客は，物価の安いスペイン，イタリア，ギリシアなどへ向かい，外貨の流出を招いた。このような状況の中，フランスでは1960年代の後半，第五次国家計画のシンボルプロジェクトとして南フランスの地中海沿い，マルセイユからスペイン国境に位置するラングドック・ルシオン地方の海浜リゾート開発と，アルプス山地のスキー場開発に着手した。

当時のフランス国内では，マルセイユとモナコの間にコートダジュールという高級リゾート地が存在していたが，マルセイユ以西，ラングドック・ルシオン地方は北から吹くミストラルの影響でコートダジュール等に比べると冬は寒く，避寒地としては，適しておらず，また不毛の湿地帯が広がっていて過疎化が進む未開発地だった。

このようにフランスをはじめ，ヨーロッパにおける政府主導の大規模観光開発計画は，戦後の復興とともに展開された「万人にバカンスを！」をスローガンとしたソーシャル・ツーリズム運動に後押しされるように各国でみられるようになった。当初，バカンス法によって急速に増加した国民の観光需要を満たし，自国民の観光・リゾート需要を吸収するため，廉価で利用できる余暇の受け皿やサービスを用意することが開発の目的であった。

(17) グリーンツーリズム・エコツーリズム

日本では，農村観光，農業観光はグリーンツーリズムと呼ばれているが，海外では，ルーラルツーリズム，アグリツーリズムなどとも称される。グリーンツーリズムはヨーロッパで生まれ，1970年代以降フランス，イギリス，ドイツなどを中心に長期休暇が普及するにつれて広まっていった。ヨーロッパで年次有給休暇制度が確立したことにより，余暇時間が増加したが，観光地やリゾートのホテルで長期休暇を過ごすには費用がかかる，そこで，安い費用で長期休暇をのんびりと過ごすというスタイルのグリーンツーリズムが市民の間で広まっていった。また，第二次世界大戦後の各国のグリーンツーリズムは，農業地域の経済振興を目的とする明確な政策的意図を持っていると考えられる。

〈フランスのグリーンツーリズム〉

フランスでは，グリーンツーリズムと同じく「ツーリズム・ベール（緑の観光)」といわれている。グリーンツーリズムの起源は，ヨーロッパ最大の農業国家であり，バカンス王国でもあるフランスにある。フランスでは18世紀の後半に貴族達による農村へのバカンス旅行がブームとなった。その背景には啓蒙思想家ジャン・ジャック・ルソーの自然賛美があったといわれ，今もパリ郊外のベルサイユ宮殿に付帯するアモー（田舎）は牧歌的な農村にあこがれたマリー・アントワネットが農村を３分の２に縮小して作ったミニチュアとして知られている。その後，1936年にバカンス法が制定され，一般の労働者も，週休のほかに年間２週間の有給休暇をとれるようになり，それをきっかけに長期休暇を農山漁村で過ごすという余暇の過ごし方が，市民の間にも広まっていった。その後，過疎に悩むアルプス地方において農家民宿のアイディアが生まれ，1951年，農業省と観光省はこれを支援することとし，翌年の1952年には観光近代化委員会の報告により，フランスの民宿を全国展開することを公表した。1955年にはフランス民宿全国連盟（ジット・ド・フランス：55,000軒が加盟）が組織され，施設の整備やサービスに関する審査を行なうようになり（麦の穂マーク１～４でランク付け)，グリーンツーリズムが確立していった。

〈イギリスのグリーンツーリズム〉

イギリスでも1970年代からグリーンツーリズムが普及し始めた。産業革命の先進地であるイギリスは，人口が都市に集中し，農村から離れた都市住民は，農村に対して特別な感情を抱いてきた。そのような歴史的な背景に加えて，第１に，農村地域での雇用機会や所得の減少から，農家経営の多角化が必要となったこと，第２に，ナショナル・トラストや王立鳥類保護協会といったボランティア団体が自然を対象とするツーリズムを支援してきたこと，そして第３に，都会にはない農村のライフスタイルは魅力的なものだった。70年代以降，イギリス人の観光へのニーズが変わり，有名観光地を周遊するスタイルよりも，観光シーズンや有名観光地を避けて自然豊かな農山村や歴史と伝統ある地域にゆっくりと滞在し，地域の自然，生活，文化を体験し，地域の人々との心のふれあいを楽しみ，地域の人々との交流を通して，農山村の価値や魅力を再発見することを楽しむスタイルが好まれるようになってきた。

また，都市地域だけではなく，農村地域にも，ベッド・アンド・ブレックファスト（B & B）と呼ばれる廉価な宿泊施設があること，美しい農村景観が保たれていること，フットパスと呼ばれるカントリーウォーキングに適した歩道が整備されていることなどが，グリーンツーリズムが成立する背景にある。

〈ドイツのグリーンツーリズム〉

ドイツのグリーンツーリズムはバイエルン州から始まったといわれている。この州は酪農や畜産が盛んであるが，農業に適した土地としては決して良いとはいえない条件不利地のため，過疎化が進み，山間の傾斜地が多いため，農業規模の拡大ができないなどの問題を抱えていた。こうした農業危機に対して州政府は1980年代の初め，現在のEUの農業政策に先駆けて環境保全型の農業経営に補償金を支払う制度を行なった。ドイツのグリーンツーリズムは他の国と比べ，農村空間の整備に重点を置いており，ドイツ連邦と州政府の主催で1961年から「わが村は美しく」コンクールを続けている。また，ドイツでは古くから“農村で休暇を”事業が行なわれてきた。これは都市住民の観光需要を農村での体験型滞在と結びつけて，需要を国内で吸収するとともに，農村の存続ならびに農家の維持をめざす取り組みである。1970年代には農業経営の多角化のための行政支援を受けて農家民宿が増え，1990年以降になると農業収入の低下を背景とした副業の一環として農家民宿はその数を増やしていった。しかし最近では，副業的な存在から専業的な民宿経営への移行も増えつつある。

このようにグリーンツーリズムはヨーロッパのどの国においても，長期休暇をリーズナブルな費用で豊かに過ごすことのできるバカンスとして，また，農村地域を活性化させる一つの手段として発展してきたといえる。さらに外貨の国外への流出を防ぐことも目的の一つになっている。

〈エコツーリズム〉

エコツーリズムとは，地域の自然環境だけでなく，社会的環境までも含めて，その生態を維持し，持続的存続が可能なように保護することを意識した観光のことである。

エコツーリズムの起源は1970年代にさかのぼる。1972年にUNEP（国際環境会議）が創設され，このころから地球レベルでの環境問題の発生が指摘され始めた。1980年にIUCN（国際自然保護連合），WWF（世界野生生物基金），UNEPが「世界環境保全戦略」の中で「持続可能な開発」を提唱し，これがエコツーリズム展開のきかっけになったといわれている。

エコツーリズムの概念がはじめてとりあげられたのは，インドネシア・バリ島で開催された1982年の「第3回世界国立公園会議」においてであり，IUCNは「エコツーリズムが自然保護の資金調達機能として有効である」とした。この時代，先進国のマスツーリズムが発展途上国の自然環境や社会に対して負の影響を与えていると指摘されるようになり，マスツーリズムに対する概念としてエコツーリズムが生まれ，自然保護の経済的手段としてその概念を発展させた。これらを通じて，「持続可能な観光」の概念と地域社会の発展を両立する考え方が形成されてきた。

1990年代からエコツーリズムの実践的な取り組みが行なわれるようになった。1992年にはリオデジャネイロにおいて環境と開発に関する国際会議（地球サミット）が開催され，持続可能な開発のための具体的な行動計画である「アジェンダ21」が採択された。そうした中，エコツーリズムの分野では，自然環境や社会に対する責任を図る一つの手段として，認証プログラム制度やエコラベル制度などの実践的取り組みが始まった。

表5-2　観光リゾート歴史年表

西暦	和暦	国・県	市町村	歴史的出来事の内容
79		イタリア	ポンペイ	ベスビオ火山の大爆発で壊滅。前89，ローマに陥落。風光明媚なため貴族の別荘地だった。
134		イタリア	チボリ	五賢帝・ハドリアヌス帝（117～138）がチボリに別荘を造営。晩年はチボリに引きこもる。
216		イタリア	ローマ	カラカラ帝がチェリオの丘の南に当時最大規模の「カラカラ浴場」を建設。
392		イタリア		テオドシウス帝によりオリンピック開催禁止（休戦令の不徹底，職業競技者の登場が背景）。
395		イタリア		テオドシウス帝，ローマ帝国を東ローマ帝国（～1453）と西ローマ帝国（～476）に分割。
405		中国		陶淵明（365-427）の韻文「帰去来辞」成立。
600	推古8	中国		遣隋使を派遣。
627		中国	長安	唐僧玄奘（602-664），仏教研究のためにインドに出発。ナーランダ僧院で仏典を研究。
630	欽明2			第1回遣唐使として犬上御田鍬を唐に派遣。630-894年まで18回任命され，15回渡海した。
672		中国		義浄，インドへ海路で出発，「大唐南海帰内法伝」を帰路に著す。
703	大宝3			交通制度が確立。諸国へ通じる道に一定の間隔で駅家（うまや）が設けられる。公用の宿泊可。
804	延暦23	石川県	能登	能登国に渤海使の客院を造らせる。このころ頻繁に来日。
935	承平5			紀貫之「土佐日記」を著す。
998		京都府	宇治市	平等院の場所に別荘を造営。もとは源融の別荘。
1052	永承7	京都府	宇治市	末法の世に入るこの年，藤原頼通が別荘宇治院を寺とし，浄土式庭園を造営，平等院を建立（1053）
1058	康平1			菅原孝標女「更級日記」このころなる
1096		ヨーロッパ		クレルモン公会議の教皇の理論を根拠に第1回十字軍派遣。1099年エルサレム征服。
1219	承久1	モンゴル		チンギス・ハーン，西征に出発（～'25）。
1242	仁治3	京都府	京都市	作者不詳「東関紀行」。京都を出発し，鎌倉への旅を描く。すでに専門の宿屋が存在していた。
1245	寛元3	イタリア	ローマ	教皇がフランシスコ修道会士カルピーニをモンゴルに派遣。翌年グユクに謁見。
1271	文永8	イタリア	ベネチア	マルコ・ポーロ，黄金の国ジパングを目指してベネチアから東方へ出帆。

1274	文永11	福岡県		文永の役，蒙古襲来。
1279	弘安2			阿仏尼「十六夜日記」の旅。鎌倉へ訴訟のために下ったときの紀行的日記。
1281	文永4	福岡県		弘安の役，蒙古襲来。
1299		イタリア	ベネチア	マルコポーロ「東方見聞録」(26年にわたる東方大旅行)。
1325	正中2	モロッコ	タンジェル	イブン・バットゥータ，メッカ巡礼を志してアジア，インド，中国へ12万 Km の大旅行（～'50）に出発。
1415		ポルトガル		エンリケ航海王子，アフリカ西岸の探検を開始する（～1460)。
1488	長享2	ポルトガル		ポルトガルの探検家バルトメロウ・ディアシュ（バルトロメオ・ディアス）が希望峰迂回に成功。
1492	明応1	スペイン		コロンブス，スペインのパロス港を出帆し，新大陸を発見
1498		ポルトガル		ヴァスコ・ダ・ガマ，カルカッタ到達，東アジア貿易の拠点となる。1524年インド総督
1519		スペイン		マゼラン（の部下)，世界周航する（～'22)。
1543	天文12	鹿児島県	種子島	ポルトガル人，種子島に漂着し鉄砲を伝える。日本とヨーロッパの交流の幕開け。
1592	文禄1	韓国		秀吉，朱印船の制度を定める。朝鮮に出兵（文禄の役)。
1596	慶長1	オランダ		ジャワ島に到達し，胡椒を得て帰国する。
1596	慶長1	長崎県		豊臣秀吉，キリシタン26人を捕らえ長崎で磔殺（26聖人の殉教)。
1597	慶長2	韓国		秀吉，再度朝鮮へ出兵（慶長の役)。各地で明・朝鮮の連合軍に破れ，秀吉の死により撤兵。
1597	慶長2	オランダ		コルネリウス・ホウトマン，ポルトガルに雇われて，バリ島を発見する。
1600	慶長5	イギリス		イギリス東インド会社設立。
1600	慶長5	イギリス		エリザベスⅠ世（1558-1603）以降，大国となった英国でグランド・ツアー。～19世紀。
1600	慶長5			蘭船が豊後に漂着し，英人ウィリアム・アダムスと蘭人ヤン・ヨーステンが江戸に至る。
1601	慶長6			徳川家康，東海道に伝馬制度を設ける。
1602	慶長7	中国		イエズス会の宣教師マテオ・リッチ作製の漢文世界地図「坤輿万国全図」が完成。
1604	慶長9	東京都	日本橋	幕府，日本橋を起点として諸街道に一里塚を築かせる。馬の駄賃，1里16文に定まる。

1607	慶長12			徳川幕府への最初の朝鮮通信使が来日。以降，1811年まで12回来日。300～500名の大使節団だった。
1620	元和6	アメリカ		102人のピルグリム・ファーザーズがメイフラワー号でアメリカ大陸に出発。プリマスに植民地を築く。
1635	寛永12			参勤交代制確立。街道，宿場の整備進む。海外渡航と帰国を全面的に禁止。
1650	慶安3			この年最初の本格的な伊勢神宮おかげ参り流行。
1661	寛文1			浅井了意「東海道名所記」刊行。関所女手形制が定められる。
1689	元禄2			5月16日　松尾芭蕉「奥の細道」の旅に出立。日本旅のペンクラブは1988年，5月16日を「旅の日」と提唱。
1696	元禄9	静岡県	金谷・島田	大井川渡渉制度できる。
1753		イギリス	ブライトン	リチャード・ラッセルが海水浴の効用を説いた論文を発表。
1759		イギリス	ロンドン	大英博物館創立。スローン卿が残した8万点にのぼる標本類が博物館の基礎になっている。
1760		イギリス		この頃から王立キュー植物園はクックの探検などに植物採集家を同行させる。世界各地で採集。
1766	明和3	フランス		ブーゲンヴィル，世界周航する（～'69），'68タヒチに上陸。
1767	明和4	タヒチ		英国人サミュエル・ウォリス，タヒチ島を発見，「キング・ジョージ3世島」と名づける。
1768	明和5	イギリス		ジェームズ・クック，世界周航する。画家を乗せて航海し，描かれた熱帯楽園をヨーロッパに伝える。
1771	明和8			この年，伊勢神宮おかげ参り盛行。
1791	寛政3	香川県		この頃，金毘羅参り盛ん。
1808	文化5			間宮林蔵，樺太を探検し間宮海峡を発見。つまり樺太は島であると。この年，林蔵「東韃紀行」を著す。
1816	文化13	イタリア		ゲーテ「イタリア紀行」を著す（～'29）。
1819	文政2			蒸気エンジンを備えたサヴァンナ号大平洋を横断。
1820	文政3	フランス	ニース	イギリス人がニースにプロムナード・デ・ザングレを開く。
1821	文政4			伊能忠敬「大日本沿海輿全図」完成。
1823	文政6	イギリス	ブライトン	全長345mの有料チェーン・ピアが完成。海上のプロムナードとなる。
1833	天保4			安藤広重，「東海道五拾三次」を発表，以後「京都名所」「江戸近郊八景」など続々発表。
1840	天保11	イギリス		キュナード・ライン社が英米間に定期航路を開設。

1841	天保12	イギリス	ブライトン	ロンドンとブライトンの間に鉄道が開通。富裕平民層の間にもリゾートが一般化した象徴。
1841	天保12	イギリス		トーマス・クック，世界初のパックツアーを敢行（レスター―ラフバラ間の汽車旅行）。
1845	弘化2	イギリス	スカバラ	'45スカバラに，'45ブラックプールに鉄道が到達。鉄道熱が起きる。以降リゾートの発展に寄与。
1851	嘉永4	イギリス	ロンドン	世界初のロンドン万国博。この成功により各国で万博が企画され，英国人の海外旅行熱を煽る。
1854	安政1	神奈川県		3月　日米和親条約（神奈川条約）を締結。下田・函館2港を開く。
1855	安政2	フランス	パリ	5月　パリ万国博（ナポレオンⅢ世）。516万人の入場者。クックはイギリスから2万人を送り込んだ。
1855	安政2	イギリス	ロンドン	ロンドン万国博。クリスタルパレスできる。
1855	安政2			リヴィングストン，南部アフリカのザンベジ川流域を探検。ヴィクトリア滝を発見。
1855	安政2	オランダ		オランダ国王，初の洋式軍艦「観光丸」を贈る。長崎海軍伝習所の練習艦。「咸臨丸」より大きい全長52m。
1864	元治1		ニース	フランスとの間に鉄道開通。20世紀初頭にかけて「ヨーロッパの冬の首都」といわれる。
1865	慶応1	スイス	ツェルマット	ウィンパー，マッターホルンの初登頂に成功。
1868	明治1	東京都	築地	築地ホテル竣工。江戸初めての外国人専用ホテル。設計ブリッジエンス（米），清水組施工。
1868	明治1	兵庫県	神戸市	神戸港が開港。
1869	明治2	東京都		東京奠都。
1869	明治2	エジプト		スエズ運河開通（ポートサイド―スエズ間162km）。
1869	明治2	アメリカ		アメリカ横断鉄道が完成。
1870	明治3			サンフランシスコ―横浜・神戸間定期航路開設。
1871	明治4	アメリカ		11月12日　岩倉使節団，欧米に派遣。岩倉具視代表と大久保利通，木戸孝允，伊藤博文など維新政府の要人。
1872	明治5	栃木県	日光市	外国人宣教師 J. C. ヘップバーンが日光を訪れ，金谷家に寄宿。
1872	明治5	フランス		ジュール・ベルヌ「80日間世界一周」を著す。
1872	明治5	アメリカ	イェローストーン	世界初の国立公園。ロッキー山脈のイエローストーン国立公園制定される。
1872	明治5			9月12日　新橋―横浜間に鉄道開通。

1873	明治6			明治6ブスケ「今日の日本」同8サトウ「日光案内記」同10モース「日本その日日その日」を著わす。
1873	明治6	栃木県	日光	金谷ホテルの前身「金谷カッテージイン」を金谷善一郎が開業。J. C. ヘップバーン博士の提案という。
1876	明治9			ドイツの医学者ベルツ博士（1849–1913），2年間の予定で来朝。在日30年近くにおよび1905年に帰国。
1877	明治10	神奈川県	大磯町	大磯に海水浴場現れる（とあるが詳細不明。一般には明治18である）。
1880	明治13			J. M. ガーディナー来日。まもなく立教大の前身を創設。24年退職。日光に別荘。建築家。
1880	明治13	フランス		タヒチを領有する。
1882	明治15	東京都	上野	東京上野動物園開園，上野博物館開館。
1883	明治16	パリ	イスタンブール	オリエント急行運行開始(パリ―コンスタンティノープル(イスタンブール）70時間）1977年定期運行廃止。
1883	明治16	ドイツ		ダイムラーが自動車を発明。
1884	明治17	アメリカ	コニーアイランド	巨大なローラーコースターがコニーアイランドに。数年後にメリーゴーランドや観覧車ができる。
1885	明治18	神奈川県	大磯	松本順が関東初の海水浴場を大磯に開設。
1886	明治19	神奈川県	鎌倉	大気安静療法の導入により，鎌倉に，サナトリウム「海浜院」が建設される。3年後にホテルに。
1886	明治19			内務省衛生局「日本鉱泉誌」を刊行。
1886	明治19	新潟県	妙高	鹿島岩蔵が洋式ホテル「香嶽楼」を開業。
1886	明治19	長野県	軽井沢	カナダ生まれの2人の宣教師（A. C. ショウ，ディクソン）が初めて軽井沢で民家を借りて過ごす。
1886	明治19	栃木県	日光	中鉢石で夏期専用の電信局設置される。
1887	明治20	神奈川県	箱根	ベルツのすすめで芦ノ湖畔に離宮が建設された（同18造営開始)。
1887	明治20	神奈川県	箱根	ベルツ博士大涌谷に大温泉治療所を建設すべく，宮内省に意見書を提出。
1888	明治21			学校教育の一環として修学旅行始まる。
1889	明治22	神奈川県	鵠沼	伊東将行が計画的な別荘地の分譲を行う。分譲開始は明治25ころか。
1889	明治22	フランス	パリ	シャンド・マルスにて万国博。フランス革命100周年記念。エッフェル塔。3千万人入場。バリの芸能実演。
1890	明治23	東京都	千代田区	帝国ホテル開業。60室。1泊2円75銭～9円。外国からの賓客をもてなすため宮内庁が筆頭株主となり誕生。

1890	明治23	イギリス		'90年代の旅行案内書には，200もの海水浴地が記載。イギリス人の生活に定着。
1891	明治24	静岡県	御殿場	英国人植物商 R. S. バンデングが箱根で道に迷い，同年から避暑に訪れるようになった。
1891	明治24	長野県		ウエストン，浅間山，槍ガ岳，木曽駒ヶ岳に登山。
1891	明治24	フランス		ポール・ゴーギャン，タヒチに渡る（第1回滞在1891–1893）（第2回滞在1895–1901）。
1893	明治26	長野県	軽井沢	八田裕次郎が日本人として初めて別荘を造る。
1893	明治26	東京都		東京商工会議所内にジャパン・ツーリスト・ビューローの前身となる喜賓会設立。
1893	明治26	ノルウェー		探検家ナンセンが，探検船フラム号を建造して北極探検に出発（～'96）。
1893	明治26	長野県	軽井沢	碓氷峠を越えるアプト式の鉄道が開通。信越線。この後，日本人の別荘が増える。
1894	明治27	神奈川県	葉山	葉山に御用邸が完成。
1894	明治27	長野県	軽井沢	万平ホテル開業（1890開業の記事もあり）。
1894	明治27			志賀重昂（1863–1927），「日本風景論」刊行。
1895	明治28	兵庫県	六甲山	グルームが六甲山に自分の別荘「壱百壱番荘」を建設。
1896	明治29			3月　日本郵船，欧州航路を開設。英国製の第一船「土佐丸」は日本初の5000総トン以上の船。
1896	明治29	神奈川県	大磯	伊藤博文，大磯に滄浪閣を建てる。
1896	明治29			小田原―熱海間に豆相人車鉄道が開通。
1896	明治29	ギリシャ	アテネ	第1回近代オリンピックアテネ大会開催。
1897	明治30	神奈川県	熱海	尾崎紅葉『金色夜叉』により熱海ブームがおきる。島崎藤村「若菜集」。
1898	明治31	東京都	武蔵野	1月　国木田独歩が「国民の友」に「今の武蔵野」を連載（のちに「武蔵野」と改題）。
1898	明治31	フランス	パリ	ホテル・リッツ（Hotel Ritz Paris）開業。
1899	明治32	中央アジア		ヘディン，第2回中央アジア探検で楼蘭遺跡を発掘（～1902）。
1900	明治33			大町桂月（1869–1925）が活躍。晩年に紀行文多し。蔦温泉にて死去。
1900	明治33	神奈川県		小田原―国府津を結ぶ小田原電気鉄道電化（県内2番，全国で4番目）。
1900	明治33			飛行船が初めて就航。

1900	明治33	アメリカ	コニーアイランド	コニーアイランドにジェットコースターの元祖「宙返り鉄道」出現。
1902	明治35			箱根宮の下，日光など避暑地，温泉地に特設電話が設置される。
1903	明治36	アメリカ		ライト兄弟，動力飛行に成功。飛行機の発明。
1903	明治36	兵庫県	六甲山	グルーム，日本で初めてのゴルフ場「神戸ゴルフクラブ」を開設。
1903	明治36	大阪府	大阪市	第5回内国勧業博覧会開催。大阪の街が変貌する契機に。電気冷蔵庫人気。跡地は天王寺公園に。
1904	明治37			自家用車第1号現れる。
1905	明治38			小島烏水，「日本山水論」を刊行。
1905	明治38	イタリア	サンレモ	公設カジノが開催され，国際級大ホテルが建設されたためリビエラ海岸屈指の保養地に発展。
1906	明治39	神奈川県	箱根	小田原—熱海間軽便鉄道となる。
1906	明治39	フランス	ル・マン市	第1回フランス自動車クラブ・グランプリ・レースを公道を閉鎖したサーキットで開催。
1907	明治40	ハワイ	ワイキキ	長期滞在型ホテルとしてハレクラニ開業。'81三井不動産買収。'83再開業。
1909	明治42	奈良県	奈良市	奈良ホテル，関西の迎賓館として開業。瓦屋根の本館は格調高い桃山御殿風総桧造り（辰野金吾設計）。
1909	明治42	大阪府		箕面電車の小林一三，開業に先立って「池田室町住宅」を開発・分譲開始。田園調布より10年早い。
1909	明治42	ドイツ	アルテナ	ユースホステルがドイツ人リヒアルト・シルマンによって提唱され，ドイツ中部に初めてできた。
1910	明治43	長野県	軽井沢	軽井沢で電話交換が始まる。
1911	明治44	新潟県	高田	オーストリアのレルヒ大佐が軍隊にスキー術を教授。
1911	明治44			日光山を帝国公園トナスノ請願採択，国設大公園設置ニ関スル建議衆議院可決。
1911	明治44	兵庫県	宝塚市	11月　宝塚新温泉開業（現・宝塚ファミリーランド・阪急電鉄（株））。
1911	明治44	南極		12月14日　アムンゼン，南極点に到達。
1912	明治45			ジャパン・ツーリスト・ビューロー（日本交通公社）が設立される。
1912	明治45	南極	大和雪原	1月28日　白瀬中尉一行が大和雪原に到達。食料・燃料不足から南極点到達を断念。
1912	明治45	スイス	ユングフラウ	標高3454mのユングフラウヨッホ駅までユングフラウ鉄道が開通。

1912	大正1			新都市中間層の誕生。休日には郊外にサンドイッチを入れたバスケットを持ってピクニック。
1912	大正1	イギリス		4月14日　サウサンプトンからニューヨークに向けて処女航海中のタイタニック号遭難。1513人死亡。
1913	大正2	東京都		京王電軌，笹塚—調布間開業。この頃より，東京の郊外電車の延長始まる。
1914	大正3	東京都	台東区	3月　上野で東京大正博覧会開催。日本初のエスカレータ，初の国産車（後のダットサン），入場者746万人。
1914	大正3	パナマ		パナマ運河開通（大平洋—カリブ海間82キロ）。
1916	大正5	長野県	軽井沢	堤康次郎が千ケ滝の土地200haを買収し，百円別荘を計画。
1919	大正8	神奈川県	箱根	箱根登山鉄道が強羅まで開通。スイスのレーティッシェバーンを範としたといわれる。
1920	大正9			大正9年ころから都市近郊においてゴルフ場が開設され普及していくようになる。
1920	大正9	フランス		1920年代シャモニーなどでスキー施設の拡大・充実が行われる。
1920	大正9	ハワイ	ワイキキ	'20年代からワイキキビーチの開発始まる。
1920	大正9	アメリカ	ロサンゼルス	ナッツベリーファームの営業開始。採りたてイチゴ，ジャム，フライドチキンを販売。
1923	大正12			9月1日　関東大震災。死者・行方不明14万人，家屋損壊57万戸。被害総額60億円。震災恐慌に突入。
1923	大正12	東京都	千代田区	帝国ホテルグランドオープン。
1923	大正12			日本航空（株）設立，大阪—別府間の定期航空開始。
1924	大正13	フランス	シャモニー	1月　第1回冬季オリンピックが開かれる。フランスにスキーが普及するきっかけになる。
1926	大正15	東京都	練馬区	9月　豊島園開業。（株）豊島園。
1927	昭和2	アメリカ		5月　リンドバーグ，単発機スピリット・オブ・セントルイス号で大西洋無着陸横断飛行に成功。
1928	昭和3			自動車が普及し人力車が急減。大正元年に760台だったが，3年末には6万台余に。
1929	昭和4	アメリカ	ニューヨーク	10月　ウォール街で株式が大暴落。世界大恐慌の始まり。シカゴで聖バレンタイン・デーの虐殺。
1929	昭和4	大阪府	大阪市	4月　本格的ターミナルデパート阪急百貨店，梅田に開店。廉価販売で庶民に人気。
1929	昭和4	神奈川県	箱根	箱根土地が強羅向山地区分譲。同11年六郎兵衛，同12年大芝地区など次々に開発。

1929	昭和４	神奈川県	江ノ島	小田急江ノ島線が開通し，海水浴がますます盛んになる。海水浴が庶民のものに。
1929	昭和４	アメリカ	レイクハースト	８月　独ツェッペリン飛行船が世界一周飛行に成功。平均時速110km。日本にも立寄り歓迎される。
1930	昭和５			外客誘致の中央機関として，鉄道省の外局に「国際観光局」，諮問機関に「国際観光委員会」。
1931	昭和６			４月　国立公園法を公布。
1931	昭和６	東京都		湘南・房総への避暑が盛ん。貸家の多いのは鎌倉，逗子，大磯。貸間は房総大原，鴨川，富浦など。
1931	昭和６	東京都	大田区	８月　羽田国際飛行場開設。立川から民間機が移転。３月日本航空輸送のエア・ガール３名，初勤務。
1933	昭和８	長野県	上高地	上高地帝国ホテル開業。スイス山小屋風建築。４月下旬～11月上旬営業。1977年 SRC に改築。1994年改装。
1934	昭和９			３月16日　最初の国立公園指定。瀬戸内海，霧島，雲仙の３国立公園が設立される。
1935	昭和10			日本航空輸送，日本―台湾間定期運行開始。
1936	昭和11	アメリカ		飛行船ヒンデンブルグ号事故。死者35名。飛行船時代の終焉。
1936	昭和11	長野県	長野市	３月　和風意匠の長野駅本屋完成。善光寺を模す。同じような奈良駅は昭和９年完成。
1936	昭和11			阿蘇，阿寒，日光などが国立公園に追加され，12か所となる。
1936	昭和11	神奈川県	箱根	６月　富士屋ホテル，花御殿完成。外観や細部意匠に和風を取り入れた。17年に唐破風の玄関庇。
1936	昭和11	静岡県	伊東市	川奈ホテル開業（大倉財閥の二代目，大倉喜七郎による）。大島コースに加えて富士ゴルフコースを増設。
1936	昭和11	長野県	軽井沢	別荘1,000戸を越す。
1940	昭和15			国際観光事業が中止される。関係機関も昭和18に廃止される。
1940	昭和15	東京都	千代田区	３月　明治の文化史的遺産，鹿鳴館取り壊し決定。国辱的建築との見解もあり，保存の声上がらず。
1940	昭和15	東京都		第12回オリンピック大会（東京）中止。
1941	昭和16			12月８日　太平洋戦争開始（ハワイ真珠湾攻撃，マレー半島に上陸）～’45年まで。
1945	昭和20			８月15日　終戦。
1945	昭和20			９月　日本交通公社，進駐軍の案内と旅行斡旋業務開始。
1946	昭和21	東京都	豊島区	４月　立教大学に常設の公開講座として「ホテル講座」を開校。

1946	昭和21	アメリカ		ホテル王ヒルトン（Conrad N. Hilton, 1887-1979）がヒルトン・ホテル・コーポレーションを創設。
1946	昭和21			修学旅行，戦後間もなく復活。食料事情の緩和に伴い徐々に増加。
1948	昭和23	群馬県	草津温泉	観光レク事業としてスキー場開発が始まる。草津スキー場（'48）野沢温泉スキー場（'50）。
1948	昭和23			観光旅行復活の兆し。多くの旅行業者設立。近畿日本ツーリスト（'48），日本旅行（'49）。
1949	昭和24			国鉄の団体割引制度の復活により，団体旅行が増加。
1949	昭和24			国際観光ホテル整備法施行。
1950	昭和25	フランス		地中海クラブの最初のバカンス村ができる。最初は愛好者の集まりの組織。
1950	昭和25	フランス		'50～'60年代にかけてコートダジュールの大衆化，バカンス客のスペインへの流出。
1950	昭和25	ドイツ		ロマンチック街道協会が組織され，ドイツ最初の観光街道であるロマンチック街道が正式に命名された。
1950	昭和25			伊東，別府，熱海に国際観光温泉文化都市。京都，奈良に国際文化観光都市建設法施行。
1951	昭和26			ユースホステルが日本に導入される。日本ユースホステル協会設立。
1951	昭和26			日本航空（株）設立。10月　一番機「もく星」号就航。
1951	昭和26	神奈川県	箱根	小田急電車が湯本に乗り入れ。本格的に設計したロマンスカーを投入。ロマンスカーのイメージが定着。
1952	昭和27	東京都	羽田	羽田空港開港（米軍より返還される）。
1953	昭和28	イギリス		イギリス隊のヒラリー，エヴェレストの初登頂に成功。
1954	昭和29			日本航空，順次国際線の営業開始。サンフランシスコ線（'54），ヨーロッパ線（'65）。
1954	昭和29	長崎県	雲仙	映画「君の名は」により，雲仙が一躍有名になり，新婚旅行の目的地となる。
1955	昭和30			30年代温泉観光地への慰安旅行を中心に職場旅行が急増する。
1955	昭和30	アメリカ	アハナイム	7月　ディズニーランド開園。
1955	昭和30	東京都	文京区	7月　後楽園ゆうえんち開業。ジェットコースター登場。
1956	昭和31			経済白書が「もはや戦後ではない」とうたう。神武景気。家電ブーム。
1956	昭和31			東海道本線，全線電化完成。

1957	昭和32	鳥取県	大山町	７月　ソーシャル・ツーリズム運動にのった公営国民宿舎第１号「ぶな林」大山に開業。
1957	昭和32			南極に昭和基地設置される。
1958	昭和33			ビジネス特急「こだま」運転開始。東京―大阪間６時間50分。日帰りも可能に。
1958	昭和33	東京都	港区	12月　東京タワー完成。高さ333mで当時世界一。高度成長期の象徴に。12チャンネル営業開始。
1959	昭和34			マイカー時代始まる。日産自動車，ダットサン・ブルーバードを発売。
1959	昭和34	神奈川県	箱根町	11月　戦後初の大規模リゾートホテル，箱根ホテル小涌園完成。設計／吉村順三。
1960	昭和35			日航のジェット一番機ダグラスＤＣ８，羽田着。
1961	昭和36			レジャーブーム・海も山も記録的な人出。レジャー／バカンスという言葉がマスコミに登場。流行語になる。
1961	昭和36	新潟県	湯沢町	ウィンターリゾートをめざして苗場国際スキー場オープン。スキーの大衆化時代を迎える。
1961	昭和36			ディズニーランドを手本とした奈良ドリームランド '61，富士急ハイランド '61など続々。
1961	昭和36			⑲国民休暇村協会設立。翌年，第１号大山鏡ケ成国民休暇村。
1961	昭和36	ドイツ		「わが村は美しく」コンクールが始まる。１年おきに実施。3,000人以下の市町村または集落が対象。
1962	昭和37	静岡県	伊豆	伊豆急行，伊東・下田間の開通により伊豆半島に旅行ブーム。
1962	昭和37	東京都	港区	５月　ホテル・オークラがオープン。大型ホテルの口火を切る。敷地は大倉喜八郎本邸跡。
1962	昭和37			10月　全国総合開発計画発表。目標年次1970年。
1962	昭和37			湘南海岸に史上最高の人出。海水浴ブームの到来。
1963	昭和38	フランス		ラングドック・ルシヨンの開発計画が開始される（ドゴール大統領）。
1963	昭和38			観光基本法公布。
1963	昭和38			観光道路開発幕開け。蓼科有料 '63，富士スバルライン '64，やまなみハイウエー '64。
1963	昭和38	東京都		(財)日本交通公社，営業部門を分離，(株)日本交通公社(JTB)設立。
1964	昭和39	東京都		(社）日本観光協会設立，（特）国際観光振興会設立。
1964	昭和39			海外旅行自由化。年１回のみ。18万円持ち出し制。ハワイと香港が主な旅行先。ハワイ６日38万円。

1964	昭和39	東京都		東京オリンピック前に，ホテルが続々開業。ニューオータニ，東京プリンス，羽田東急など。
1964	昭和39			９月　名神高速道路全線開通。小牧―西宮間189.7。本格的高速道路の誕生。
1964	昭和39			10月１日　東海道新幹線開業　所要時間６時間50分から４時間に短縮。さらに翌年には３時間10分に。
1964	昭和39	東京都		10月　東京オリンピック　10月10日開催（～24日まで）。
1964	昭和39	京都府	京都市	京都タワーホテル開業。京都タワー景観問題を起こした。
1965	昭和40	愛知県	犬山市	３月　博物館明治村開業。敷地100ha。明治から大震災前の建築。谷口吉郎館長。徳川夢声村長。
1965	昭和40			40年代スキー場の開発は地域振興の一環としてますます盛んになる。
1966	昭和41			１月「古都における歴史的風土の保全に関する特別措置法」（古都保存法）公布。
1966	昭和41			乗用車が自動車の１/３を超え，モータリゼーション進む。「マイカー元年」といわれる。
1966	昭和41			これ以降，スキー場，海水浴場を中心に民宿が増大する。
1967	昭和42	東京都	豊島区	４月　立教大学社会学部に４年制大学としては初めての観光学科を設置。立教大学観光研究所も創設。
1967	昭和42	東京都	千代田区	12月　帝国ホテル旧館の取り壊し開始。反対運動を押し切っての工事開始となった。
1968	昭和43	フランス	グランドモット	最初のピラミッド型住宅が完成し，リゾート客が来訪。’88年頃5000人が定住？。
1968	昭和43			日本交通公社（JTB）が日本通運と提携して「ルック」を販売。
1969	昭和44			５月　新全国総合開発計画（大規模プロジェクト方式を志向）閣議決定。目標年次1985年。
1969	昭和44			このころ首都圏周辺に別荘ブーム。那須，富士山麓，軽井沢西部，八ヶ岳など。地価が急上昇。
1969	昭和44			大規模観光レクリエーション地区構想打出される。
1969	昭和44			５月　東名高速道路全線開通346.7ｋｍ。昭和37年着工。総工費3,425億円。東名高速バス開業。
1970	昭和45	大阪府	吹田市	日本万国博覧会が開かれる。入場者6,422万人。会場建設費519億円。経済大国日本を世界にアピール。
1970	昭和45	長野県	軽井沢	別荘数が5,000戸を超える。
1970	昭和45			10月　国鉄「ディスカバージャパン」キャンペーン開始。

1971	昭和46			「ノンノ」創刊。前年 S45年「アンアン」。「アンノン族」という言葉が生まれる。旅行に影響大。
1971	昭和46	アメリカ	オーランド	ディズニー・ワールド開業。敷地面積11,300ha。
1971	昭和46			「アンノン族」により，小京都（角館，高山，萩，津和野など），離島がブームとなる。
1971	昭和46	東京都		６月　京王プラザホテル（47階170m）など都内に大型ホテル続々開業。
1971	昭和46	北海道	大雪山	自然保護運動の高まり（大雪山縦貫道路建設反対運動）。
1972	昭和47			海外渡航の外貨持ち出し制限撤廃。
1972	昭和47			海外旅行者100万人を突破。85％が観光目的。若い女性が増加。香港，台湾，ハワイ，韓国。
1972	昭和47			国連（ユネスコ）で「世界文化遺産および自然遺産の保護に関する条約」が採択される。
1972	昭和47	福島県	三島町	過疎地域で「ふるさと村」などユニークな観光開発登場。
1973	昭和48			６月　女性向けの旅行雑誌「るるぶ」創刊。
1973	昭和48			10月　第１次石油危機（１バレル＝３ドルから11.6ドルへ）。49年度は経済が戦後初のマイナス成長。
1975	昭和50			観光分野の国際機関として世界観光機関（WTO）設立。
1975	昭和50			50年代オイルショック以降，自然回帰，歴史回帰の旅行志向強まる。小人数旅行が増え始める。
1975	昭和50	長野県	上高地	シーズン中のマイカーの乗り入れ全面禁止。乗鞍，尾瀬でも実施。
1976	昭和51			７月　伝統的建造物群保存地区の指定始まる。第１回は角館，妻籠，白川村，祇園新橋，など７か所。
1978	昭和53	愛知県	有松町足助町	４月　第１回全国町並みゼミ開催。
1978	昭和53	千葉県	成田市	５月　東京国際空港（成田空港）開港。空港周辺にホテルが続々開業。
1978	昭和53			国鉄「いい日旅立ち」キャンペーン開始。
1979	昭和54			１月　第２次石油ショック（１バレル＝34ドルに）。
1979	昭和54	岐阜県	高山市	２月　飛騨高山の町家を伝統的建造物群保存地区に選定。
1980	昭和55			この前後から女性にも温泉ブーム。
1981	昭和56	兵庫県	神戸市	３月　神戸ポートアイランド博覧会（ポートピア）が成功（1,600万人）。地方博覧会増加のきっかけになる。
1982	昭和57			東北新幹線（大宮―盛岡），上越新幹線（大宮―新潟）開業。

1983	昭和58	千葉県	浦安市	4月　東京ディズニーランド開園。
1983	昭和58	北海道	占冠村	アルファリゾート・トマム，ホテル，スキー場オープン。
1983	昭和58	長崎県	西彼町	長崎オランダ村オープン（'76から建設開始）。
1983	昭和58	沖縄県	恩納村	万座ビーチホテルオープン。
1985	昭和60			本四連絡橋・大鳴門橋開通。
1986	昭和61			リゾートマンション建設好調（'73～76に続く第2次ブーム）。
1987	昭和62	長野県	軽井沢	別荘数が10,000戸を超える。
1987	昭和62			6月　総合保養地整備法（リゾート法）公布・施行・「リゾート元年」。
1987	昭和62			6月　第4次全国総合開発計画（多極分散型国土の形成を志向）閣議決定。目標年次2000年。
1987	昭和62			4月　国鉄民営分割化（ＪＲグループ11法人と国鉄清算事業団が誕生）明治5年以来114年の歴史を閉じる。
1987	昭和62	北海道	新得町	12月　サホロ地中海クラブオープン。わが国初の地中海クラブ（世界33か国，113か所）。
1987	昭和62			運輸省「テンミリオン計画」発表。海外旅行者1,000万人を '92の計画は早めに達成。中曽根内閣。
1987	昭和62			通産省「シルバー・コロンビア計画」を発表。円高を利用して老人を海外で豊かに生活させる狙い。
1988	昭和63			4月　世界最長の道路鉄道併用橋，瀬戸大橋開通，本四備讃線開通。北陸自動車道全通。
1990	平成2			リゾートマンション販売ピーク。年間16,000戸。88年（11,600戸）から急増。91年は9,319戸。
1990	平成2	福岡県		4月　スペースワールド開業。
1990	平成2			10月　株価大暴落・バブルの崩壊で多くの開発がいきづまる。リゾートブームの終焉。
1990	平成2			11月26日　初めて海外旅行者（日本人出国者数）が1,000万人を突破。訪日外客数300万人達成。
1992	平成4			バブル・リゾートへの反省から，グリーン・ツーリズム，エコ・ツーリズムが話題になる。
1992	平成4	長崎県		3月　長崎オランダ村ハウステンボス開業。
1992	平成4			5月　国家公務員の完全週休2日制実施。学校の週5日制始まる。
1992	平成4	ブラジル	リオデジャネイロ	6月　国連環境会議「地球サミット開催」　地球環境保全「リオ宣言」“環境と開発の両立をめざす”。

1992	平成４			リゾート法の見直しが行われる。
1993	平成５	北海道	占冠村	８月　アルファ・トマムのホテルを大林組が差し押さえ。会員券の販売が不振で資金繰り悪化。
1994	平成６	三重県		５月　志摩スペイン村開業。設備と建物で600億円。
1994	平成６	大阪府	大阪市	９月４日　関西国際空港開港（１兆4,400億円の投資）。
1994	平成６	東京都	新宿区	パークハイアット東京開業。都庁に隣接する高級ホテル。
1995	平成７	岐阜県	白川村	12月　合掌造り集落が世界遺産に登録。白川郷（岐阜県）五箇山（富山県）。
1996	平成８			運輸省が「ウェルカムプラン21」（訪日観光交流倍増計画）を決定。350万人から，2005年に700万人に。
1997	平成９	京都府	京都市	９月　ＪＲ京都駅ビル全面開業。平安建都1200年の目玉。高さ60m，東西470mの巨大ビルは賛否両論。
1997	平成９			９月　女性向きの旅行雑誌「るるぶ」休刊。
1997	平成９			11月景気低迷。不況深刻。平均株価15,000円割る。拓殖銀行破綻。山一証券廃業負債３兆円。戦後最大。
1997	平成９	千葉県	木更津市	12月18日　東京湾横断道・東京湾アクアライン（川崎市—木更津市15km）が開通。
1997	平成９			12月　ゴルフ場経営の日東興業が和議申請。会員による預託金請求の増加による。
1997	平成９			97年度の海外旅行者数は，1,750万人にのぼる見込み（年初の予測）。実績は，1,680万人。
1998	平成10	長野県		２月７日～22日第18回オリンピック冬季競技大会開催。
1998	平成10	兵庫県		４月５日　神戸・淡路島間に明石海峡大橋開通。釣橋世界最長3,911m/ 主塔間距離1,990m/ 建設費5,458億円。
2001	平成13	アメリカ	ニューヨーク	９月　同時多発テロにより，世界貿易センター，国防省などが攻撃され3,000人以上の死者。
2003	平成15			小泉首相が観光立国宣言。2010年までに外国人観光客を倍増し1,000万人に。
2005	平成17	愛知県	瀬戸市	３月　愛・地球博開幕　　９月までの185日間で2,200万人の人を集める。

第6章　観光史　日本(1)飛鳥時代――昭和時代戦前

平安貴族に始まり，江戸時代に庶民にまで浸透した日本人の観光行動の志向は，寺社参詣，温泉，団体旅行というキーワードとして現在の私たちにも引き継がれている。歴史を知れば知るほど，日本人が昔から旅を楽しみ，旅から多くのことを学び，得てきたことが解る。

また，単なる旅好きというだけではなく，旅を安全，快適に実行するための工夫を凝らしてきたことも歴史から見ることができる。特筆すべきは，江戸時代に確立した「講組織」という顧客を管理し，団体旅行を企画・運営するシステムと，「講宿」と呼ばれる宿の連携組織である。

前者は現在の旅行業に限りなく近い役割を果たし，後者は同業者組合とほぼ同様の役割を担うものである。世界的にもこれほど早い時期に，これほどまでに整備された旅行のためのシステムが確立されていた国は少ないだろう。これらは日本の観光の大きな特徴を示している。

1　観光前史

(1) 律令制国家の成立と「旅」のはじまり

日本における旅の歴史は，最初の律令国家である大和朝廷によって646（大化2）年に駅伝制（駅泊宿舎の制）が成立し，中央政府と太宰府や国府を結ぶ交通路が整備されたことから始まる。五畿七道と名付けられた主要道には原則として30里（現在の約16㎞）ごとに「駅」が置かれ，人馬の食料や休憩・宿泊の施設である「駅家（うまや)」が設けられた。

一方，律令制によって庶民に対して租税の献納が義務付けられた。稲作技術の普及によって農民として定住していた多くの庶民は，租税を京に運搬するための旅，また九州沿岸防衛に防人（さきもり）として徴用される旅が強制された。

防人は663年に朝鮮半島における白村江の戦いに敗れたことから翌664年に中大兄皇子が制定した防人と烽（とぶひ）の制度によるものである。万葉集に収録されている防人の歌によれば，任地である筑紫・壱岐・対馬に徴用されたのは，東国と呼ばれた遠江国・信濃国以東13か国の男子であった。任期は３年間とされ，任地までの長い道のりを含めた旅は極めて辛いものであった。特に任期を終えての帰路は自費であったため野宿を重ね，盗賊や野獣に襲われる心配の中での旅であった。このように，律令制国家が成立したことによって官吏に対しては公務の旅，また庶民に対しては納税や徴兵に付随する旅，つまり国家から強制される旅が誕生した。

750年頃に編纂された万葉集には約4,500首もの歌がさまざまな階層から集められているが，そこにはさまざまな山や地名が読み込まれている。例えば富士山，立山，会津嶺（磐梯山），安達太良山，筑波山，相模嶺（大山），赤城山など，奈良や京都から遠い地域の山々もすでに知れわたり，聖なる空間，神々の領域，神体として扱われていた。また，地名が折り込まれた地名歌も1,772首を数え，その時代の67か国中，出羽・佐渡などのわずか９か国のみを除く広い範囲を網羅していた（溝尾，2009a）。

こうして，万葉集や古今和歌集（905（延喜５）年編纂）の中から和歌に引証される地名，つまり歌枕が生まれ人々の未知の国へのあこがれをつくり上げた。

(2) 医療施設としての宿の誕生

官吏が駅屋によって宿泊を保障されたのに対して，庶民の旅を支えたものは８世紀半ばに近畿地方に作られた布施屋（ふせや），あるいは悲田院（ひでんいん）である。布施屋は奈良，太宰府などに僧侶による慈善事業の一環として設置された宿泊施設である。

布施屋や悲田院は，官と役夫と鄙（庶民）が旅の途中で餓死してしまう例が多数に上る状態であったため，孝謙天皇のとき，諸国の駅路に果樹の並木を植えたことに始まった（吉田，1927）とされる。その他にも後には救護院や仁明天皇が設置したとされる出羽の済苦院，相模の救急院などが同様の施設として存在していた。

それらは布施屋と同様に律令制度下で都への労働力として集められた後に病に倒れるなど，行き場を失った人のための収容施設という役割のほうが強かった。そのほかにも病者に薬を施し治療する施薬院（しやくいん）が光明皇后によって平城京に作られている。

いずれも６世紀に伝来した仏教の慈悲の思想から始まる福祉事業であるが，同じ時期に入浴の習慣がやはり寺院における施浴という形で庶民に広められている。

大きな寺院には仏典に説かれた「入浴によって七病を除き，七福を得る」との功徳に従って運営された大湯屋と呼ばれる大規模な浴室が設けられていた。その頃の浴室は大鍋で蒸気を沸かすもので，法華寺（奈良県奈良市法華中町）には，光明皇后が千人施浴の請願を立てて建設したというカラ風呂（現在の建物は江戸時代中期に再建されたもの）が残っている。

また奈良時代には，外交のための宿泊施設も作られていた。律令制に基づく玄蕃寮（げんばりょう）が管轄した外国からの使節接待を目的としたもので，京都に鴻臚館（こうろかん），摂津に難波舘，太宰府には筑紫舘と呼ばれる施設が運営されていた。

(3) 平安貴族による観光の嚆矢

律令制度の安定により，平安時代中期以降には平安京に富と権力が集中し，豊かになった平安貴族らによって，寺社参詣や湯治などの旅が始まった。「楽しみを求めて行なう自発的な旅」の始まりである。

彼らの目的地は紀伊半島の熊野（和歌山県熊野市）であった。除災招福を求めての阿弥陀信仰が隆盛する中で，浄土と見なされた熊野へは，院政期には歴代の上皇がひんぱんに参詣した。熊野詣は907（延喜７）年の宇多上皇からはじまったとされている（日本紀略扶桑紀，他諸書による）。次いで992（正暦３）

年には花山法皇が那智の滝で千日間の山篭りを行なっている（栄花物語による）。本格化したのは白河上皇からで，1090（寛治４）年から1128（大治３）年までに12回もの熊野行幸を行なっている。最も多く参詣した上皇は，治承年間（1180年前後）に編纂された『梁塵秘抄』に「熊野へ参らむと思へども　徒歩（かち）より参れば道遠し　すぐれて山きびし　馬にて参れば苦行ならず　空より参らむ羽賜（た）べ若王子」と詠んだ後白河院であり，1160（永暦元）年から1191（建久２）年の間に33回[1]もの行幸を行なったとの記録がある。その他鳥羽上皇が21回，後鳥羽上皇が28回もの行幸を行なっている。これらの上皇による最短16日，最長35日にもわたる度重なる参詣によって，熊野街道が発展した[2]。

現在では熊野古道と呼ばれる街道は，熊野本宮を中心とする神仏習合の「熊野三山」，空海によって開かれた「高野山」，修験道の「吉野・大峰」などの聖地を結ぶ巡礼の道として発達した。熊野古道には伊勢と熊野速玉大社を結ぶ伊勢路，その伊勢路の花の窟から分かれて熊野本宮大社に向かう本宮道のほか，大阪から和歌山を経て熊野に至る紀伊路は田辺で熊野本宮に向かう中辺路（なかへち）と，そのまま紀伊半島を海岸線沿いに那智へ向かう大辺路（おおへち），高野山から熊野本宮へ向かう小辺路（こへち），吉野から熊野本宮へ向かう奥駈道（おくがけみち）とも呼ばれる大峯道がある。

平安時代に上皇を中心として流行した熊野詣は，承久の乱（1221（承久３）年）で後鳥羽上皇の倒幕が失敗したことによって上皇・女院の参詣が減少し，それに変わって地方の武士による参詣が増加した。武士の熊野詣は鎌倉時代中ごろから後期にかけて活発化した。また南北朝期には武士が配下の住民を連れて参詣するようになり，室町期に至ると民衆自身の参詣が盛んになった（小山・笠原，2003）。これらの陸の街道とともに，黒潮を利用した海の街道も発達し，後に蟻の熊野詣[3]と呼ばれるほどの隆盛を極めた。

信仰上の動機によって始まったこれらの旅は，熊野から伊勢，金比羅宮や善光寺などへと対象を広げながら鎌倉時代には庶民層へも広く浸透していった。これらの寺社参詣の旅において，重要な役割を果たしたのが「先達」と「御師（おし）」である。

先達は信仰のための旅の動機付けと目的地まで先導する役割を担い，御師は旅人を目的地でもてなし，祈祷を行なっていた。平安時代の熊野三山から広がった先達，御師の働きによって信仰心を持って参詣するという庶民の旅が実現し，御師らの布教活動とともに庶民の旅が全国に伝播した。

その他，平安時代から鎌倉時代にかけて，多くの紀行文が広く親しまれた。中でも『伊勢物語』はその後の鎌倉と京を旅する人たちに大きな影響を与えた[4]。太平記，海道記，東関紀行，十六夜日記，更級日記，とはずがたりなど，その後東海道を上下する人々がすべて伊勢物語の地を踏んだ。その結果，八橋，宇津の山，隅田川が名所になり，今日の東京には「いざこととわん」から言問橋，言問団子などの名称が残っている（溝尾，2009a）。

2　江戸幕府による旅の規制と制度化

(1) 江戸幕府による旅の規制

土地を統治の基盤とした封建制の下，農民は一定の土地で農耕に専念することを強制され，居住地を離れる際には関所を通過するための「手形」を必要とした。

関所とは江戸幕府や諸藩が軍事・警察上の必要から設置した徴税や検問のための施設である。主なものに東海道の箱根関，新居関，中山道の碓氷関，福島関，甲州街道の小仏関，日光街道の栗橋関などがある。これらの関所を通行しようとする者は，手形を提示し，関所による確認を受けた。特に江戸から西方へつながる東海道沿いの関所では，女性と鉄砲の通行が厳しい制限を受けていた。これを「入り鉄砲・出女」というが，江戸在住の大名の妻が密かに領国へ帰国することと，江戸での軍事活動を可能にする江戸方面への鉄砲の流入の二つが，幕府によって厳重に規制されたのである。

手形には手形持参人の身元，旅の目的（諸国寺社参拝等），関所通過の要請，関係諸官への便宜や保護の要請，発行者の身分所在地などが記載され，寺院，名主，五人組の許可を得た上で，発行された。

つまり制度的には，庶民にとって楽しみを目的とした旅は存在しなかったといえる。

しかしながら医療と信仰を理由とする旅は，封建制を維持する目的に適うものとして社会的に容認されていた。この医療を目的とする旅が湯治であり，信仰を目的とする旅が寺社参詣である。

湯治が比較的近郊の温泉地をその目的地として選定し，一定期間以上滞在して療養行為を行なう旅であるのに対して，寺社参詣は長期間を要する遠距離への寺社を目指した周遊の旅と言い換えることができる。つまり江戸時代の庶民は滞在と周遊という異なった形態の旅を楽しむ方策をすでに得ていたのである。

江戸時代中期以降には手形が発行された正規の旅として，湯治と寺社参詣を名目として庶民が楽しみを求めた旅がさかんに行なわれるようになった。

(2) 講組織による旅の組織化，制度化

平安時代から始まった熊野詣は，鎌倉・室町時代にかけて広く浸透し，江戸時代になるとそれに代わって伊勢詣が庶民の信仰の代名詞とされるほどに浸透した。

伊勢神宮の農民層への伝播に重要な意味を持ったと考えられるものに，現世利益がある。それは参詣した盲者の目が開いた，参宮のために誰もいない家に入った盗賊がかなしばりになってすぐ捕えられたという形であらわされた。また，いわゆる本地垂迹説によって伊勢神宮の祭神である天照大神が大日如来，観音，釈迦の化身であるとの考えが庶民の心と伊勢神宮を結びつけていく契機となったとの指摘もある（宮本，1987b）。

江戸中期には伊勢詣は一生に一度はすべきものと位置づけられ，そのために信仰を同じくするものによって輪番で参拝に参加するための組織が作られた。それを「講（代参講）」という。これらの講はもともと地縁集団ではなく有志集団であり，また仏教的なものであったから，念仏講・観音講・大師講・熊野講と同じように民主的に運営されたものが多かったと見られている（宮本，1987b）。

代参講の仲間は講田の耕作から得た収入や掛金をもとに，講中の代参人として旅立った。代参人の留守宅では，留守見舞いを受け，帰村するときは「下向迎え」といって村はずれまで出迎えたという。帰宅後は講の頭屋に講仲間が集って，酒宴を開き，旅先での見聞を語り合ったのである。旅行は各地の人情や風俗に接するだけではなく，農業の技術や生業の実情を見聞して帰り，地方の産業振興に役立つ場合も多く，広く世間の事情を知る重要な機会となった（宮本，1987b）。

この講組織を仕掛けたのが前述した御師であり，数多い講の中でも伊勢の御師によって組織された伊勢講が全国規模で発達した。御師は担当する顧客の伊勢参宮に付き添い，宿泊の手配や道中の案内を行なっており，江戸中期（18世紀頃）には本州や四国で数百人の御師による顧客の組織化が進められていたとされる。この一連の御師の活動は，現代の旅行業に通じる顧客の組織化と団体旅行の案内業務であり，世界的にみても特筆すべき現象である。なお，伊勢神宮の御師は「おし」ではなく，「おんし」呼ばれた。

(3) 寺社参詣による街道宿場町・門前町の発達

伊勢御師によって構成された伊勢詣は，それぞれの村を出発した後に道中で合流を繰り返し伊勢に到着する頃には，相当な団体を構成していた。

御師とは，もとは神宮に仕える下級の祠官である。本来伊勢神宮は皇室の氏神であり，個人での祈祷は禁止されていた。そこで伊勢御師は伊勢神宮への祈祷を代行するために自らの家屋敷を，神楽を見せる場として提供し，さらに宿泊施設としても利用していた。

元禄期（1700年前後）には400軒を越えていたとされる伊勢の「御師（の宿）」には，玄関にはいるとすぐに浴室があり，そこで身を清めさせ，夕食前に神楽を見せた。料理は豪華で，本膳，二の膳，三の膳までを提供し，イセエビやアワビの舟盛が用意された。ふだん一汁一菜の生活をしている人にとって，豪華料理付の最高のもてなしをしたとされている。

その後，参詣の証明となるお札を渡すとともに，翌日には近郊の観光案内やときには遊廓への案内などを行なった。

参詣者にとって，長い道中の目的地である伊勢における手厚いもてなしや参詣後の観光や遊興が，伊勢詣での楽しみであったことは想像に難くない。帰途に着いた参詣者は，伊勢参宮の土産話として伊勢での豪華な食事や道中の珍しい風物について講仲間に語り継いだのである。

これらの参詣者に対する一連の御師の行為は，翌年の集客につなげる評判（クチコミ）を意識した行動であるとの指摘もある。

江戸時代中期以降には伊勢詣の中でも「抜け参り」の集団参詣が周期的に繰り返されている。それらは「おかげ参り」と呼ばれ，1650（慶安３）年を初回としてほぼ60年の間隔で計３回起こり，本居宣長の玉勝間に記載されている1705（宝永２）年の330万～370万人など当時の日本の総人口の１割前後が参拝した年もあった。

寺社参詣の旅は時代が下るに従い参詣を建前とした物見遊山の旅の性格を強くしていく。江戸時代には女性の移動には厳しい制限がなされていたが，現存する旅日記によれば女性による旅も少なくなかった。しかもそれらの女性の旅の約半数が神仏参詣にことよせて出かけた物見遊山とされている（芝，1997）。

参詣者の通る街道筋には宿屋や茶屋が早くから発達しており，各地で名物と称するものが売られていた。名物の中でも有名であったものを上げてみると，東海道では桑名の時雨蛤，富田の焼蛤，日永の長餅，参宮街道では高茶屋の雲出の焼塩，松阪の南徳和啜の白酒，明野のヘンバ餅があり，初瀬街道では七見峠，青山峠の伊賀茶屋，伊勢茶屋の餅などが広く知られていた（宮本，1987a）。

伊勢詣に続いて金比羅宮へ足を伸ばしたり，帰途の中山道から北国街道に入り善光寺に詣でる旅程のほか，またの近江国園城寺（三井寺）の僧・行尊の「観音霊場三十三所巡礼記（1090（寛治４）年)」から始まったとされる西国三十三箇所への巡礼，関東の坂東三十三箇所や秩父三十四箇所も江戸期の庶民に広く普及した。

さまざまな参詣者が記録した「参宮日記」のうち，現存する24誌の分析によると，①すべてのケースが，復路に伊勢神宮よりも遠くに足を延ばしている，

②復路に三都のいずれにも立ち寄らないケースはまったく見られない，③多くの場合，往路は東海道・復路は中山道という「一筆書き」の大回遊コースを取っている（橋本，1995）。これらの行動類型は現在の観光行動や旅行商品の行程等と多くの共通点が見られる。

(4) 湯治と温泉地の発達

湯治とは，温泉の内用・外用（入浴・飲泉・吸入等）により病気を治すわが国伝統の温泉治療法を指し，慢性病の予防や治療に用いられ，通常 2 ～ 4 週間単位で行なわれた。湯治場つまり共同の源泉付近に設置された温泉に，付近の宿で自炊を行ないながら滞在し，治療行為を行なうものであった。湯治は病の治療法として「日本書紀」に舒名天皇の有馬の湯行幸などの記述があるように，古くから慣習的に利用されていた。

有馬や草津，熱海など江戸時代から栄えた湯治場には将軍や大名が利用した「本陣」が存在したが，一般的な庶民は「湯治場宿」を利用して長期の滞在を行なった。

多くの温泉地では源泉付近に共同の浴場が設けられ，付近の住民の共有財産として守られていた。従って湯治場に滞在する人々は，付近の住民と平等に湯治行為を行なうことができたのである。一方，鬼怒川温泉のように江戸時代を通して幕府直轄の日光奉行の管理下に置かれ，一般の入浴が禁じられていた温泉地や，源泉の引き込み権を湯株として保持する特権的な湯戸が存在する熱海のような地域も存在した。

湯治宿は，本来の療養を目的とした中長期滞在のために使われるほか，近郊の農村から農閑期に家族連れで長期間食料などを持参して滞在する習慣もみられた。このような滞在は自炊が主体であり，食料の他，鍋や釜などの炊事道具と茶碗などの食器類，布団など家財道具一式を持込んでいた。食料は米を持参し，野菜類は近郊の農家から調達した。また湯治場宿は基本的に相部屋であり，農閑期は広間に何組かの家族が共同で生活するといった様子であった。

小規模の湯治場宿が集積する一般の温泉地に対して，草津では大規模な宿が湯治場の中心となっていた。1865（慶応元）年の『草津繁昌記』には，草津の「大屋」についての記述がある。大屋は家筋といわれる特定の家系が経営する宿であり，部屋数も100以上であることが前提になっているが，その接待に関して以下のような記述が見られる。

「ここの宿は二階，三階造りで，中には四階建ての家さえある。廊下や，二階，三階の梯子段には，すべて莚が敷いてあり主人は客がこの家に来たとき，帰るときなど，村はずれまで送り迎えする。又節句の日などは，形を正して客の部屋を回って，喜びの挨拶をし，湯治が一廻り七日目になると赤飯を壺廻り女に，持たせてよこすのが習いである。菜を持たせてよこしたり，客のために宿の主人が心づくしをすることは，他町の土地の宿とはまるで変わって実に丁重である。」

滞在客を中心とする湯治場宿においても，相当な規模の宿を繁盛させている経営者は，少なくとも江戸時代の終わり頃には，設備水準や接待に関して，それなりの努力がなされていたのである。

3　身分に応じた旅の拡大

(1) 幕府による五街道，宿場の整備

江戸時代に入り，1635（寛永12）年に徳川３代将軍家光により参勤交代が制度化され，江戸と諸藩の間で要人の定期的な往来が繰り返されるようになり，五街道をはじめとした道路や宿駅（後の宿場）の整備が急速に進められた。

主要街道に整備された宿場は，伝馬を供給する義務の他に運輸・通信のための問屋場，幕府の政策の通達場としての高札所，本陣，一定量の旅籠などの設備が求められた（児玉，1960）。時期を同じくして治安の向上，貨幣経済の発達という社会的な背景が手工業の発達や商品経済を進展，商品の流通範囲を拡大させるなど，商人を中心とした庶民層の旅の増加を引き起こした。街道宿場町の発達は，このような一般庶民による交通が盛んになったことが影響している。彼らは宿場でさまざまな消費行動を行ない，経済的に宿場の発展を大きく

促した。宿場はその利益によって参勤交代をはじめとした公用旅行者が利用した人馬や休泊の費用をまかなっていた。

江戸時代中期には，一般庶民による旅行が相当に活発になっていたことが，長崎のオランダ商館医師のE. ケンペル（Engelbert Kaempfer: 1651～1716）によって記録されている。ケンペルは1690（元禄３）年９月に長崎出島に到着した後，２年数か月にわたる滞在中に２度江戸に参府している。1691（元禄４）年の旅を記録した『江戸参府旅行日記』には，以下のような記述がある。[5)]

「この国の街道には，毎日信じられないほどの人間がおり，２・３の季節には住人の多いヨーロッパの都会の街路と同じくらいの人が街道に溢れている。（中略）これは，一つにはこの国の人口が多いことと，また一つには他の諸国民と違って，彼らが非常によく旅行することが原因である（ケンペル，1977）。」

庶民層を含めた旅の量的な拡大が浸透したことによって，流通拠点としての宿場町の役割も江戸時代中期にはすでに確立されていたのである。

(2)　大名による参勤交代

参勤交代とは，江戸幕府が諸大名を定期的に江戸に参勤させた制度である。1635（寛永12）年に制度化され，一年おきの在府・在国を原則とし，その妻子を江戸に滞在させ幕府の管理下とした。この参勤交代のために大名と家臣団の士卒が組んだ行列がいわゆる大名行列と呼ばれる。大名は参勤交代の際にも軍旅の形式をとった。諸藩がたがいに権勢を誇示しようとしたので人数も多くなり，華美に流れるようになったため，幕府は八代将軍吉宗の1721（享保６）年に行列の人数を制限している。

この参勤交代のために幕府は五街道をはじめとした江戸と各地を結ぶ交通網を整備し，往来が増えた宿場町の発達を促した。諸大名が街道宿場町で利用した宿を「本陣」という。本陣を利用したのは，大名・旗本とその奥方，公家，外国人などである。

本陣については，以下のような説明がある。

今世諸侯の旅館を本陣といへり。こは漢土にいふ侯館也。(松屋筆記)

殊に大名宿と申し候いては如何に付，已来は御本陣と唱可申旨被仰渡候（軽部家文書，文政７年，武蔵程ヶ谷）(大島，1955)

宿場において本陣を運営する役目を本陣役といい，宿場を代表する名家に任じられ,本陣役には名字帯刀が許された。一つの宿場に本陣は一軒が原則であったが，大名の往来の激しい宿場では２軒以上指名されていたり，予備としての脇本陣や臨時に利用するための仮本陣が置かれることもあった。また脇街道には諸藩が運営する御茶屋，御仮屋などが休息の場所として利用されていた。

しかしながら宿泊施設としての本陣は，あくまで建物を提供するだけのものであり，宿泊に必要な物資は，食糧から寝具，調度品，風呂桶にいたるまで，諸大名がそれぞれ専用の道具を運び込んで利用した。諸大名の道中の食事に関しても随行した御膳守という調理役が行なったため，本陣においては調理の世話も必要なかった。

参勤交代に対して諸大名は巨額の出費を強いられ，江戸末期には宿泊料・利用料等を滞納する大名も少なくなかった。

(3) 街道筋における宿泊業の発達

流通の要衝としての街道宿場町は，宿駅制の拡充を目指す幕府の政策によって1601（慶長１）年から順次整備されていった宿駅を指す。東海道五十三次，中山道六十七次，甲州街道三十八次などの宿駅が整備された。宿駅には，役（人）としての問屋・年寄り役が任命され，宿駅の運営を任された。また宿泊拠点としての役割も重視され，勅使や参勤交代で往来する大名などが休泊する「本陣」「脇本陣」「茶屋本陣」，旗本より身分の低い武士と町民などの一般庶民が利用する「旅籠」「木賃宿」など，身分に応じた宿泊施設が設置された（児玉，1960)。

上記の宿泊施設及び「茶屋」「料亭」「遊廓」「精進落しの宿」などが現在の日本旅館のルーツであるとの指摘がなされているが，それらの宿泊施設の中でも圧倒的多数を占め，庶民の宿に供していたのが旅籠である。当時出版されていた旅行案内書の一つ『五街道細見記』（1858（安政５）年刊）には1,227軒の宿が掲載されているが，そのほとんどが旅籠であることからも明らかである。

江戸中期以降の旅籠には夕食と朝食の提供や，浴室などの付帯設備がすでに確立しており，また一部の宿場町における旅籠には飯盛女と呼ばれる女性の接待が付帯していた。さらに，複数の街道宿場に分散した旅籠同士が連携を結び，互いに顧客を紹介しあう「講宿」というシステムが確立していた。以上のことから街道宿場町においては，旅籠は宿泊業としての一定の経営基盤を確立していたことが伺える。

一方，江戸中期以降には江戸近郊の温泉地である箱根湯本，塔ノ沢，宮下など箱根七湯の温泉地，特に湯本温泉は，伊勢講，富士講，大山講などの講の一団が旅の途中に１泊宿泊する場となり，そのような利用法は「一夜湯治」と呼ばれた。

一夜湯治は街道宿場の宿における宿泊需要を侵害すると考えられ，近隣の宿場町との間にしばしば諍いが起きている。1805（文化２）年には小田原宿の旅籠主たちが，湯本温泉畑宿で旅人を宿泊させるのは，「間々村々旅人休泊停止の達」に違反するという理由で幕府に訴えた。はじめの訴訟では小田原宿が勝訴したが，次の訴訟は湯本温泉が勝訴し一夜湯治が公認されることとなった。この一夜湯治は，箱根湯本から箱根七湯の他の湯治場にも及び，さらに参勤交代で東海道を往復する大名行列の一行も一夜湯治を楽しむようになった。

(4) 旅の普及に寄与した旅行案内書

交通や宿泊施設の発達に伴い，庶民の旅も拡大した。先の時代に詠われた歌枕の地を巡った松尾芭蕉が『おくのほそ道』（1702（元禄15）年刊）を記したように，旅の記録として書かれた「道中記（どうちゅうき）」などが出版され，それらの情報が庶民の旅への欲求を強く刺激した。

1659（萬治元）年頃には，『東海道名所記』が浅井了意（あさいりょうい）によって出版された。東海道の駅ごとに，距離，人情風俗，名所旧跡などを記し，旅行案内書として好評を博した。庶民に広く読まれた十返舎一九の滑稽本『東海道中膝栗毛』(1802（享和２）〜1814（文化11）年にかけて出版）も江戸で出会った二人が失敗を繰り返しながら東海道を上る様を描き，擬似旅行体験を楽しむ読者に親しまれた。作者の十返舎一九はこの作品で文名を得，この後『金比羅参詣』『宮嶋参詣』『木曾街道』など21年間に渡って続編を書き上げた。

また「西国三十三所名所図会」(暁鐘成：1853（嘉永６）年）や，「善光寺如来絵詞伝」(卍空：1858（安政５）年）のように布教にも使われた図会が発行されるとともに，歌川（安藤）広重や葛飾北斎などの浮世絵師の手になる各地の名所図会も数多く発行され，江戸の庶民の人気を博し，旅への思いを掻き立てる役割を果たした。

さらに実用的な旅行案内書としては，八隅盧庵による『旅行用心集』(1810（文化７）年）がある。これはそれまでの「道中記」に紹介されている旅行の心得を集大成したもので，「道中用心六十一ヶ条」「道中所持すべき品の事」等の心得の他，全国の温泉や街道の道順等も説明されている。

また客観的で地誌的に記述した紀行文が貝原益軒，大田南畝らにより刊行され，月ヶ瀬梅林（奈良県）や耶馬溪（やばけい：大分県）が観光地になった。他に菅江真澄が本草学の修学を目的に民情を視察した『真澄遊覧記』50余冊を含め，70冊もの旅日記を残している。(溝尾，2009b)

また，旅行案内とは異なるが江戸時代寛政年間以降には「温泉番付」と呼ばれる見立て番付が作成されていた。

主に湯治場の効能をもとに格付けされたもので，江戸，大坂など，町人文化が発達したところで町人によって作成された。作成された場所によって，湯治場の順位に変化があるが，どの番付でも当時最高位の大関は東が草津温泉で西が有馬温泉であること，また勧進元は本宮の湯であり，行事役などには天領の湯治場が並ぶなどの共通点がある。

湯治場に関しては前出の『旅行用心集』にも「諸国の温泉，二百九十二ヶ所」として，浴室の様子や湯船の大きさ，湯の様子，効能や禁忌症，湯宿の軒数や湯女の年齢や容姿に関する情報などの温泉地の詳細な記述がなされている。『五街道細見』(岸井良衛：天明の頃（1781〜1789）発行）にも主要街道とともに温泉地までの脇街道の記載が存在していることから，物詣や物見遊山の帰りに楽しみとして温泉に立ち寄るためのガイドブックの役割を果たしたとも考えられる。

4　明治政府による観光政策

(1)　富国強兵・殖産興業とお雇い外国人

1854（安政元）年，アメリカ東印度艦隊司令長官ペリー（Matthew Calbraith Perry: 1794～1858）と和親条約を締結，1860（万延元）年には日米修好通商条約の批准を目的とした遣米使節が派遣された。以降，欧米へ数次派遣された公式使節が入手した海外事情から，幕府は外国から造艦・操艦術などの知識を吸収するために有能の士を留学生として派遣することを認め，1866（慶応２）年に「海外渡航差許布告」として一般国民の渡航を許可，国際的に認められる旅券作成の検討に入った[6)]（大鹿，1987）。

幕末の海外渡航者は前出の公式使節，留学生のほか，パリ万国博覧会（1867年）での興行を目的とした曲芸師の一団の記録も存在する[7)]。一座は２年の予定で異国６か国巡回のための免許状を取得し，横浜港からイギリス籍アルチバルトに乗船，東廻りでアメリカを経由し，パリを目指した。

同じパリ万国博覧会には幕府が特産品を出品，将軍名代として徳川慶喜の弟徳川民部大輔昭武を派遣している。一行はフランス郵船を利用して博覧会の開場式に出席し，その後新しく条約を締結した欧州各国を歴訪している。

1871（明治４）年11月には明治新政府によって岩倉具視を特命全権大使とした大規模な公式使節団が組まれ，米国，英国をはじめとする欧州の国々を１年10か月にわたり歴訪，視察を行なった。使節団には木戸孝允，大久保利通，伊藤博文，山口尚芳などの政府要人をはじめ，書記官，理事官及び随行員の46名と従者，43名の留学生の合計108名が参加した。使節団の記録は，『米欧回覧実記』として1878（明治11）年に久米邦武の編集により太政官から刊行された。

明治維新後，海外渡航に関する所管は1869（明治２）年に創設された外務省に引き継がれ明治政府の基本政策である「富国強兵」「殖産興業」を実現するために，ヨーロッパ諸国から技術者や学識経験者を多数採用し，産業技術の移植に務めた。この時期に欧米の先進技術や学問，制度を輸入するために雇用された欧米人を「お雇い外国人」と呼ぶ。

お雇い外国人は江戸時代の終わりごろから幕府や各藩，明治以降は新政府もしくは各府県，あるいは民間からも招聘された。政府が雇った外国人は，1870～1885年の間に，約600人。最も多かった1874年（明治７年）の１年間で，鉄道関係を中心に290名の外国人が日本政府の「お雇い」になった。彼らの功績は多岐にわたるが，観光分野においても彼らの影響は少なくない。

例えば避暑という習慣である。主に横浜，神戸，長崎などの外国人居留地に滞在していた彼らは，高温多湿な日本での生活を快適にするために，当時ヨーロッパで生活習慣に組み込まれていた避暑という習慣を日本でも実行した。カナダ人宣教師アレキサンダー・クロフト・ショー（Shaw, A. C.: 1846～1902）が軽井沢を避暑地としての適地と見出したことによって，その後，各地に外国人による別荘が建築された。同様に神戸に対する六甲，長崎に対する雲仙など，日本の国内に新たな視点での保養地や景勝地が見出されていった。

(2) 訪日外国人観光客の増加

日本に明治時代初期（1870年代以降）から外国人観光客が増加する。その多くは19世紀後半に欧米で流行した世界漫遊旅行の途中で日本を訪問する観光客と，アメリカの植民地となったフィリピンを訪問する途中に日本に立ち寄るアメリカ人観光客であったとされる。

日本を経由する世界漫遊旅行はイギリスのトーマス・クック社が企画したものが知られている。1872（明治５）年にトーマス・クック（Thomas Cook: 1808～1892）が初めて日本を訪れた際，五島列島から瀬戸内海に入り，その両側の景色を見ながら，「私はイングランド，スコットランド，アイルランド，スイス，イタリアの湖という湖のほとんど全てを訪れているが，瀬戸内海はそれらのどれよりも素晴らしく，それら全部の最も良いところだけをとって集めて一つにしたほど美しい」と賞賛し，それ以降世界一周旅行に必ず日本を入れたとされている[8]。

トーマス・クック社の世界旅行には，朝日新聞社が主催した世界一周会主催ツアーも参加している。1908（明治41）年に実施された参加者56名のこのツアーは「成るべく手軽に，成るべく時日と費用とを少くして，世界の要所を見せようとした[9]」もので，アメリカ，イギリス，ロシア，フランス，ドイツ，イタリア，スイスなどを約3か月で歴訪している。

外国人の日本国内への旅行は，1874（明治7）年に定められた外国人内地旅行允準条例によって整備された内地旅行制度に基づいて「外国人旅行免状」が発給されたことから始まった[10]。それ以前は，居留地10里に制限されていた外国人の行動範囲（外国人遊歩区域）以外は病気治を目的とした温泉地への湯治目的の旅行が特例的に許可されていたに過ぎなかったのである。居留外国人の内地旅行への要望をかなえるために整備された外国人内地旅行制度ではあったが，前述したように世界漫遊旅行の途中で日本に一時上陸する外国人観光客の利用も増加する。

それまでまったく未知の国であった日本に対しては，お雇い外国人や外国人観光客が日本での体験を記録し，新聞紙上等で旅行記として発表する他，帰国後に旅行記や日本に関する書籍を出版するものも多かった。

この時期に外国人旅行者が体験した日本旅行の様子は，イギリスの女性旅行家イザベラ・バード（Isabella Lucy Bird: 1831～1904[11]）や，後にノーベル文学賞を受賞するラドヤード・キプリング（Joseph Rudyard Kipling: 1865～1936）の記事[12]など，多くの書籍・記事として記録が残されている。

イザベラ・バードの日本旅行は通訳兼案内人として伊藤という青年を帯同して手探りで行なう困難なものであった。1878（明治11）年の6月に横浜港に寄港しそれから9月までの3か月をかけて東京を起点に日光から新潟へ抜け，日本海側から北海道に至る北日本を訪問し，また10月から神戸，京都，伊勢，大阪を訪ねている。これらの体験をもとにして1880年に*“Unbeaten Tracks in Japan”* 2巻[13]にまとめた。

それに対してキプリングの旅行は1888（明治22）年４月15日[14]から５月28日まで，世界漫遊家（Globe-trotter）としてトーマス・クック社のプランを参考にしてインドから地球を東に回ってアメリカ経由で故郷イギリスに帰る旅の途中に日本に立ち寄るものであった。

彼の日本における行程は，長崎に寄航し，茶屋で昼食を食べた後，瀬戸内海経由で神戸港に入港し，そこで旅券を受け取った後，陸路で横浜へ向うというもので，途中大阪，京都，大津，横浜，箱根，日光，東京を観光している。記述によると，オリエンタルホテル，横浜グランドホテルなど，いくつかの「イギリス人向けのホテル」に宿泊している。

治外法権下の外国人居留地には，明治初期から外国人資本家によるホテルが経営されており，横浜には1899（明治32）年までの約40年間に大小あわせて120軒ほど存在した（木村，2006）が，日本人による最初の西洋式ホテルは1868（明治元）年東京築地に建設された「築地ホテル館」である。そのホテルは1872（明治５）年に焼失してしまったが，その後1873（明治６）年に日光に「金谷ホテル」，1878（明治11）年に箱根に「富士屋ホテル」が開業し，外国人観光客の需要に応じた。東京都心に「帝国ホテル」が誕生したのは1890（明治23）年のことである。

(3) 外国人旅行のための旅行の制度化

政府も観光を国際収支改善の手段として認識する動きがあり，1911（大正５）年には内閣の諮問機関「経済調査会」が国際観光事業の必要性を提言している。翌1912（大正６）年３月12日には「本会ハ外客ヲ我邦ニ誘致シ且是等外客ノ為メニ諸般の便宜ヲ図ルヲ以テ目的トス」として，任意団体「ジャパン・ツーリスト・ビューロー(Japan Tourist Bureau, 現株式会社ジェイティービーの前身)」が外国人観光客向けの旅行案内所として創立された。1934（昭和９）年の鉄道時刻表に掲載されたジャパン・ツーリスト・ビューローの案内頁には，国内40か所の他，釜山，京城，平壌，大連，奉天，など海外19か所に案内所を有する組織になっている。

1925（大正15）年に鉄道省は，「遊覧経路に必要な鉄道，汽船，渡船，自動車等乗り物の切符一切を作成し，ご希望によっては，宿泊または食事用の旅館券をも含め一冊に綴合せるもの（クーポン式遊覧券）」を発売していた。この旅館券の特典として，茶代不要と料金統一を挙げており，温泉旅館での温泉税，湯銭も不要となっていた。ジャパン・ツーリスト・ビューローも1932（昭和７）年にビューロー指定の全国旅館について「単独旅館券」を発行した。「料金は固定料金で完全な無予約，旅館からの手数料は得ていないもので，第二次世界大戦直前には全国で1,300件となった」と『日本交通公社七十年史』に記述されている。上記時刻表の説明文には「クーポンを利用した場合に限り決められた宿泊料金（１泊夕・朝食付）が適用できる」とあり，同誌には316件の旅館・ホテルが案内されている。

これらの事実から，鉄道省及びジャパン・ツーリスト・ビューローを経由して一般に流通可能な（外国人に宿泊施設として紹介できる）一定レベルの旅館が存在していたこと，旅行業者によって旅館が商品として販売されていたことがわかる。

また，クーポンによって全国で統一の約束事（２食付料金，茶代不要，温泉税湯銭不要）がなされた意味は大きく，これによって外国人観光客に対する国内旅行の安全性を確保した制度が確立し，これはその後の日本人の国内旅行の普及にも大きく貢献した。

外国人観光客の誘致を目的とした組織としては，その後1930（昭和５）年に鉄道省内に「国際観光局」が設けられ，翌年には財団法人国際観光協会が設立されている。

5　社会の変化と観光行動の拡大

(1) 近代化を目指しての鉄道敷設

わが国最初の鉄道路線は，明治政府が採用したイギリス人技師たちの指導によって1872（明治５）年に横浜・新橋間で開通した。官営の鉄道路線（官鉄）は，横浜（神奈川県），神戸（兵庫県），武豊（愛知県），長濱（滋賀県）の４つの地点をそれぞれ基点として建設が開始され，逐次路線を延長していった。1874（明治７）年には神戸から大阪，1877（同10）年には京都まで伸びた鉄道路線は，1887（同20）年の木曽川橋梁の完成を経て武豊側からの路線と合流し，1889（同22）年には東海道線として東京・神戸間の全線が開通した。

経済上の理由から工事が優先された東海道線と並行して，国防上の理由から中山道線の建設も進められ，直江津・高崎間が1891（明治24）年に開通し，1905（同38）年には新潟までの全線が開通した。

(2) 鉄道敷設による観光地の誕生

官営鉄道は明治期の終わりまでには東海道・信越・奥羽・中央の各幹線を完成させ，北陸線も工事を進めていたが，その他の路線はそれぞれ私営鉄道（民鉄）として着工されていた。北陸方面は日本鉄道により1891（明治24）年に上野・青森間が完成，山陽線は山陽鉄道によって1894（同27）年広島まで，1991（同34）年には下関（馬関）まで全通，九州では九州鉄道が，北海道では幌内鉄道と北海道鉄道によって工事が進められていた。

官営鉄道が政治・経済的に重要と考えられていた区間に優先的に敷設されたのに対して，民営鉄道は，当初から寺社・温泉地・行楽地などを訪れる人々を対象として敷設される傾向にあった。

鉄道の開通によって，従来の街道を中心としていた情報や物品の流通経路が鉄道へと一変したのと同時に，１泊ないし２泊の行程で到達可能な範囲が拡大した。

また信越線，上越線，また東武伊香保軌道線などが開通した影響で観光客が増加した伊香保温泉などのように，鉄道の開通によって，既存の温泉地や観光地の中でも繁盛するところと寂れるところが出てきたため，鉄道路線がどこに計画されるかが大きな関心事になった。

鉄道の発達は，人々の行動範囲の拡大と旅行の容易化を促進し，大量輸送を可能にした。さらに官営鉄道による観梅列車（1893（明治26）年〜），観楓列車（1902（明治35）年～）など，観光地を遊覧する回遊列車が増発され，人々の観光行動を活性化させた。

鉄道網の発達は，都市と湯治場との時間距離を短縮させたが，それによって湯治場の旅館に短期滞在客が増加し，従来の自炊で長期滞在する客のための接遇の形態に加え，食事付（1泊2食付）の接遇形態を採り入れた（大久保，2003）。

さらに鉄道の開通によって従来の街道が衰退し，代わって出現したのが駅前旅館である。近代的交通機関に付随する宿泊施設として，壁で仕切った個室，鍵のかかるドアのある駅前旅館は明治維新とともに輸入された「ホテル」に倣った近代的な宿泊施設として庶民に受け入れられた。

6　社会の近代化に伴う観光への価値観の変化

(1) 温泉の近代化と温泉治療の流行

明治政府によって採用されたお雇い外国人の中で，後に「日本近代医学の父」と呼ばれるベルツ（Erwin von Balz: 1849～1913）は温泉の医療的価値の再認識に貢献した存在として知られる[15]。ベルツは，1876（明治9）年に東京国立医学校で生理学と内科学を担当する教師として来日した。ベルツの功績は，寄生虫研究から人類学的にみた日本人研究，呼吸器疾患に関する研究など幅広く，日本滞在中もドイツ学会に数多くの論文を投稿している。

ベルツは，神奈川県の逗子と箱根宮ノ下に別荘を持っていたが，温泉への興味は，細菌研究のために長岡に向かう途中で立ち寄った草津温泉がきっかけであった。草津温泉の酸性泉とその高温浴法の有効性を欧米の学会に以下のように紹介した記録がある。

「世界の最高熱泉はおそらく日本草津における遊離塩酸及び硫酸に富める者ならむ。・・(中略)・・然り而して重症リウマチス，第三期黴毒等に向かってはその治効新に驚くべきものあり。」(ベルツ門下の中西亀太郎訳)

またベルツは，伊香保に温泉治療施設を造るよう『日本鉱泉考』（1889（明治22）年）を明治政府に提出するなど，草津の他各地の温泉を調査したので，彼により日本の温泉医学が創始されたといえる。

江戸時代以前から慣習的に行なわれてきた湯治は，江戸時代の後期から「一夜湯治」という遊興的な要素が取り入れられ，さらに明治期には鉄道網の発達による観光客増加という要素が加えられ，遊興観光地化していく傾向にあった。そのなかで，温泉本来が保有する治療効果に対して西洋医学の視点から温泉効能の有効性を再評価したことは，温泉地の施設整備と衛生管理という近代化に大きく寄与したと考えられる。

大正期に発行された旅行案内にも温泉地ごとにその効能や成分の詳細な説明がある他に，温泉治療に関する項目が多くのページを割いて説明されている。温泉地においても，清潔な浴槽やサウナ（トルコ式）などの設備を取り入れることで，温泉設備の近代化を図った時期であるといえる。

西洋医学を取り入れた温泉治療施設としては，1883（明治16）年に熱海の間歇泉大湯の蒸気を利用した西洋式の療養所「噏瀛館（きゅうきかん）」が建設されている。この施設は岩倉具視の病気療養を目的として建設されたもので，ドイツから医療機器を輸入，運動施設も併設された本格的な設備を有していたものの，その後温泉取締所が経営母体となり，次第に娯楽施設色を強め，1920（大正９）年の火災によって焼失してしまった。

ベルツによって再評価された温泉の治療的効果は，その後継続的研究がされず，即効性のある化学的治療を旨とする西洋医学に押され，医学分野の主流とならないまま現在に至っている。

(2) 日本人の自然観・風景観の変遷

西洋の思想を学ぶことによって起こった変化に，日本人の自然に対する認識や風景という概念の誕生がある。

イギリスの宣教師ウォルター・ウェストン（Walter Weston: 1861～1940）は，当時イギリスで流行していた登山を趣味として，飛騨山脈，木曽山脈，赤石山脈を巡った。そこで見た情景と感慨を，1896（明治29）年に，

『MOUNTAINEERING AND EXPLORATION IN THE JAPANESE ALPS』（日本アルプスの登山と探検）として出版した。これは，江戸以前からの東洋的な風景美を標榜していた日本人にとって，新たな自然に対する認識を目覚めさせることとなった。

それと関連して日本の自然美の要素を解説したのが人文地理学者の志賀重昂（1863～1927）である。その著書『日本風景論』（1894）では，日本の山河の美しさが成立する条件として，「気候，海流の多変多様なること，水蒸気の多量なること，火山岩の多々なること，流水の侵食激烈なること」という4つの要素を挙げていると指摘される。

これが明治30年頃からの風景を求めての旅の流行をもたらした。また，大町桂月や田山花袋，幸田露伴などの文人が優れた紀行文を著し，風景探勝の楽しみを世間に広めることとなった。このように，文学という形で旅に関する情報が普及したことが大衆の旅への意識を刺激して，旅の量的拡大を推進したと指摘される。

(3) 国立公園の指定

国立公園は，優れた自然の風景地を保護するとともに，その利用の増進を図り，国民の保険，休養及び強化に供用するため国家が設定する公園である。

世界最初の国立公園は，アメリカ合衆国大統領・ユリシーズ・グラントによって1872年に指定されたイエローストーン国立公園である。

政府は1921（大正10）年に富士・日光を中心に全国にわたって16か所の候補地を取り上げその調査を開始した。少ない関係予算と関東大震災の影響を受けながらも，1927（昭和2）年に国立公園協会を発足，1931（昭和6）年に国立公園法が公布された。

国立公園法には，浜口内閣に指名され「アメリカの天然自然の保存と国民の保険向上施設に対する努力（『観光立国』）」を視察するために5つの国立公園を訪問した衆議院議員岸衛らによる，外客誘致と経済的効果への期待があった。

国立公園法に基づく国立公園委員会は，12か所の候補地を選定し，その中の雲仙・霧島・瀬戸内海の３か所を1934（昭和９）年３月に第１次国立公園に指定した。

以降，1936（昭和11）年２月までに阿寒，大雪山，日光，中部山岳，阿蘇，十和田，富士箱根，吉野熊野，大山の全12か所の地域が正式に国立公園に指定された。

また戦前の台湾と朝鮮でも国立公園指定の動きがあり1937（昭和12）年12月27日に台湾の大屯山，新高阿里山，次高タロコの３か所が日本の国立公園に設定された。

引用文献・注：

１）1183（寿永２）年の行幸を含めて合計34回とする文献も多い。

２）熊野行幸の記録に関しては，「那智叢書」「和歌山縣聖蹟」等を参考にした。

３）蟻の熊野詣という言葉の初見は，1439（永享11）年頃の成立とされる『杜詩続翠抄』だとされる（小山・笠原，2003）。

４）伊勢物語の作者として在原業平が長く挙げられていたが，業平歌集と伊勢物語とは別物であり，業平の作という説は近年では通用していない。(「伊勢物語」『古典文学大系』第九巻，大津有一，（株）岩波書店，1982年他諸説より)。

５）ケンペルが没する４年前の1712年に出版したAmoenitatum Exoticarum（日本では「廻国奇観」と訳された）は，1727年に英語に翻訳されThe History of Japan (「日本誌」）としてロンドンで刊行され，ヨーロッパに広まった（石橋長英・小川鼎三，(1969)『お雇い外国人９ 医学』。

６）大鹿の同著によれば，幕末に発行された海外渡航免許状は1866（慶応２）年に計70枚，翌年178枚とされている（前掲書，p. 175)。

７）1866（慶応２）年９月の項に，アメリカ人興行師に雇われた曲芸師一座の記述がある。斎藤月岑，金子光晴（1968）『武江年表（２)』，東洋文庫。

８）瀬戸内海に関しては，シーボルト，ユリシーズ・グラントもその美しさを旅行記等に書き残している。

９）『明治欧米見聞録集成　第30巻』東京，ゆまに書房，1989。

10）外務省記録「外国人内地旅行一件沿革」より。

11）イザベラ・バードは1854年に医師の薦めでアメリカ，カナダを訪れたことを契機に，1904年までにロッキー山脈，サンドウィッチ島，日本，マレー諸島，カミュールとチベット，ペルシャ，韓国，中国等を歴訪している。

12）キプリングは旅行中に執筆した記事をインドの新聞「パイオニア（pioneer）」に旅行記として連載した。加納孝代訳（2002）：『キプリングの日本発見』中央公論新社。

13）第 1 巻は北日本，第 2 巻は関西方面の記録であり，1985年に普及版として関西方面の記述を省略して出版された普及版の翻訳が『日本奥地紀行』である。

14）東海道線前線が開通したのは同年 4 月16日であり，キプリングは開通したばかりの東海道線に乗って神戸・横浜間を移動している。

15）以下ベルツに関する記述は，石橋長英・小川貞三（1969）：『お雇い外国人 9　医学』，鹿島出版会，pp. 106–137を参考にした。

第７章　観光史　日本(2)昭和時代戦後以降(1945～2008年)

本章は，第６章と比べれば戦後64年という短期間であるが，戦後を５期に分けて，旅行者動向，観光政策，観光産業を織り交ぜながら述べることにする。

はじめに

戦後わが国の観光は飛躍的に発展した。発展要因の第１は，旅行をする需要側の変化があげられる。その一つに，戦後の家族制度の崩壊とともに，若者，女性が旅行に積極的に参加できるようになったこと，同時に遊びに対する罪悪感が薄らぐという価値観の変化があったことがあげられる。二つ目には，所得の増大により旅行費の捻出が容易になったこと。三つ目に，労働時間の短縮及び週休２日制の導入による自由時間が増大したことである。

発展要因の第２には，旅行を促進する観光関連基盤の整備があげられる。交通機関は，戦前までは，国内では鉄道とバス，海外へは船舶の利用が主であったが，戦後は，それらに加えて乗用車と航空機を利用しての旅行が盛んになり，多様な交通機関の選択が可能になった。高速道路網と新幹線網の整備も，車・鉄道による旅行の遠距離化を促進した。

第３は，需要増大，交通機関の発展に呼応し，旅行者と観光地とを仲介する旅行業も，その数が飛躍的に増大し，企業規模も，従業員数，売り上げともに世界最大級の旅行業者が出現するほどになった。国民各層の旅行増大に伴い，宿泊施設も多様化し，かつての旅館中心から，ホテル，民宿，ペンション，公的施設が登場して，旅行者が目的と同行者との組み合わせにより，好みの宿泊施設が選択できるようになった。1970年代以降になると，旅行容易化のすべての条件がそろった。

旅行者は，少子高齢化時代の到来とともに，それまでの旅行の牽引者であった女性や若者に代わって高齢者の旅行が盛んになってきた。観光地は，戦前の自然風景地，寺社観光地，温泉地のほかに，戦後にはスキー場，海水浴場などのレクリエーション地，町並み観光地，都市観光地，農村地域への旅行指向も高まり，全国各地に多彩な観光地が張りめぐらされた。海外旅行の増大も戦後観光の特色である。

こうして国内観光地は，旅行者には多様な目的地の選択が可能になったが，空間的にも国内全域に，そして海外観光地にまで旅行の選択対象は広がり，国内観光地間の競争は激化しつつあり，日本の観光地の栄枯盛衰が顕著になった。

戦後の観光をどこで区分して何期にするのか。詳述するように1964年をわが国の「観光元年」と考え，ここで戦後観光のⅠ期とⅡ期とを分ける。次はオイルショックの影響が現われた1975年がⅡ期とⅢ期の分かれ目になる。オイルショック後は日本経済の調整期で，観光地は国の政策や需要側の動向に頼らずに自立をめざすことになる。次は，オイルショックから回復し，日本経済が上向きになり，バブル経済に突入する1983年から1997年までをⅣ期とする。1990年に日経平均の株価指数が下がり始め，1997年に金融危機が起きた。バブル経済は崩壊し，日本の経済成長率はマイナス成長になっていたが，わが国は家計金融資産が多く，個人消費に支えられていたので，観光関係に大きな影響が現われてくるのは，1998年からである。最後のⅤ期が，1998年から現在の2008年である。

以下，Ⅰ期からⅤ期までの観光史を，旅行動向，産業，政策を織り交ぜながら概観する。

1　第Ⅰ期　観光の萌芽期（1945～1963年）

戦後すぐに経済の復興手段として，外貨獲得を目的に種々の観光政策が導入され外客誘致が図られた。国民が自主的に旅行に出かけ，観光産業が一人前に自立するのは1955年以降になる。戦後，家族制度の崩壊とともに導入された男女同権思想，遊びに対する価値観の変化が，旅行の大衆化に貢献した。

戦後経済は，占領軍である連合軍の対日政策により飢餓状態から救われ，さらに朝鮮戦争という特需に支えられて，「もはや戦後ではなくなり」，所得倍増計画がはじまりイザナギ景気が起こり，日本経済は完全に離陸する。

今日以上に旅行業の中核であったジェイ・ティー・ビーをみると，戦後経済の流れが明確になる。1945年に財団法人として再出発した日本交通公社は，1947年にはすでに支店203か所，従業員は3,300名であった。ところが1949年にドッジ・ラインの影響を受け，国鉄からの代売手数料の廃止，政府からの補助金の停止で経営は悪化。しかし，朝鮮戦争の特需による日本経済の復興とともに，1953年に代売手数料が復活し，売り上げは戦前の水準に戻った。高度経済成長期に突入するや，1960年から毎年１千名前後の新規要員を投入，1962年から学卒者を積極的に採用するようになる。1963年には従業員が６千名を超え，同年に財団法人から営業部門を独立させ株式会社日本交通公社が誕生するのである。

(1) 外貨獲得と国民の旅行促進へ向けての整備

外客誘致が重要であるという認識のもとに，1948年に観光事業審議会（以下，審議会）が設置された。審議会は，日本経済団体連合会のトップメンバーと学識経験者によって構成され，1948年から1963年にかけて第８期まで開催された。審議会で次のような具体的かつ水準の高い提案がされた。

1948年に，政府の経済復興５箇年計画に組み入れるために観光施設整備５箇年計画に関する建議があり，1956年にその計画は策定された。結果，急務であった道路整備には，揮発油税を充当することが決定され，それは今日に至るまで日本の道路整備の重要な財源になっている。国際観光に関しては，緊急に施設を整備すべき重点整備地域及びルートの選定，太平洋横断客船の就航などが検討された。東京オリンピックの開催時に，料理飲食等消費税の非課税措置が提案され，実施された。1963年に観光基本法が制定され，それを受けて次期1964年から「観光白書」の発行と観光政策審議会の設置が決定され，当審議会の役割は終える。

審議会の提案などにより，外国人受け入れ目的の各種法律ができた。1948年に温泉法と旅館業法の制定により宿泊施設の全般的な充実を図り，そして外国人旅行者への対応には，1949年に通訳案内業法，国際観光ホテル整備法，1950年に京都，奈良を対象とした国際文化観光都市整備法，伊東，熱海，別府を対象とした国際観光温泉文化都市建設法が施行された。

当初は外国人受け入れが審議会の目的であったが，経済の復興とともに国民の旅行が顕著になるにつれ，審議会にソーシャル・ツーリズム部会が設置された。国民の健全な観光活動を支えるために，国の方策として1955年を前後してユースホステル，公営の国民宿舎がつくられた。ユースホステルは，低料金とユースホステル運動の両面から学生や職場の若者の人気を集めると同時に，当時，若い男女のグループが親公認で旅行できる施設でもあった。1952年，会員数922名，13施設が，1963年には会員数262,276名，396施設にふくれあがっている。国民宿舎は料金の割に施設がよいことから，家族連れや職場旅行によく利用された。観光に縁遠かった市町村では，国民宿舎が観光地化への先導的施設としても注目された。国民休暇村の第１号が1962年に開業。現在においても，質が高く，サービスのよい宿泊施設として人気がある。

1955年に制度化された国鉄の周遊券は，２か所の周遊地を含めると交通費が２割引になるというので，好評を博した。普通周遊券を発展させた形で，地域全体を網羅したのが1956年の北海道周遊券，1957年からは均一周遊券と名称を変えて九州に，そして四国，東北，北陸にも広がり，利用しやすいクーポンとして人気を集めた。このような動きに，旅行業でも1962年に日本交通公社（現ジェイティービー）が初めて「セット」という呼称で，パッケージ商品を作っている。

日本の旅行を特徴づける修学旅行ははやくも1946年に復活し，1952年に日本修学旅行協会が誕生している。1956年当時，国鉄の団体輸送人員の78％を占めた2,700万人にも及ぶ修学旅行の輸送には問題も多く，それを改善するために，1959年に修学旅行専用電車「ひので号」が登場した。

国際観光の側面では，1947年に戦後初の訪日団体が船で訪れたが，このときは６時間に限り，横浜港から京浜と箱根までの旅行を許可されただけである。1954年に世界一周船が桜花見物を目的に日本に500名近くの大団体で訪れた。以降，春を中心に多くのクルーズ船が日本を訪れるようになった。それでもＩ期最後の1963年で訪日外国人は30万人で，旅客は米国国籍の引退した高齢者夫婦が主流という状況であった。この間，国際観光は次第に船舶利用から，航空機利用へと転換していた。

1946年には国内外の宣伝を担う全日本観光連盟が結成され，その発会式で提案された「植樹祭」は現在にまで継承されている。

⑵ 観光産業の台頭

1960年代に入るとレジャー，バカンスという言葉が流行語になるほどに，観光産業は活発になってきた。1955年には後楽園遊園地，船橋ヘルスセンターが，1961年には奈良のドリームランドや富士急ハイランドがオープンした。なかでも11万坪（33万㎡）の埋め立て地に，人工プール，直径30mの大浴場，100畳敷きの宴会場などを擁する娯楽の殿堂となった船橋ヘルスセンターは，当時だれもが口ずさんだといわれるCMソングとともに，最盛期には年間400万人を超す利用者を記録した。船橋ヘルスセンターの人気は，今日の東京ディズニーランドが他のテーマパークを誕生させたように，全国各地に同種のヘルスセンターを多数開業させることになった。

戦後経済の立ち直りとともに，温泉地に慰安目的の大人数での職場旅行が増加し，これに対応しグランドホテル形式の大型旅館が登場した。この種の旅館は名称も横文字のホテルを使用し斬新なイメージを打ち出し，旅館の浴場も規模を大きくし，ジャングル風呂，岩風呂などが流行となった。

米軍に接収されていたホテルが徐々に返還されて営業を再開し，また戦後初の新設ホテルとして，日活ホテルや品川プリンスなどが1952年に開業した。この頃のホテルは，外国人及び所得の高い一部の日本人のみの利用となっており，比較的水準の高いホテルで占められていた。しかし収容力は十分でなく，1961年の約６千名を数える国際ロータリー大会が東京で開かれたときは，横浜市内，神奈川県鶴巻温泉，東京千駄ヶ谷の旅館まで使用しなければならなかった。

見物，慰安を目的とした従来の旅行のほかに，若者，家族を中心に，スキーと海水浴を楽しむレクリエーション目的の旅行が増大してきた。それに対応した新しい宿泊施設の形態として「民宿」が登場した。民宿は，夏の海水浴，冬のスキーという一季型の地域が対応できるよう，空き部屋の利用と人件費をかけない家族労働，家族がとるふだんの食事，共同の洗面所，浴室を提供するという宿泊施設の形態である。1965年以降，民宿は最盛期を迎える。

戦後のスキーは，リフトの導入により戦前とは比較にならない発展を遂げた。1959年には，冬季オリンピックのアルペン種目三冠王となり，映画「黒い稲妻」の主演スターにもなったトニー・ザイラーが来日し，わが国にスキーブームを引き起した。志賀高原では1961年にすでに冬季客数が，山麓のすべての温泉地を含む他の3シーズンの客数を超えている。同年に苗場国際スキー場がオープンした。このスキー場が車時代到来を予想し国道沿いに開業した第1号であるが，まだスキー客の大半は，鉄道利用か夜行の貸切りバス利用であった。

1952年に「旅行あっ旋業法」が制定された年の旅行業者の登録数は17社にすぎなかった。当時旅行業者は，外国人旅行者の斡旋目的で設立された関係から，外国系企業や船会社系の企業が目立った。しかも，船旅や軍の関係を反映して，横浜と横須賀に本社をもつ会社が，17社中6社も存在していた。この頃の国際観光は，訪日外国人の斡旋が主体であり，日本人の海外旅行はまだ微々たる状況であった。1960年代も，外国人旅行の斡旋を目的とする企業や船会社系からの旅行業への進出が目立った。しかしこの頃で，大手私鉄系企業からの旅行業への進出はすべて出揃っている。財団法人日本交通公社が一般旅行斡旋業第1号の認可を受けたが，前述のようにその後，規模を拡大して，1963年株式会社となったときの登録番号が64番である。このことは，それまでに旅行業者は63社が登録されていたことになるし（実際には廃業している旅行会社があるので，1963年では46社），この頃から日本交通公社も財団法人では営業しにくくなったほどに，旅行が拡大してきたことも意味する。外国人の団体を扱わない国内旅行業者はすでに2千社に達していた。

海外旅行は，1947年当時，GHQが日本人の業務渡航の許可権限を持っていた。1952年には対日講話条約の発効とともに日本政府は自主的に旅券を発給できるようになった。それでも週1回の厳しい渡航審査連絡会の審査を受けてからでないと，各国の領事館にビサ申請ができなかった。海外旅行者数は1959年に5万人を超え，1962年には7万4,822人，1963年には急増して10万人を超えた。1952年における1万3,441人の旅行目的のベスト3は，商業活動，移民，国際結婚で，まだ戦争の陰を引きずっていたが，1960年以降は，業務渡航と産業視察団体が旅行業者の主たる仕事になった。

2　第Ⅱ期　大量・大衆旅行時代——旅行拡大期(1964〜1973年)

1964年の東京オリンピックに照準を合わせて，日本人の観光目的とした海外旅行が自由化されるとともに，国内の観光基盤整備として，東京・大阪間に新幹線が開通，一方，わが国初の本格的なハイウェイとして，1963年の名神高速道路を皮切りに，この期に東名，中央の高速道路が開通した。1964年は，わが国の「観光元年」というのにふさわしい観光の大量化・大衆化への幕開けであった。1970年に大阪で開催された日本万国博覧会は，延べ6,400万人の入場者数を記録し国をあげての一大イベントとなり，旅行の大量化，大衆化への頂点となった。万博で旅行を経験した国民は，家族や親しい友だちと小人数で旅行するという，これまでの団体旅行からの旅行形態の転換ともなった。

(1)　海外旅行の自由化

日本航空の「ジャルパック」が海外旅行自由化の翌年に早くも発売された。海外旅行の大衆化にパッケージ商品が果たした役割は大きく，ジャルパックが海外旅行の代名詞になりさえした。しかし日本航空という航空会社の旅行商品を販売しなければならない旅行業者の抵抗は大きく，当時海外旅行の取扱い額1位と2位の日本交通公社と日通旅行が共同でパッケージ商品「ルック」をつくり販売を開始した。以降，近畿日本ツーリスト，日本旅行などの旅行業者も続々とパッケージ商品をつくり，現在みるような状況になった。日本の旅行業は，欧米と比較すると，旅行商品を造成するホールセラーと，旅行商品を販売するリテーラーとが未分化で，同一企業で旅行商品を造成・販売しているのが特徴である。この期のホールセラー会社は，旅行開発（現ジャルパック）と中堅企業が集まりつくった世界旅行社（その後，ジェットツアーと名を替えたが，1996年倒産）の2社にすぎない。現在でもこうした状況は変わらない。

航空運賃が高く，高嶺の花であった海外旅行も，所得が向上する一方で年々航空運賃の低下がみられたので，急激な拡大をとげた。団体割引運賃としてGIT運賃（Group Inclusive Tour Fare，団体包括旅行運賃）が適用され，個人運賃の20～30％の割引になったのを皮切りに，1969年に導入されたバルク運賃は海外旅行の促進に最も影響を与えた。バルク運賃の導入の背景には，航空機がジャンボ・ジェット機登場により大型化し，航空会社はスペースの増した座席を埋める必要があったためで，旅行業者が35～40席の一括契約すると，個人運賃の4～5割引となったのである。1971年，1972年には，それぞれ対前年45％増，1973年には64％の対前年増加率をみせ，海外旅行者数は229万人となった。

日本人海外旅行者が訪日外国人旅行者を年間で上回るようになったのは1971年である。以降，その差は開く一方で，国際観光旅行収支は，1971年から支払が受取を上回り，国際観光旅行収支の赤字幅は拡大していった。

本期に旅行業へ，朝日，読売，毎日の各新聞社，農協観光を設立した全農，百貨店業，スーパー業，建設業，商社，保険業，大学など，あらゆる業界から自社の特性を生かして進出した。1973年にはその数は，一般旅行業188社，国内旅行業3,915社にふくれ上がった。旅行者の安全性と増大する旅行商品の信頼性の確保から「旅行あっ旋業法」が「旅行業法」へと改正された。しかし，旅行業者と航空座席供給量のそれぞれの増大から，旅客獲得の激しさが増し，商品価格の利益が，ゼロ発進とかマイナス発進と呼ばれるほど，旅行業者は採算を度外視した料金で商品を販売した。しかしそれは，旅行先の旅行業者への低マージンの押し付け，旅行者には高いオプショナルツアーの販売とみやげ物店への旅行の組み込みとなり，低料金のつけが結局は旅行者に回ることになった。こうした旅行業者の販売方法が問題とされたのである。

⑵ 万国博覧会と「ディスカバー・ジャパン」キャンペーン

日本初の万国博覧会が大阪の千里丘陵で，1970年３月15日から９月13日までの183日間にわたり開催された。通称，大阪万博といわれるが，正式には，日本万国博覧会である。「人類の進歩と調和」をテーマに，岡本太郎作の「太陽の塔」をシンボルに，アメリカからの「月の石」，ソ連からの人工衛星の展示が人気を集め，延べ約6,400万人が会場に殺到した。特に夏休みの期間中は，連日60～80万人の人で賑わい，炎天下で４，５時間待ち，交通渋滞，宿舎不足の状況を呈した。万博により，家族旅行の楽しさを知った日本人も多く，高度経済成長期の観光現象を特徴づける歴史的なできごとであった。

万博で賑わっていたころ，国鉄と電通は，万博後にも国民の国内旅行を衰えさせないよう，その秘策を検討していた。そして打ち出されたのが，アメリカで成功した「ディスカバー・アメリカ」のキャンペーンを踏襲する「ディスカバー・ジャパン」であった。万博終了後の10月から大都市の若いOLに焦点を当てて，団体旅行ではない，自分を発見する旅行を打ち出した。それに呼応するかのように，創刊されたばかりの『アンアン』や『ノンノ』といった女性雑誌が旅を特集した。これら雑誌を携えて旅行する女性たちは「アンノン族」と呼ばれた。この頃から，日本人の旅行は団体旅行から，家族旅行・グループ旅行に主力は変わっていたが，ディスカバー・ジャパンは，若い女性たちの旅の仕方を変える役目を果たした。またポスターのテーマとなった古き良き日本の再発見ということから，高山，萩，津和野などの古い町並みや離島が観光地として脚光を浴びることになった。

⑶ 乗用車旅行増大の影響

1967年に国鉄が日本交通公社と日本旅行とに共同発売したエコノミークーポンこと，「エック」は安い商品として人気を集めた。この商品は周遊券の中から人気のあるコースを，あらかじめパッケージ化した商品である。しかし，乗用車の普及と高速道の開通にみられる道路整備により，乗用車による旅行が増加して，鉄道旅行はかつてのような勢いがなくなる。乗用車は，荷物の多いスキー旅行，荷物の多く手間のかかる家族旅行にふさわしい交通手段であった。何よりも当時大変だった列車予約のわずらわしさから解放され，一人当り交通費も安いとあって，国内旅行では乗用車利用が主流となった。

乗用車・貸し切りバスによる旅行の増大は，観光地に道路幅員の拡張や駐車場の整備を迫り，その結果，情緒あるヒューマン・スケールの観光地を破壊することになった。他方で旅館やみやげ物店の観光施設が，車対応に狭隘な観光地から幹線道路沿いに進出して，観光地のスプロール化を促進させることになった。

(4) ホテルの日本人利用と宿泊施設の多様化

宿泊業界にも大きな変化がみられた。ホテルは，オリンピック向けに客室の供給量をふやしたが，翌年にはオリンピックの反動として，外国人の予約が減少していた。そのため客室を埋めるのに，日本人旅行者を泊めようという動きがホテル側からでてきた。オフ期の重要顧客になった大学受験生の受け入れは，オリンピック終了後の1964年12月から開始した。政府登録の日本ホテル協会所属のホテルでは，1965年から日本人利用が外国人を上回るようになった。この変化は外国人利用の高い京浜地区においてはやや遅れて，万博後の1971年になってからである。その後，外国人利用率は低下の一途をたどっていく。しかし都市ホテルは，出張旅行には値段が高く，利用しにくかった。そこでもっと低廉なホテルとして，日本独特のビジネスホテルが誕生した。ビジネスホテルは和製英語である。旅館業法で許可される最小の客室９㎡以上に挑戦して，客室を12～15㎡で設計し，会議場や結婚式場などの付帯施設と従業員を極力削減した。

ホテルはオリンピック前に第１次ホテルブームを迎え，大阪での日本万国博覧会で京阪神を中心に第２次ホテルブームが訪れて，年々増加していった。

このような都市部におけるホテルの増加は，都市旅館に影響をあたえることになった。その傾向は大阪から始まり，大阪では1965年からの10年間に旅館の軒数が33％減，東京では15％減となったが，減少傾向はその後も続いていく。

前期に登場した民宿は全国各地に誕生し，1965年以降に最盛期を迎える。伊豆半島を例にすれば，1966年の105軒が1969年には579軒に増加し，1972年には958軒にふくれ上がったのである。この民宿も次期には減少をしていくが，それは1970年に群馬県草津温泉に誕生した洋風民宿といわれるペンションが影響している。土地と建物を購入して新規に事業を営むには，人件費をかけない夫婦だけの経営にして20名程度の収容力，夕食時間に重なる布団敷きが不要なようにベッドとし，食事メニューは洋食にというのが，民宿と旅館との差別化を図るための基本コンセプトであった。ペンション開発の専門会社も設立され，若者，家族を狙ってスキー場周辺からペンションの進出は始まった。ペンションも経営的には，山岳地域よりも通年客を呼べる冬季に暖かい地域の方がよいわけで，次第に伊豆，房総，そして西日本へと増加していった。

ユースホステルは，60年代，70年代と，青少年には好評な宿泊施設であったが，若者の意識の変化と民宿，ペンション，ホテルなど宿泊施設の多様化により，1972年を境に減少の一途をたどるのであった。

(5) 列島改造による国土破壊

1969年の新全国総合開発計画（新全総）の発表と，それを受けての田中角栄著『日本列島改造論』の登場は，日本各地に観光開発を促進させることになった。新全総は，全国総合開発計画には珍しく，大規模なリゾート開発を提案した。フランスのラングドック・ルシオン地域におけるリゾート開発を参考にしつつ，運輸省の大規模海洋レクリエーション基地，大規模内陸性レクリエーション基地，建設省の大規模緑地公園，レクリエーション都市，厚生省の東海道自然歩道（現在の管轄は環境省），大規模年金保養基地，が打ち出された。これらの計画は15年後の1985年までの完成を目指したが，計画の頓挫，縮小ないしはプロジェクトの名称変更を経ながら，1990年代まで細々と継続されているものもある。しかし，列島改造論の影響を受けて，ゴルフ場開発と不動産開発が全国を席巻して，各地に土地転がしがひんぱんになり国土は荒廃した。こうした状況を糾弾するかのように，1973年末にオイルショックがおきた。

3　第Ⅲ期　旅行需要低迷期（1974～1982年）

石油危機による日本経済の転換と，国鉄運賃の大幅値上げ，1977年と1980年の冷夏と1978年の酷暑，暖冬という異常気象，円高の進行が，今期の旅行や観光産業に大きな影響を与えた。

(1) オイルショックと旅行需要の停滞

1973年末の石油危機は年末・年始の旅行にすぐに影響が現われた。石油価格の高騰と観光地におけるガソリンの入手難は，すでに乗用車旅行が主流を占めていただけに，旅行の手控えや，弁当・飲物持参の日帰りや近距離の宿泊旅行に変化していった。石油不足が旅行に打撃を与えたが，それでも旅行者は，乗用車から鉄道への公共交通機関へ，宿泊施設は高額の旅館を敬遠して，民宿，国民宿舎へと，工夫をしながら旅行は続けた。その結果，国鉄の利用増加や低廉宿泊施設，市場に近い観光地は盛況となり，「安近短」という言葉が生まれた。

オイルショックは，1970年代前半に繰り広げられた不動産開発を反省する機運にもなった。しかし，その反動があまりにも強すぎて，当時，中央省庁や自治体では，報告書や資料に観光地「開発」という用語は使用できず，観光地「整備」という語を使用するよう指導したほどである。

ゴルフ場開発が大打撃を受けた。会員が集まらず，高額施設として敬遠される一方で，国・県からの開発規制が強まったことから，1974年度だけで235か所が計画を中止した。

しかし，ガソリン不足が解消されると乗用車旅行は以前の状態にすぐに戻ったが，経営悪化の続く国鉄は1976年に50％におよぶ大幅な運賃値上げを実施したため，旅行における国鉄離れが本格化した。国鉄は赤字解消をしようとローカル線77線を廃止決定した。沿線住民や行政からの反対もあり，実際の廃止は1983年以降になる。

旅行者の回復に国鉄は，近距離，日帰り用の「ビバホリデー」，「一枚の切符から」，「いい日旅立ち」のキャンペーン，北海道，南九州，四国などの地域キャンペーンと各種の対策を採ったが，キャンペーン曲「いい日旅立ち」はヒットしたものの，利用者の増加にはさほどの効力を発揮できなかった。そのなかで高齢者向きの「フルムーン夫婦グリーンパス」の発売は，高齢化社会の先取り商品として話題を集めた。

旅行需要は1978年夏以降回復して増加傾向をたどるが，経験した節約旅行が定着した。

国際観光も大きな転換を示した。海外旅行は石油危機により対前年増加率が1974年２％，1975年６％と大幅に鈍化し，1976年から1979年までの４年間は10％台を堅持したが，1980年には，1964年の海外観光旅行自由化以来，初のマイナス３％を記録した。1981年から1983年の３年は，それぞれ２％，２％，４％という低率の増加率に終始した。しかし見方を変えれば，石油危機時の1974年においてもわずかではあるが対前年を上回ったというのは，国民に海外旅行が定着してきたともいえる。1980年のマイナスは，第２次オイルショックに伴う航空運賃の値上げからくる約２割のパッケージ料金の価格アップが，遠距離のヨーロッパ旅行の減少をもたらし，さらに政変により最大訪問地であった韓国への旅行者が激減したからである。

訪日外国人旅行は，1974年にはマイナスの増加率となったが，以降比較的堅調の伸びで推移してきた。注目すべきは1978年から，これまでつねに首位を保ってきた北米からの旅行者が，アジアからの旅行者にとってかわられたことである。

(2)　減少続ける旅館，増大続けるホテル

旅館業界は，石油と建築費の高騰から料金を２割ほど値上げするとともに，宿泊者へのタオル・歯ブラシの無料提供を廃止した。そのため1974年の秋から

宿泊者の減少が目立ち，旅館の倒産・転廃業が現われてくるにつれ，２割引きクーポン，無料の酒１本（徳利１本の意味）付き宴会などの企画を打ち出し需要の喚起に努めた。新しく開拓した旅行は，時間に余裕があり小銭をもつ高齢者に照準をあてた老人旅行（当時の呼称）であった。

石油危機の影響から企業関連の招待旅行や忘年会・新年会の減少がホテルや旅館における団体を少なくし，これまでのような大宴会場では機能しなくなり，小グループ用の宴会場を数多く用意したのも，この時期の特徴であった。

旅館の施設は，1974年の水質防止法により汚水処理施設の設置，1975年には消防法の改正によりスプリンクラーの設置と自家発電機の設置，建築基準法の改正により非常階段の設置が次々に義務づけられ，それらへの対応も経営悪化を招くことになった。さらに1980年の栃木県川治温泉の旅館火災により多数の死者を出したことから，消防庁は1981年に24項目の基準にすべて適合すると判定したときに適マークを交付した。適マーク表示があるかどうかにより，宿泊施設の安全性が一目瞭然となった。こうした地域の快適な環境づくりや宿泊者への安全性の提供は，短期には宿泊施設の経営の悪化につながったが，長期には宿泊施設の体質改善に寄与した。

この時期，旅館数が1980年の８万3,226軒をピークに，減少の一途をたどり始めた。しかしまだ旅館の客室数と収容力は増加を続けていた。旅館が大規模化して，大旅館と中小旅館との規模格差が拡大していたのである。そのような流れのなかで，旅館は洋風から和風への回帰が強まり，ロビーなどのパブリック部門の充実を図った。旅行業者が旅館を高級，上級，大衆などと利用者にわかりやすく選別しはじめたことも新しい動きである。

ホテル産業は，オイルショック後の２年はホテル建設を控えていたが，1976年に入ると新設が活発になった。旅館と異なり，アジアからの旅行者を中心にして外国人旅行者が堅調に増え，ホテル利用の下支えになった。新しい動きとして，都市ホテルとビジネスホテルとの中間のホテルが「イン」という名称で，地方都市を中心にチェーン化が促進された。部屋はビジネスホテルよりも広くして，ビジネスマンに満足感を与え，観光客にも対応できるものである。その他に東京においては，ハイアット，ヒルトン，リージェント，シェラトンなどの外国系のホテルが進出してきたのが特徴としてあげられる。

(3) 観光事業に積極的に乗り出すキャリア

旅行業は順調に推移し，この８年間に一般旅行業では216社の増加，1.82倍の伸び，国内旅行業は950社，1.24倍の伸びを記録した。近畿日本ツーリストと東急観光（現トップツアー）が株式市場の第二部に上場して，旅行業経営の近代化への第一歩を踏み出した。コンピュータ化への取り組みは，近畿日本ツーリストと日本交通公社とが1960年代後半から着手してきたが，日本交通公社はトリップスⅢを開発して，自動発券装置を可能にすると同時に，国鉄，航空三社，私鉄，バス，船会社との結合をも可能にした。当初，国鉄や航空会社の端末を使用すれば80億円にも上る投資は必要ないという意見が強かったし，独自のコンピュータ開発をした国鉄は日本交通公社のコンピュータとの結合に反対をした。日本交通公社としては，1980年代前後から，盛んになってきた航空会社，国鉄による旅行商品の開発やホテル業への進出に対抗するという，旅行業の自立をかけての投資であった。

北海道のスキーパックは，日本航空と全日空で一時は９割を占めたため，旅行業界の大手４社が対抗して，共同でスキー商品の販売を開始した。国鉄は，国鉄特選旅行とおスミつきの商品を日本交通公社と日本旅行に販売させていくことや，新幹線とひかりの停車都市のホテルを組み合わせたビジネスクーポン販売も両旅行会社から開始した。こうした動きは，旅行の主導権をキャリアと旅行業とのどちらが握るかという問題になった。

1968年から旅行業者と共同運営をしてきた国鉄の国内旅行の販売拠点である旅行センターは60か所になり，要員規模は業界では４位にランクされるほどになった。さらに国鉄は年に３ないし４地域を，旅行業と各県の観光協会と協力しながら，デスティネーション・キャンペーンを展開した。

航空会社では全日空がすでに1973年にホテルや観光開発を目的とした全日空エンタプライズを設立し，同年国内旅行会社として全日空商事を，1978年から海外旅行を扱う全日空ワールドを設立して，本格的に旅行業に進出してきた。日本航空の海外旅行商品を造成するジャルパックの旅行開発についてはすでにII期でふれたが，国内旅行を扱う国内旅行開発株式会社（現ジャルツアーズ）を1976年に設立した。ホテル専門会社はすでに1970年に日本航空開発株式会社ができている。このようにして，キャリアと呼ばれる国鉄や航空会社が積極的に観光事業に乗り出してきたのが，この期である。

(4) 観光による地域振興への取り組み

行政においても，1970年代前半に進捗した観光レクリエーション事業がオイルショックにより中止ないしは計画の縮小となり，その後始末に追われた。そうしたなかで注目されるのが，文化財保護法を改正しての1976年の重要伝統的建造物群保存地区の指定である。本制度は，ディスカバー・ジャパンのキャンペーンで脚光を浴びた，萩，高山，妻籠などの古い町並みの指定であるが，これまでの重要文化財の指定と異なるのは，国からの指定ではなく，地元からの申請に基づき指定をすることにある。それは物件というこれまでの点指定と違って，面的指定で広範囲に及ぶために，そこで生活する住民の発意を重要視したからである。

今期を特徴づける動きとして，地方において自主的に地域振興の問題に取り組み，その期待が観光にあったことである。特徴的な５つを取り上げる。

第１点は，新幹線がこれまでのメガロポリスからさらに地方へ延伸ないしは新設されたことに関連する動きである。1975年には山陽新幹線が岡山から博多まで延伸。東北・上越両新幹線の開通は今期末となったが，新幹線沿線の開発は1980年から活発になっていた。特に，市場との移動時間の短縮が鍵を握るレクリエーション開発，なかでもスキー場開発が沿線で活発になった。岩手県の安比高原スキー場，雫石スキー場はその代表である。新幹線ターミナル駅となった岡山，福岡，仙台，新潟，盛岡の各都市にはホテルの建設が活発となった。

第２点は，1972年に本土復帰を果たした沖縄県において1975年に海洋博覧会が開催され，1977年からは日本航空，全日空の航空会社が沖縄キャンペーンを展開して，沖縄が新しい観光地，特に若者の好むリゾート地として脚光を浴びたことである。沖縄では，両航空会社をはじめとして，ヤマハ，東急など内地資本の開発が目立った。沖縄の登場は，関東，関西の大市場から航空機利用の観光地間の競争を激化させた。亜熱帯ムードを売り物に新婚旅行のメッカであった宮崎の存立性をなくし，他方，夏には多くの若者で賑わった北海道の客層を高齢者の団体旅行にと変化させることになった。

第3点は，神戸で開催された博覧会「ポートピア」の成功である。ポートピアは経済効果が大きかったため，全国各地が博覧会を開催する契機になった。そのほかに会場となったポートアイランドの宣伝を兼ねての跡地利用を当初から計算にいれていたことも注目された。

第4点はパロディによる独立国「吉里吉里国」の誕生である。井上ひさし著『吉里吉里人』の舞台となった岩手県大槌町吉里吉里が小説の姿を再現した。吉里吉里国の成功にヒントを得て，ニコニコ共和国，アルコール共和国など全国各地に地域の特徴をいかしたミニ独立国が誕生した。

第5点は，大分県で展開された一村一品運動である。この運動は，県や国に頼らずに何でもよいから自力で地域の特産品を産みだそうというものである。北海道でも同様の一村一品運動，大分県隣接の熊本県では日本一づくり運動，宮崎県では一村一観運動が展開された。一村一品運動は単なるものづくりだけではなく，最終的には人づくりにおよんだため，海外でも高く評価された。すぐに中国で導入され，武漢や上海の都市部で繰り広げられた。現在，アジアやアフリカ各地の地域振興の手段として採用されている[1)]。

4　第Ⅳ期　観光高揚期（1983〜1997年）

石油危機とそれに続く観光産業の調整期を経て，観光産業は1983年以降，急激に拡大発展を遂げる。しかし，国内旅行は，人数においては増加傾向になく，大規模な博覧会などのイベントや瀬戸大橋の架橋などの交通革新が生じたときに，その周辺の観光地が活気づくものの，全国的には，海外旅行との競争もあり，伸びはほとんどみられていない。

海外旅行は円高の続伸によりさらに増大した。1985年のプラザ合意により，1988年には１ドルが120円台になり，1993年には急激な円高が進行し，一時，１ドル100円を割る事態も出現した。

日本のマクロの経済状況と国民のレジャー指向とのギャップがみられた。経済不況は，本体の事業とは別に土地や株に投資をした企業が，バブル経済崩壊でそれらが不良資産となり業績が悪化をしたからであって，その不況が個人資産を有する家計に及ぶことはなく，1997年のインドネシアや韓国のアジア通貨危機とは異なり，個人はいぜんとして海外旅行や外食を楽しんでいたのである。

(1) リゾート法とふるさと創生事業

1987年に総合保養地域整備法，通称リゾート法が施行された。国土庁が承認したリゾート地域は41道府県にのぼる。承認を受けると，民間活力法に基づいて，民間企業の開発が円滑に進むように，農地法，森林法，自然公園法などの規制の解除が行なわれ，加えてNTT資金からの低利融資や銀行から好条件の融資がされるというメリットがあり，全国各地にリゾート開発が進展した。

これまでも新産業都市建設促進法や通称テクノポリス法にもみられるように，国の方針に沿った指定を受けようと，はげしい先陣争いをするのがつねであるが，リゾート法はさらに，指定地区数に制限がないことや，民活導入を前提としていたために，急激かつし烈な地域間競争となった。自治体はリゾートの意義や意味もわからないままに，地域振興の決め手とばかりに安易に開発を認め，計画の実現を急いだ。ゴルフ場やリゾートマンションの事業が進行したのも，会員権を購入する国民がリゾートライフを楽しむというよりも財テクに走ったため，会員制による資金集めが容易であったからである。企業側は土地取得とキャピタル・ゲインを狙い，国民の豊かなリゾートライフの手助けをする気はみじんも感じられなかった。この状況は，石油危機前の1970年代前半をほうふつさせたが，そのとき以上に国民と自治体が開発に加担したために，リゾート法は問題を多く残した。ゴルフ場は農薬問題から環境破壊の元凶と糾弾されて，

1980年代に緩めた規制を再び自治体は強めた。

1983年の東京ディズニーランドと長崎オランダ村の成功が，各地にテーマパークを誕生させることになった。主産業が撤退し衰退しつつある造船や鉄鋼の企業城下町では，起死回生の妙薬とばかりにテーマパーク事業に飛びついた。結果は，1990年代の前半に早くも経営難となり，各地に事業の廃止や撤退をもたらした。失敗の原因は，テーマのコンセプトのあいまいさにあり，施設や運営の水準が低い，都市からの距離と周辺の観光地の特性ないしは気象条件が考慮されないなど，そうした状態で開発を進めたからである。

しかし，本期はまだ観光関係の盛んな投資は継続していた。1992年のハウステンボスに続いて，1993～1994年には，宮崎市のシーガイア，船橋市のザウスの人工スキー場，横浜市の八景島シーパラダイス，三重県のスペイン村などリゾート地やテーマパークが開業している。

リゾート法施行の翌1988年に竹下首相が「ふるさと創生事業」を打ち出した。この施策は全市町村に一律１億円の地方交付税を与え，市町村の知恵で１億円を地域振興のために何に使用してもよいというものであった。しかし，知恵がなく，貯金したままあるいは金塊に替えた市町村もあったりしたが，多くは温泉掘削に使用し観光地の仲間入りを果たしたりして，地域振興を図ろうとした。本事業は名称を変えながら５年程度継続された。典型的なばらまき行政であったふるさと創生事業は種々の問題を残した。

(2)　海外旅行の増大策

低迷を続けていた海外旅行は対前年増加率で，1983年に４％と回復の兆しをみせ，以降，84年，86年には，10％，11％と２桁台の伸びをみせ，86年には500万人を突破した。500万人と増大した海外旅行が，1987年，1988年と続けて24％，23％と対前年増加率をみせ，海外旅行の自由化以来，25年もかかって達成した500万人がわずか４年でさらに500万人を上乗せし，1990年には１千万人を突破した。

背景には円高の進行に加えて，大蔵省の協力を仰いでの運輸省による1986年を基調に5年間で海外旅行者数を2倍にするという「海外旅行倍増計画」，いわゆるテンミリオン計画の後押しがあった。この計画は，日本経済の黒字べらしの一環として採られた政策で，職場海外旅行を会社の経費に組み入れ非課税扱いにし，旅行日数も4日間，後に5日間までにふやすのを認めた。その他に，公立学校の海外への修学旅行の推奨や地方発の海外旅行促進のための障害除去などを具体化した。その結果，旅行収支は1989年には世界最大の193億ドルの赤字となった。その後も，海外旅行の自粛が出された湾岸戦争時では多少前年を下回った年もあったが，円高により海外旅行者は増え続け，1994年には1,200万人を越えた。どの年齢層においても海外旅行は増大し，学生向けの卒業記念旅行も1985年頃から企画販売され，1986年から本格化した。

訪日外国人もアジアからの旅行者の増大により，平均10％台の伸びを堅持。1975年に州別でアジアの旅行者が北米のそれを上回ったが，1990年になると，国・地域別でも韓国，台湾が，アメリカをしのぐことになった。運輸省は，旅行者の変化から地方での外国人旅行者の受け入れを進めるために「国際観光モデル地区」を設定した。しかし，それほどの効果は生じなかった。

1991年には運輸省は海外旅行と訪日外国人旅行の双方を盛んにして，国内外において観光交流を盛んにする，観光交流計画いわゆる「ツー・ウェイ・ツーリズム21」を打ち出した。

(3) 宿泊産業

テレビによる温泉・グルメブームは，女性の旅行者を増加させ，旅館はその対応として，男女同一の大きさの浴場の設置，露天風呂の新設，グループ用の小宴会場の用意を迫られた。団体料理に代わる懐石料理もはやりとなり，旅館のロビーなどパブリック部分はますます充実し，収容力を増すよりも部屋を大きくしてくつろぎ感を与えつつ，宿泊単価の上昇が続いた。人手不足は深刻化して，外国人労働者を投入する旅館が目立ってきた。温泉ブームにより大旅館は比較的順調に推移したが，1980年から減少しはじめた旅館数は年々減少し続け，一口に旅館8万軒といってきたが，1993年には7万3千軒となった。100

万室台を維持してきた総客室も，1987年をピークに漸減傾向にある。

ホテルにおいては，地価の上昇を期待したストック資産として，あるいは償却資産の所有と節税効果を狙って，保険会社以外に不動産，建設，流通の業界からも，ホテル事業への進出がみられた。ホテルの軒数と客室数は増加を続け，1993年にはホテル数6,633軒，客室数は48万3,333室となった。

日本企業のホテルの海外進出は，これまでも国際興業のハワイ進出，日本航空，全日空による国際路線との関係で海外の主要都市で行なわれてきたが，1988年のセゾングループのインターコンチネンタルホテルズと青木建設のザ・ウェスティン・ホテルズ・インターナショナルの大型買収は世間の耳目を集めた。セゾングループはインターコンチネンタルのホテル60％にあたる110ホテルを2,880億円で，青木建設は北米・中米地域，アジア地域のホテルを1,980億円で買収した。このような大規模のホテルチェーンの買収でなくても，日本の不動産会社は，オーストラリア，ハワイでホテルやコンドミニアムの建設を活発に展開した。

しかし他方，外国系のホテル企業も，今後の日本，アジアの拠点としての東京・大阪への進出が盛んになった。

国内では今期においても続々と大型ホテルが完成したが，一方でホテル西洋銀座，フォーシーズンズホテル椿山荘にみるように，すべてスイートルームという外国人や日本人のトップビジネスマンを対象としたホテルも登場した。

(4) 旅行業の流通変化

今期に入り，旅行業の根幹を揺るがす種々の問題が発生してきた。

第１は，旅行商品の価格である。海外旅行者数が増大していくなかで，バブル経済の隆盛期においても，旅行商品の低価格化が続いていた。かつてのパッケージ商品が高価格の第１ブランドとすれば，それよりも低価格の第２ブランド，さらに第３ブランドが売り出された。しかも低価格のブランド商品ほど売上げの伸び率が高くなった。

旅行業者の新聞広告が目立ってきた。1980年代後半になると，全産業の新聞広告のトップをサービス・レジャー業界が占め，1989年から1992年にかけては，サービス・レジャー業界の1位から4位まで旅行業が独占し，日本航空や全日空を上回った。しかしその新聞広告に掲載される商品の価格が，既成のブランド商品より格安であったために，旅行者が方面別価格の値ごろ感をもってしまい，商品全体の低廉化傾向を促進した。加えて格安航空券が出回った。航空座席が供給過剰になるにつれて格安航空券が市場に出回り，エイチ・アイ・エスのように，これまで裏で売られていた格安航空券を専業に販売し伸びてきた企業もある。バブル経済が弾けてからその傾向はさらに強まり，旅行者は増大するが企業の収益が減少し続ける状況が生まれた。

第2は，公正取引委員会（公取）が旅行業のパンフレットの募集広告が誇大広告にあたり，不当景品類及び不当表示防止法の規定に違反するとして，募集広告の排除命令と新聞に謝罪広告を出させたこと，続いて，旅行業取扱い料金の収受にも問題があるとして，業界に警告を発したことである。その後，公取は主催旅行の表示に関する公正規約を告示した。日本旅行業協会ではパンフレットの規準づくりに取り組み，公取に提出した。サービス業で表示の規約を設けたのは初めてである。以降，パンフレットの写真には，イメージと断わったり，写真提供国や写真の撮影年月が掲載されるようになった。

第3は，国鉄が民営化により，本格的に旅行業に進出したことである。JR 6社は国内旅行業登録を行ない， JR 東日本を除いた5社が一般旅行業の登録をした。一般旅行業登録をしなかった JR 東日本は，日本航空と提携を密にして，国内と海外のそれぞれの強みを分けあったのである。これまで日本交通公社と日本旅行と共同運営してきた旅行センターは，すべて JR の直営となった。さらに日本交通公社に任せていた定期券と時刻表はすべて JR が取扱うことになった。6社の総店舗数は日本交通公社の5倍，人員は3倍という規模になる。この動きの中，JR 東海が日本交通公社と共同でジェイアール東海ツアーズを設立したのは興味深い。

第4は，全日空と JR が，コンビニエンスストアでの座席予約を可能としたことから，その後，旅行の流通経路はさらに多様な変化を遂げていくことになったことである。

5　第Ⅴ期　経済不況と観光事業の建て直し期（1998～2008年）

バブル経済は1991年以降崩壊の状況をみせたが，海外旅行者数やスキー利用者の減少が起きるのは1998年以降となる。企業が不況気味になっても，わが国は家計金融資産が大きく，レジャー費などの個人消費に影響が現れるのが数年遅れるからである。

1998年以降，バブル経済の崩壊による経済不況に加えて，少子高齢化と総人口の減少傾向が，すべての産業に影響を投げかけている。

実質経済成長率の対前年増加率をみると，1984年度から成長期に入り，1985年度以降1990年度まで５％前後の高率を遂げてきたが，1991年度以降は，2.2％，1.1％と増加率の鈍化がみられ，1993年度には－1.0％となり，その後も，1998年度，2001年度もマイナスの成長となった。2003年度以降，景気が回復しつつある兆しがみえてきたが，2008年のサブプライム問題が，世界経済，日本経済を大きく揺るがすことになる。観光への問題は，現段階では予断できない。

総人口は合計特殊出生率が2.08前後で維持するが，わが国では，第２次ベビーブーム時代の1973年の2.14以降減少を続け，1989年の1.57は，ひのえうまの1966年の1.58を下回り「1.57ショック」といわれた。その後も減少は続き，2005年には1.25となり，同年10月の国勢調査で日本の総人口は１億2,775万人となったが，これは前年同月に比べて約２万人の減少と，ついにわが国は人口減少時代に突入した。それに合わせて高齢者人口比率は20％に達し，労働生産人口は減少して，日本の経済・社会のさまざまな分野で方向転換を迫られている。

海外旅行の動向をみると，1997年は韓国の経済危機，2001年には米国の同時多発テロ事件，2003年には，SARS発生とイラク戦争と，外国の影響が海外旅行を鈍化させる。日本経済の不振が観光関連産業に打撃を与えるのは，少しずれて1998年からである。

戦後の復興期は産業界が中心であったが，バブル崩壊後の日本経済の再生には，国が観光立国を宣言して本格的に取り組むようになったことが注目される。

(1) 観光産業の経営不振

1998年になるとさすがに，旅行者の国内旅行における低価格指向や企業関係の出張，団体旅行の激減により，観光事業にも影響が生じてきた。

バブル期の旅館・ホテルの高料金指向も，バブル経済の破綻から転換を余儀なくされた。まず宴会利用の多い法人需要の落込みが始まった。一般利用客からは，料金の値下げが具体的に要求されるし，旅行業者側からも高級旅館での１万円を割る商品が提示，販売された。旅館は，バック部門にコンピュータを投入したり，部屋食から会食への切り替えをしたりして，人件費の削減を図った。旅館は，１万円未満の低廉価格で大量集客を目指す旅館と，小規模で高級指向の旅館へと，商品を明確にして両極端の方向に動いている。

そうしたなか，大型旅館が一般団体や企業関連の団体の減少により，営業不振から倒産ないしは廃業となり，熱海，水上，片山津，山代，鬼怒川などの各温泉地では，地域経済に大打撃を与えた。

ハワイやオーストラリアなど海外に投資した不動産，ホテルの撤退も相次いだ。大型買収で話題を集めた青木建設はザ・ウェスティン・ホテルズ・インターナショナルを，セゾングループも，インターコンチネンタルホテルズを維持することができず手放した。セゾングループでは，リゾート事業を西洋環境開発から西友へと同グループ内で所有移転を図った。

国が承認したリゾート地区も，沖縄や新潟などごく一部でなんとか軌道に乗せているだけで，アルツ磐梯（福島県），トマム（北海道），シーガイア（宮崎県）などの大型施設の倒産ないしは経営者の交替がみられた。多数の県で，国から承認を得たにもかかわらず，リゾート事業は未着手のまま，花が開かなかった。バブル経済の名にふさわしく泡がはじけたためにリゾート開発は頓挫したといわれるが，もともと計画などないに等しい事業が，県や国の承認を得ていたのである。2004年には，証券取引法違反の容疑でコクドの会長が逮捕され，コクドは上場企業から取り消された。コクドは地方のスキー場やホテル，ゴルフ場を手放すことになり，それがまた，地域経済に悪影響を及ぼすという問題を起こしている。

旅行業者にも経済不況の波が押し寄せ，1998年には，代表的なホールセラー会社であったジェットツアー社が倒産し，かつては業界2位であった日本旅行が，JR西日本の傘下に組み込まれた。業界3位の近畿日本ツーリストも経営悪化から，一時は，日本旅行・JR西日本との合併が取りざたされたが，最終的にはドル箱のクラブツーリズムを売却し経営危機を乗り越えた。クラブツーリズムは単独企業として独立することになる。近畿日本ツーリストとともに株式上場会社であった，当時業界4位の東急観光も経営悪化から株式の上場を取り下げ，2008年現在，社名をトップツアーと変え外国資本が所有することになっている。

旅行業の流通は，新聞広告による商品販売の強化，コンビニでの旅行商品販売の解禁，ネット業者の旅行商品販売への進出など，おおきく様変わりをしている。

これまで硬直的であった航空料金が，前期1995年に航空会社に対する規制緩和により事前割引運賃が導入され，さらに2000年には改正航空法により，国際運賃の完全自由化が導入された。その結果，海外と国内の観光地間の競争激化が生じ，国内においては，東京や大阪などの大都市圏から1泊圏の観光地が，沖縄や北海道という大市場からの遠隔観光地と同時競争になったのである。

(2) 観光立国宣言と観光立国推進基本法

国内旅行の低迷と海外旅行倍増計画への国内観光業者からの反発があり，運輸省は1996年に「ウエルカムプラン（訪日観光交流倍増計画)」を発表して，国内観光地へ外国人を誘客するために，当時の350万人の訪日外国人旅行者数を2005年に700万人に倍増させるという行動計画を立て，翌年に「外客促進法」が成立した。2000年には「新ウェルカムプラン21」が打ち出されて，おおむね2007年に訪日外国人数を800万人に倍増させると変更した。

さらにワールドカップ開催の2002年に，小泉首相が総理大臣施政方針演説で，観光の重要性を訴えた。これは歴代内閣で初めてのことである。2003年の小泉首相の施政方針演説で，「現在500万人の外国人旅行者を2010年に倍増させる」と述べた。これを受けて「観光立国懇談会」が設置されて，「住んでよし，訪れてよし」の副題のもとに基本的な考え方が示され，「観光立国関係閣僚会議」で「観光立国行動計画」が策定された。外国人観光客を倍増の500万人ふやすことで，約1.6兆円の国内産業関連旅行消費を増加させることができ，国際観光収入も34億ドルから40億ドルへと増加させ国際収支の改善に寄与するという，この両面が行動計画の主眼であった。

2000年に2つの祝日が月曜日に指定され実施された「祝日3連休」に，2003年にさらに2祝日を加えた政府の方針が旅行促進に拍車をかけた。2000年の「高齢者障害者移動円滑法」を受けて，観光サイドではバリアフリー観光空間整備事業が推進された。2004年には景観法が施行され，美しい都市や農村へ向けての国づくりが開始された。

2006年12月には43年ぶりに観光基本法を改定し，観光立国推進基本法が制定され，具体的な観光実施法の一つとして観光圏促進法が施行された。2008年10月には，わが国初の観光庁が誕生した。

(3) インバウンド観光の促進

具体的行動計画として，ビジット・ジャパン・キャンペーンが実施され，毎年，20～30億円の海外宣伝費が投入される一方で，ビザ発給・免除の拡大などが行なわれた。

特に世界最大の人口規模を誇る隣国中国に対し，2000年に北京市，上海市，広東省からの団体観光旅行に対する短期滞在査証免除を皮切りに，2004年には，天津市と4省と修学旅行生へと短期滞在査証免除の範囲を拡大した。そしてついに2005年には短期滞在査証免除の対象地域を中国全土に拡大するとともに，査証申請受付地域の領事館も拡大した。

2008年には一定の経済力があるという限定つきであるが家族観光者に対する短期滞在査証の発給を開始した。

こうして中国からの来日旅行者は，1998年267千人から2008年には942千人に大幅な増加を示した。外国人旅行者は2007年に8,347千人とこれまでの最高を記録し，期待する2010年千万人は達成すると思われたが，サブプライム問題と円高により2008年後半に鈍化し前年とほぼ同じの8,351千人になってしまった。

(4) 世界遺産登録とエコーツーリズムの推進

世界遺産条約は1975年に発効したが，日本は1992年になって条約に加入した。翌年に初の登録遺産として，文化遺産の「法隆寺地域の仏教建造物」と「姫路城」の２か所，自然遺産の「屋久島」と「白神山地」の２か所が承認された。その後，2007年までに10か所の文化遺産，３か所の自然遺産，１か所の産業遺産が承認されている。

しかし，世界遺産への過熱ぶりも問題で，保護・保存よりも，観光者の誘致と地域振興を目的に各県で世界遺産登録を目指したり，指定地では受け入れ容量を超えたマスツーリズムの弊害も生じたりしている。旅行者・旅行業者も，世界遺産の数回りに狂奔している。

環境省は，2005年にエコツーリズム憲章を制定し，エコツーリズム推進へ向けて，マニュアルの作成やモデル地区の選定を行ない，2006年にエコツーリズム推進法を制定した。

(5) 若者のスキー離れと活発な高齢者旅行

地球の温暖化により低地立地のスキー場の積雪期間が短くなりスキー場経営が悪化していたが，さらにこれまで主流を占めていた若者たちがスキーに関心を示さなくなり，特殊索道輸送実績は，1997年から年々減少し，2002年には，1994年ピーク時の37％減となった。若者たちには，かつてのようにスキーをファッショナブルなレジャーとは思わずに，携帯電話，海外旅行，テーマパーク，都市での遊びに楽しみを見出している。

好対照に，高齢者の積極的な旅行が目立つ。活動も，かつてのようなゲートボールと温泉，カラオケではなく，ウォーキングを中心に，写真撮影，花の観賞などを目的に趣味を生かしての旅行が多い。この世代は，健康かついつでも旅行に出かけることが出来る自由時間を有し，さらに年金や退職金など自由にできる金を十分にもっているだけに，彼らの旅行量がもたらす影響は大きい。

引用文献・注：

1）松井和久・山神進編（2006）：『一村一品運動と開発途上国』アジア経済研究所に詳しい。

観光産業年表

〈第 I 期　観光の萌芽期〉

1946(昭21)年　6 月　（社）全日本観光連盟設立

1947(昭22)年　12月　プレジデント・モンロー号により戦後初の外国人観光団来日

1948(昭23)年　7 月　温泉法公布／旅館業法公布／内閣に観光事業審議会設置

12月　（社）国際観光旅館連盟設立

1949(昭24)年　6 月　通訳案内業法施行

12月　国際観光ホテル整備法公布

1950(昭25)年　5 月　文化財保護法公布

7 月　伊東，別府，熱海（8.1）に国際観光温泉文化都市建設法施行

10月　京都，奈良に国際文化観光都市建設法施行

【海外】フランスのリゾート開発業者，地中海クラブ誕生

1951(昭26)年　10月　日本ユース・ホステル協会設立

1952(昭27)年　10月　(社)日本修学旅行協会設立／旅行あっ旋業法施行

日活ホテル，品川プリンスホテルなど戦後初のホテル開業

名古屋商工会議所の一行，欧米経済視察のため初の民間海外旅行団として世界一周に出発

1954(昭29)年　客船により外人観光団続々来訪

1955(昭30)年　2 月　国鉄周遊券制度開始

11月　ヘルスセンターが船橋に開業

7 月　【海外】ディズニーランド開園

温泉観光地への慰安旅行を中心に大型職場旅行が急増

1956(昭31)年　グランド・ホテル形式の大衆旅館登場

北海道周遊券の発売

1957(昭32)年　7 月　公営国民宿舎第一号「ぶな林」大山に開業

3 月　【海外】スカンジナビア航空，北回り東京線開設

1958(昭33)年　熱海などに七畳半の部屋が登場

1959(昭34)年　4 月　国鉄，修学旅行専用電車「ひので号」運転開始

6 月　国際旅行業者協会（現日本旅行業協会）設立

7 月　BOAC のジェット旅客機コメット，日本への定期便初乗入れ

トニーザイラー来日し，スキーブーム起こる

1960(昭35)年　レジャーランド，ヘルスセンター，国民宿舎，モーテルなど
郊外型の大レジャー施設が相次ぎ登場
団体慰安旅行が増加
1961(昭36)年　12月　苗場国際スキー場オープン
1962(昭37)年　12月　国民休暇村第一号，開業
海水浴ブームの到来
1963(昭38)年　6月　観光基本法公布／総理府に観光政策審議会設置
東京オリンピックを前に都内を中心にホテルが続々開業…ニューオータニ，東京プリンスなど
日本初の高速道路開通

〈第Ⅱ期　大量・大衆旅行時代―旅行拡大期〉

1964(昭39)年　4月　海外観光旅行自由化される
9月　中国旅行の斡旋を開始
10月　第18回オリンピック東京大会開催
東海道新幹線開業
1965(昭40)年　1月　日本航空「ジャルパック」の発売開始
4月　ヨーロッパ線航空運賃に初の団体割引運賃（GIT）適用
南九州方面への新婚旅行増加／ビジネスホテルが増加
1966(昭41)年　スキー場，海水浴場などに民宿流行
1月　海外旅行一人年一回の制限撤廃／古都における歴史的風土の保存に関する特別措置法公布
1967(昭42)年　都市旅館減少へ／学生中心に北海道ブーム，カニ族出現／マイカーによる家族旅行増大
2月　エコノミー・クーポン（エック）発売
1968(昭43)年　日本万国博覧会を控え，関西中心に再びホテルの建設ラッシュ始まる。第二次ホテルブーム
11月　日本交通公社・日本通運，海外旅行商品「ルック」を発表
1969(昭44)年　11月　ヨーロッパ方面バルク運賃実施
1970(昭45)年　3月　日本万国博覧会，大阪で開催(総入場者数6,420万人)
10月　国鉄，「ディスカバージャパン」キャンペーン開始
12月　数次旅券発行(有効期間五年間)
OL 旅行増加…小京都，離島などへの旅行ブームとなる
新全総の発表(69.5)に伴い国家プロジェクトによるレクリエーション開発計画が続々登場

1971(昭46)年　3月　旅行斡旋業法改正,「旅行業法」に改称

〈第Ⅲ期　旅行需要低迷期〉

1974(昭49)年　オイルショックにより旅行量が減少

1975(昭50)年　11月　本格的自然動物公園宮崎サファリパーク開業

老人旅行急増

沖縄国際海洋博覧会開催

消防法改正により，スプリンクラーの設置基準強化，自家発電機の設置

1976(昭51)年　9月　重要伝統的建造物群保存地区の指定始まる

1977(昭52)年　航空会社による沖縄キャンペーン

1978(昭53)年　11月　国鉄「いい日旅立ち」キャンペーン

1979(昭54)年　11月　大分県，一村一品運動を提唱

1981(昭56)年　3月　神戸「ポートピア」開催，地方博覧会の開始。

5月　マル適制度実施

10月　「フルムーン夫婦グリーンパス」発売

1982(昭57)年　3月　国鉄「青春18切符」発売

6月　東北・上越新幹線，大宮-新潟間，大宮-盛岡間開業

〈第Ⅳ期　観光高揚期〉

1983(昭58)年　4月　東京ディズニーランド（TDL）開業

7月　長崎オランダ村開業

1984(昭59)年　温泉秘湯ブーム

1985(昭60)年　3月　筑波科学万博（国際技術博覧会）開催

1986(昭61)年　3月　国際観光モデル地区第一次地区を指定

12月　海外旅行500万人突破

1987(昭62)年　6月　総合保養地域整備法（リゾート法）施行

7月　JR6社，旅行業に進出

9月　運輸省「海外旅行倍増計画（テンミリオン計画）発表

1988(昭63)年　4月　「ふるさと創生」1億円交付される

運輸省「国際コンベンション・シティ」の第一次指定

1989(平1)年　2月　企業の社員旅行の補助金に対し，3泊4日の旅行までを制限付きで非課税扱いに

1990(平2)年　11月　年間日本人出国者総数1,000万人達成／訪日外客数300万人達成

1991(平3)年　海外旅行，湾岸戦争によるキャンセル急増

1992(平4)年　2月　「長崎オランダ村ハウステンボス」オープン

4月　観光事業振興助成交付金制度創設

わが国，世界遺産条約に加入

1993(平５)年　７月　世界最大通年型室内スキー場「ザウス」，フェニックスリゾートシーガイア」オープン

1994(平６)年　４月　全日空，コンビニでの予約開始

1995(平７)年　航空会社の規制緩和

1997(平９)年　運輸省「ウエルカムプラン21」の実施

運輸省，コンビニ店頭での主催旅行の販売解禁

〈第Ⅴ期　経済不況と観光事業の建て直し期〉

1998(平10)年　長野オリンピックの開催

ジェットツアー，自己破産　戦後最大

アルファ・トマム倒産

1999(平11)年　国内航空運賃の自由化

2000(平12)年　５月　高齢者・障害者移動円滑法が成立

９月　中国からの訪日観光団体第一陣到着

2001(平13)年　USJ オープン，ディズニー・シー開業

2002(平14)年　日本旅行，JR 西日本の傘下に

2003(平15)年　インバウンド観光倍増計画を発表　ビジット・ジャパン・キャンペーンを開始

2004(平16)年　景観法の施行

文化財保護法を改正し，文化的景観を選定

2005(平17)年　愛知万国博覧会開催

2006(平18)年　観光立国推進基本法ができる

2007(平19)年　エコツーリズム促進法が制定

2008(平20)年　観光圏整備法の施行

観光庁の設置

付論　観光学の入門書・概論書からみる観光研究の広がり

1　はじめに

観光研究は，20世紀以降本格的な広がりを見せ，日本においても1960年代以降のマスツーリズムの展開に加え，1990年代後半以降には観光を専門領域の一つとして取り扱う大学も増加し，その研究が進められてきた。しかし，独立した学問領域において重要とされる，方法論の整備・用語の統一，学史の整理などは，社会学や地理学，経済学などの個別領域から試みられたものの（青木・山村，1976，小沢，1994，淡野，2005，鶴田，1994，安村，1996など），研究の目的や対象・方法が多様化する中で，その広がりを網羅的にとらえて一つの流れを示すことは大変難しく，日本では「観光学（論）」ないしは「観光研究」の枠での整理は依然少ない（韓・臺，2006，前田，1987，村上・小濱，1987，小沢，1989，塩田，1994・1997，安村，1998a・1998b・2001など）。

また，独立した学問領域においては，いわゆる「古典」や研究に取り組む際の「必読文献」といったものが存在するが，このことについての言及も見あたらない。これらの作業が行なわれていないことは，学問の体系化及び研究の質的向上の大きな阻害要因のひとつとなっていると考えられる。

本稿は，その広がりを網羅的にとらえて一連の流れを示すことが困難なわが国及び海外の観光研究において，必読文献を検討する際の端緒となることを目的とした。そこで，わが国の観光研究については，観光を取り扱った入門書・概論書を取り上げ，時代とともにどのように変化していったかを読み取ることでその流れを説明する方法を試みた。詳細は後に述べるとして，具体的には，まず，第二次世界大戦後の入門書・概論書を取り上げ，そこに示されている参考文献のうち頻出の文献を選び出すことで，どのような文献が多く読まれたかを把握することにした。次に，頻出の文献のうち，入門書・概論書を改めて選び出し，さらに最近の入門書・概論書を加えて，それらの内容・構成の変遷について目次を整理することで，観光研究の大きな流れを把握することにした。

海外における観光研究の展開については，Jafari（1989）や安村（2001）などにおいて整理されているが，特に近年について上記と同様の方法で整理する必要がある。具体的には，版を重ねている海外の代表的な入門書・概論書を取り上げ，参考文献における頻出の文献の整理，及び目次の比較を行なった。

2　参考文献からの調査

(1) 調査の方法と手続き

わが国の観光研究は戦後本格化し，1990年代にその成果を教育に応用する動き，すなわち観光教育が盛んになった。そこで，これまで日本で刊行された観光の入門書・概論書のち，観光研究の諸分野を幅広く網羅していると見られる次の12冊を取り上げ調査の対象とした（表–1）。

各入門書・概論書の参考文献（読書案内等を含む），及び脚注・文末注において挙げられている参考文献の頻度を確認した。

具体的には次のような手順で行なった。①脚注・文末注においてあげられた文献のリストを作成し，②頻度が高い順に並べ，③3つ以上の文献で取り上げられた文献を対象とした。なお，データ等のみの資料集や用語集，辞書・辞典，事典等は対象としなかった。

次に，同じく日本・海外双方での観光研究・観光教育で多く取り上げられ，かつ版数を重ねている英文の概論書4冊において挙げられている参考文献のうち頻出の文献を選び出すことで，どのような文献が多く読まれたかを把握することにした（表–2）。

表-1　調査対象にした入門書・概論書一覧

著者名	書名	初版出版年
田中喜一	観光事業論	1950
岡庭博	観光論概要	1969
前田勇	観光概論	1979
鈴木忠義	現代観光論	1984
末武直義	観光事業論	1984
小谷達男	観光事業論	1994
足羽洋保	新・観光学概論	1994
塩田正志・長谷政弘編	観光学	1994
前田勇編	現代観光総論	1995
香川眞編	現代観光研究	1996
除野信道編	新・観光社会経済学	1998
岡本伸之編	観光学	2001
Goeldner, Ritchie	Tourism: Principles, Practices, Philosophies	1971
Wall, Mathieson	Tourism: Change, Impact and Opportunities	1988
Cooper, Fletcher, Fyall, Gilbert and Wanhill	Tourism: Principles and Practice	1993
Page , Connell	Tourism: A Modern Synthesis	2001

(2) 調査の結果

表-2から次のような点を指摘することができる。

Mariotti（1928），Bormann（1930），Ogilvie（1933），Glücksman（1935）などの主にドイツやイタリア，イギリスなどの外国文献は，田中（1950）や岡庭（1969）で中心的な参考文献となっていて，それ以降の入門書・概論書でも取り上げられている。これらは，観光研究の始まりといえる観光の国際間経済効果に関する研究が中心である。

また，時代が新しくなるにつれて，参考文献として既存の入門書・概論書自体が取り上げられる場合が多い。1990年代の各書では，田中（1950）や鈴木（1974），前田（1979）がその新版も含めて継続的に参考文献とされている。

さらに，1990年代以降，入門書・概論書を１人の著者がすべて執筆するスタイルから，何人かの著者によって分担執筆するように変化している。

表-2　日本語文献を対象とした調査結果

年代	1950	1960	1970	1980		1990						2000
概論書・入門書 / 文献	田中 (1950)	岡庭 (1969)	前田 (1979)	鈴木 (1984)	末武 (1984)	塩田・長谷 (1994)	足羽 (1994)	小谷 (1994)	前田 (1995)	香川 (1996)	除野 (1998)	岡本 (2001)
Mariotti (1928)	○	○			○		○				○	
Bormann (1930)	○	○					○	○			○	
Ogilvie (1933)	○	○	○					○				
Glucksman (1935)	○	○	○								○	
Noval (1936)	○				○		○					
Boorstin (1962)			○	○								○
Lundberg (1972)					○	○	○					
Gee (1988)						○				○	○	
Witt & Moutinho (1989)						○	○				○	
Bull (1991)						○	○				○	○
田 (1940)	○	○			○		○					
田村 (1948)	○				○	○	○					
田中 (1950)		○	○	○		○	○				○	○
井上 (1957)		○					○	○				
塩田 (1962)		○					○			○		
井上 (1969)							○	○				
岡庭 (1969)			○		○		○					
津田 (1969)			○		○							
新城 (1971)			○	○			○	○			○	○
浅香・山村 (1974)			○	○	○		○					
末武 (1974)			○									
鈴木 (1974)			○		○	○	○	○	○	○		
塩田 (1975)			○	○	○	○	○			○		
除野 (1975)					○	○	○			○	○	
岡本 (1979)			○	○		○						○
前田 (1979)				○	○	○	○	○	○	○		
玉村 (1980)				○		○	○					
作古 (1983)				○		○		○				
末武 (1984)							○			○		
山村 (1990)						○	○			○		
高井 (1991)						○					○	
小沢 (1992)						○				○	○	
小沢 (1994)										○	○	○
前田 (1995b)									○		○	○

英文の4冊の概論書において取り上げられていた参考文献・資料，延べ3,124本のうち，数値データ集などの資料を除いたその登場頻度を分析した。また，取り上げた4冊の概論書はいずれも他の3冊に参考文献として挙げられているが，ここでは含めなかった。なお，1冊の概論書で複数回出てくる文献についてはまとめて1冊とした。

4冊中4冊で取り上げられた文献は，1970年代から90年代前半にかけてものが占めている。また人類学・社会学の視点からの文献が比較的多いが，観光地計画，観光経営，方法論などバラエティに富んでいる。さらに，4冊中3冊で取り上げられた文献では，経済学・地理学の文献が若干多いものの，分野ごとの傾向はほとんど見ることが出来ず，幅広い視点から幅広い対象を取り扱っている。

また，重複することが少なかったため，上記文献に挙がってはいないものの，多く取り上げられていた研究者として，Archer, Buhalis, Fletcher, Jafari, Page, Towner, そしてUNWTO（World Tourism Organization: 世界観光機関）関連の文献があった。

一方，日本の文献で「古典」として挙げられることの多い，Mariotti（1828）*Lezioni di Economia Turistica* や，Bormann（1930）*Die lehre von Fremdenverkehr*, Glucksman（1935）*Allegemeine Fremdenverkehrskunde* などは，原文が英語ではないことも影響していると考えられるが，参考文献としては挙がらなかった。

そのほかに，シリーズ全体が4冊で取り上げられていたのは，Cooper, C. ed.（1989～）*Progress in Tourism, Recreation and Hospitality Management* であった。

3　目次からの調査

(1) 調査の方法と手続き

次に，頻出の文献のうち入門書・概論書を改めて選び出し，さらに最近の入

表–3　英文文献を対象とした調査結果

4冊掲載	3冊掲載	
Plog (1974)	Clawson [1966] (1971)	Smith eds [1992] (1996)
MacCannell (1976)	Cohen (1972)	Poon [1993] (1996)
Smith ed (1977)	Gunn [1972] (1997)	Shaw, Williams [1994] (2002)
De kadt (1979)	Bryden (1973)	Swarbrooke [1995] (2002)
Middleton (1988)	Burkart, Medlik [1974] (1981)	Sinclair, Stabler (1997)
Smith [1977] (1989)	Wahab, Crampon, Rothfield (1976)	Hall, Page (1999)
Urry [1990] (2002)	Gunn [1979] (2002)	O'Connor (1999)
Inskeep (1991)	Butler (1980)	Swarbrooke, Horner [1999] (2006)
	Pearce [1981] (1989)	Song, Witt (2000)
	Murphy [1985] (1986)	World Tourism Organization (2000)
	Pearce [1987] (1995)	Graham [2001] (2004)
	Krippendorf [1987] (1999)	World Tourism Organization (2001)
	Latham (1989)	Fyall, Brain, Leask, Wanhill (2003)
	Poon (1989)	Shaw, Williams (2004)
	Gilbert (1991)	

注：筆者［初版年］（改版年）

門書・概論書を加えて，それらの内容・構成の変遷について目次を整理することで，観光研究の大きな流れを把握することにした。対象とした入門書・概論書は次の8冊である（表–4）。英文の文献は，既述の概論書4冊を対象とした。

なお，もっとも大きな項目を対象とし，小さな項目（節や項等）は含めなかった。

(2)　目次から見る観光研究の対象とその変化

日本語文献の入門書・概論書の目次を見ると，次のような点を指摘することができる（表–5）。

すべての文献で共通しているのは，観光または観光事業の歴史を扱っている点である。観光の歴史を日本と外国に分けて記述している文献もある。次いで，観光の定義や概念について議論するのが観光学（論）の使命の一つであり，観光をめぐって議論を始める前に操作的にその定義や概念を確認する必要がある

表-4　調査3で取り扱った入門書・概論書

著者名	書名	初版出版年
田中喜一	観光事業論	1950
岡庭博	観光論概要	1969
鈴木忠義編	現代観光論	1974
末武直義	観光論入門	1974
前田勇編	観光概論	1979
塩田正志・長谷政弘編	観光学	1994
前田勇編	現代観光総論	1995
岡本伸之編	観光学入門	2001

といえるが，それが多くの入門書・概論書で行なわれていることが分かる。

同様に多くの文献で取り上げられているのは，観光による地域振興，観光関連事業，観光政策・行政，観光行動（動機・心理），観光資源，観光と経済である。観光関連事業については，時代が新しくなるにつれて，宿泊業や旅行業，交通業といった具体的な産業として取り上げている。また，観光研究そのものの系譜や展望についても，多くの文献において扱われている。

1990年代以降の新しい分野として，環境，情報，地域社会・文化，観光教育，人材開発，風景・景観などがある。1970年代の文献に登場する「宣伝」という表現は，1990年代におけるマーケティングに相当するものといえる。

次に英文の4冊の目次を概観すると，いくつかの共通点が明らかになってくる。

観光の構造を「需要」と「供給」として捉え，需要側である観光者の行動をふまえ，供給側である産業（旅行業・宿泊業，観光施設など）・行政の取るべき方策について論じている。

また，既存の研究分野からのアプローチとして，一部で社会学やマーケティングが章立てとして取り上げられているものの，全体として，観光現象を個別の学問領域から捉えるといった切り口ではなく，観光が及ぼす「影響・効果」という観点から学際的な視点でまとめ上げている点に特徴がある。加えて，観光開発に伴う環境への負荷や，情報技術の発達が観光に及ぼす影響を新しい観

表-5　調査3の結果

文献／分野	田中(1950)	岡庭(1969)	鈴木(1974)	末武(1974)	前田(1978)	塩田・長谷(1994)	前田(1995)	岡本(2001)
歴史	○	○	○	○	○	○	○	○
概念・定義	○	○	○	○	○		○	○
観光振興	○	○	○	○	○	○	○	
事業	○	○	○	○	○	○	○	
政策・行政	○	○	○		○	○	○	○
動機・心理	○		○	○	○	○	○	○
資源		○		○	○	○	○	○
事業各論		○	○	○	○	○		○
経済	○	○				○	○	○
交通			○		○		○	○
観光研究		○	○		○	○		○
観光の展望	○		○		○	○		
ホテル			○		○		○	
旅行業			○		○		○	
国際観光			○	○		○		
マーケティング					○	○		○
環境							○	○
情報							○	○
地域社会・文化							○	○
効果・影響						○	○	
余暇					○		○	
宣伝			○	○				
教育							○	
人材							○	
統計	○							

光の動向として重視している。

(3) 考察

英文の文献では，構成・目次にある程度の決められた枠組みが見られるが，日本語文献では，編者や中心的な執筆者の関心や観光に対するとらえ方が強く反映され，構成や内容に影響を与えているといえる。

4　まとめ

(1) 日本と海外の比較

本稿における調査の結果，観光研究の領域の多様化や細分化，専門化が進んでおり，同時に研究者が増加していることが明らかになった。また，研究の対象や方法も多様化し，学際的な接近の必要性とともに，既存の研究成果の統合が十分に試みられていないという課題も指摘することができる。こうした特徴は，観光学の系譜に関する既存の議論，例えば，岡庭（1969），鈴木（1974），前田（1979），塩田・長谷（1994），岡本（2001）にも沿うものである。

海外での研究においても，研究結果として記述されている内容は，日本の状況とほぼ変わらないものの，「観光学」の方向性についてまとめる作業（Pearce and Butler, 1993 = 安村監訳，1995，Smith, 1995など）や，必読文献の再録（Williams ed., 2004など），方法論の検討（Dann, Nash, Pearce, 1988, Veal, 1997など）が積極的に行なわれている。それに対して，日本では，例えば観光に特化した研究・調査法をまとめた文献はない。

(2) 観光研究の多様化と統合

また，学問分野としての「観光」の位置づけについては，これまで多くの論者が指摘してきたように，「学際的研究領域」であると考えられ，その切り口としては現象面からのアプローチが多いため多岐にわたるとともに，分析視点・まとめ方・研究方法論が各研究者によって異なった形で行なわれた上で統合されている。

しかしながら，これも多くの指摘があるが，前述のように観光研究が20世紀以降に本格的に始まった新しい学問分野である，対象が広範囲に広がっている，各研究者による用語の「操作的定義」が行なわれてきた，使用されている用語について「通俗的な概念」「統計上の定義」「独自の定義」が混在する（武内・中村，2002）といったことから，独立した「学問」として体系化がなされている分野とはいえない。また，個々の研究の方法論についても，新しい取り組みは多く見られるものの，その正確性が精査されるには至っていない。

こうした状況が日本における観光学概論書の構成や内容にも影響を与えている。概論書は分担執筆されることが多いが，例えば，どのような読者を対象としているのかが不明確であり，複数の執筆者による研究成果の羅列となりがちで，全体として編者の意図が伝わりづらくなった結果，観光研究の総論を示す機能に制限が生じやすい。

(3) 今後の課題

加えて，観光自体が現代的かつ複雑な社会現象であり，その形態の変化の速度も著しいことから，本稿で取り上げた概論書の目次，参考文献として扱われている文献の統一性が見られないことが示すように，結果として研究対象として取り上げる部分・取り扱い方も多岐にわたり，統一した視点（ディシプリン）で捉えることが困難な側面がある。

しかし，観光研究の中で多様化し，細分化したそれぞれの分野において，どのような研究成果がのちの研究に影響を与えたかについて整理することが必要であり重要である。また，例えば，同じ対象について異なる方法で接近した研究同士の影響についても精査が求められるだろう。こうした取り組みが今後の観光研究の発展に不可欠である。

高等教育・研究機関で観光が取り上げられる機会が増大している現在において，上記の課題に本格的に取り組むことが強く求められることはいうまでもない。

別添資料

資料-1　田中喜一（1950）観光事業論

第１章　緒論

第２章　観光事業の史的発展

第３章　観光の決定要因

第４章　観光の統計的考察

第５章　観光事業の経済的構成

第６章　観光事業運営の組織

第７章　観光政策の基本問題

第８章　観光事業の振興方策

第９章　我国観光事業の再建

参考文献

資料-2　岡庭博（1969）「観光論概要」

第１編　観光の基礎概念と観光学

第２編　観光の対象

第３編　観光経済論

第４編　観光政策論

第５編　観光事業論

第６編　観光事業各論

資料-3　鈴木忠義（1974）「現代観光論」

１章　「観光」の概念と観光の歴史

２章　観光研究の成立と展開

３章　観光欲求と観光行動

４章　自然観光資源

５章　人文観光資源

６章　観光事業の性格と構成

７章　観光と交通事業

８章　旅行斡旋業

９章　宿泊業

10章　観光宣伝と接遇
11章　観光関連事業
12章　観光と地域開発
13章　観光地計画
14章　観光行政と国内観光政策
15章　国際観光政策
16章　観光の諸効果と現代的意義
17章　観光論の性格と体系
文献案内

資料−4　末武直義（1974）「観光論入門」
第1章　観光の基本概念
第2章　観光欲求と観光動機
第3章　観光の歴史
第4章　観光対象
第5章　観光事業
第6章　観光開発
第7章　観光産業
第8章　観光宣伝活動
第9章　国際観光
資料　観光基本法

資料−5　前田勇（1978）「観光概論」
第1講　現代観光の構造
第2講　観光の歴史
第3講　余暇と観光
第4講　観光行動と観光心理
第5講　観光対象と観光資源
第6講　観光の諸効果
第7講　観光事業の性格と構成
第8講　交通業
第9講　宿泊業
第10講　旅行業
第11講　観光関連事業
第12講　観光とマーケティング

第13講　観光開発

第14講　観光政策と観光行政

第15講　現代観光の課題－むすびにかえて－

付　観光研究の手引

資料-6　塩田正志・長谷政弘（1994）「観光学」

第1章　観光学の研究対象と研究方法

第2章　観光の歴史

第3章　観光者行動

第4章　観光対象と観光商品

第5章　観光市場

第6章　観光・レジャー産業

第7章　観光ビジネスの経営

第8章　観光マーケティング

第9章　観光開発

第10章　観光地の運営

第11章　観光の影響・効果Ⅰ

第12章　観光の影響・効果Ⅱ

第13章　観光と地域経済

第14章　観光と国際経済

第15章　観光政策

資料-7　前田勇編（1995）「現代観光総論」

第1章　「観光」の概念

第2章　観光の世界史

第3章　観光の日本史

第4章　観光の諸制度

第5章　観光の影響と効果

第6章　観光と経済

第7章　観光と情報

第8章　観光と環境

第9章　観光と地域社会

第10章　観光における開発と保護

第11章　余暇活動としての観光

第12章　観光行動を成立させるもの

第13章　観光行動の対象（１）

第14章　観光行動の対象（２）

第15章　観光と教育・福祉

第16章　観光と交通

第17章　観光と宿泊

第18章　観光に関連する諸事業

第19章　観光と旅行業

第20章　観光事業の労働と人材

資料–8　岡本伸之編（2001）「観光学入門」

第１章　観光と観光学

第２章　観光の歴史

第３章　観光と行動

第４章　観光情報と観光情報産業

第５章　観光と交通

第６章　観光地と観光資源

第７章　観光と環境

第８章　観光と文化

第９章　観光施設

第10章　観光と経済

第11章　観光消費

第12章　観光政策

第13章　観光と地域社会

第14章　観光と風景

第15章　観光産業と投資

資料–9

Page, S. J. and J. Connell［2001］（2006）*Tourism: A Modern Synthesis, Second Edition*, London, Thomson Learning, 546p.（未邦訳）

〈第１部　観光の理解（Understanding Tourism）〉

第１章　観光論入門：テーマ，概念，論点（Introduction to Tourism: Themes, Concepts and Issues）

第２章　観光の発展と展開（The Evolution and Development of Tourism）

第３章　観光需要（Understanding Tourism Demand）

第４章　消費者としての観光者（Understanding the Tourist as a Consumer）

〈第２部　観光産業（Understanding the Tourism Industry）〉

第５章　観光における「供給」の理解と運営（Understanding and Managing Tourism Supply）

第６章　情報コミュニケーション技術と e-tourism（Information Communication Technologies and e-tourism）

第７章　旅行の仲介者：ツアーオペレーターと旅行業（Travel Intermediaries – Tour Operators and Travel Agents）

第８章　観光者の輸送（Transporting the Tourist）

第９章　観光魅力（Visitor Attractions）

第10章　宿泊施設とホスピタリティサービス（Tourism Accommodation and Hospitality Services）

〈第３部　観光事業の運営と訪問者とのコミュニケーション〉（Managing Tourist Operations and Communicating with the Visitor）

第11章　観光事業における人的資源管理（Human Resource Management in Tourism）

第12章　観光事業における資金供給（Financing Tourism Operations）

第13章　観光と起業家精神（Tourism and Entrepreneurship）

第14章　観光における公的部門の役割（The Role of the Public Sector in Tourism）

第15章　観光マーケティング（Marketing Tourism）

第16章　観光地のマーケティング（Marketing Tourism Destinations）

〈第４部　観光のインパクト（The Impact of Tourism）〉

第17章　経済的インパクト（Economic Impacts）

第18章　社会・文化的インパクト（Social and Cultural Impacts）

第19章　環境へのインパクト（Environmental Impacts）

第20章　持続可能性への挑戦（The Challenge of Sustainability）

〈第５部　観光資源利用の傾向とテーマ（Trends and Themes in the use of Tourist Resources）〉

第21章　都市観光（Urban Tourism）

第22章　農村観光（Rural Tourism）

第23章　海浜リゾート・観光（Coastal and Resort Tourism）

第24章　発展途上地域における観光（Tourism in the Less Developed World）

〈第６部　観光体験の運営（Managing Tourism Activities）〉

第25章　観光経験の計画と運営（Planning and Managing the Tourist Experience）

第26章　観光者の健康と安全：グローバルな挑戦（Tourist Health and Safety: Global Challenges for Tourism）

第27章　観光の将来（The Future of Tourism）

資料−10

Cooper, C., J. Fletcher, A. Fyall, D. Gilbert and S. Wanhill [1993]（2005）*Tourism: Principles and Practice*, Third Edition, Essex, Pearson Education, 810p.（未邦訳）

〈第0部　観光論入門（Introduction to Tourism）〉

〈第1部　観光需要（Tourism Demand）〉

第1章　観光需要のマネジメント（Managing Tourism Demand）

第2章　観光における消費者行動（Tourism Consumer Behaviour）

第3章　観光需要の測定（Measuring Demand for Tourism）

第4章　観光における需要の決定要因と予測（Tourism Demand Determinants and Forecasting）

〈第2部　観光地（The Tourism Destination）〉

第5章　観光の経済的インパクト（The Economic Impact of Tourism）

第6章　観光の環境へのインパクト（The Environmental Impact of Tourism）

第7章　観光の社会・文化的インパクト（The Socio-cultural Impacts of Tourism）

第8章　サスティナブル・ツーリズム（Sustainable Tourism）

第9章　観光と開発計画（Tourism and Development Planning）

〈第3部　観光事業（The Tourism Sector）〉

第10章　アトラクション（Attractions）

第11章　宿泊産業（Accommodation）

第12章　仲介業（Intermediaries）

第13章　運輸業（Transportation）

第14章　公的部門と政策（Public Sector and Policy）

〈第4部　観光マーケティング（Marketing for Tourism）〉

第15章　観光マーケティング：歴史的流れ（Marketing for Tourism – the Historical Roots）

第16章　観光マーケティングの管理（Managing Marketing for Tourism）

第17章　マーケティング計画（Marketing Planning）

第18章　マーケティングミックスの適用（Marketing Mix Applications）

〈第5部　観光の発展（Developments in Tourism）〉

第19章　観光における情報技術（Information Technology in Tourism）

第20章　観光の将来：観光を取り巻く外的環境の傾向と問題（The Future of Tourism: Trends and Issues Beyond our Control）

第21章　観光の将来：観光事業が対応可能な傾向と問題（The Future of Tourism: Trends and Issues Within our Control）

資料−11

Goeldner, C. R. and J. R. Brent Ritchie [1971]（2006）*Tourism: Principles, Practices, Philosophies,*

Tenth Edition, New Jersey, Willey, 590p.（未邦訳）

〈第 1 部　観光のあらまし（Tourism Overview）〉

第 1 章　観光の展望（Tourism in Perspective）

第 2 章　観光の歴史（Tourism Through the Ages）

第 3 章　就職について（Career Opportunities）

〈第 2 部　観光の組織（How Tourism is Organized）〉

第 4 章　世界・国・地域・その他の組織（World, National, Regional, and Other Organizations）

第 5 章　旅客輸送（Passenger Transportation）

第 6 章　ホスピタリティ産業と関係するサービス（Hospitality and Related Service）

第 7 章　流通過程における組織（Organization in the Distribution Process）

第 8 章　アトラクション・エンターテイメント・レクリエーションなど（Attractions, Entertainment, Recreation, and Other）

〈第 3 部　観光行動（Understanding Travel Behavior）〉

第 9 章　観光旅行動機（Motivation for Pleasure Travel）

第10章　人生を豊かにする文化・国際観光（Cultural and International Tourism for Life's Enrichment）

第11章　観光の社会学（Sociology of Tourism）

〈第 4 部　観光の供給・需要・政策・計画・開発（Tourism Supply, Demand, Policy, Planning, and Development）〉

第12章　観光の構成要素と供給（Tourism Components and Supply）

第13章　観光需要の決定要素と予測（Measuring and Forecasting Demand）

第14章　観光の経済的インパクト（Tourism's Economic Impact）

第15章　観光政策：構成・内容・過程（Tourism Policy: Structure, Content, and Process）

第16章　観光計画・開発・社会的配慮（Tourism Planning, Development, and Social Considerations）

第17章　観光と環境（Tourism and Environment）

〈第 5 部　観光研究と観光マーケティング（Essentials of Tourism Research and Marketing）〉

第18章　観光研究（Travel and Tourism Research）

第19章　観光マーケティング（Tourism Marketing）

〈第 6 部　観光の展望（Tourism Prospects）〉

第20章　観光の将来（Tourism's Future）

資料−12

Wall, Geoffrey. and Mathieson, A.［1988］（2006）*Tourism: Change, Impact and Opportunities*, Second Edition, Essex, Pearson Education, 412p.

第 1 章　イントロダクション（Introduction）

第２章　フレームワーク（Frameworks）

第３章　変化の理解（Understanding Change）

第４章　経済的影響（Economic Consequences）

第５章　環境的影響（Environmental Consequences）

第６章　社会的影響（Social Consequences）

第７章　持続可能な発展（Sustainable Development）

第８章　結論（Conclusions）

資料–13　調査２の詳細

１）４冊で取り上げられていた文献（初版年代順）

Plog, C.（1974）Why Destination Areas Rise and Fall in Popularity, *Cornell Hotel and Restaurant Quarterly*, 14（４）, 55–58.

MacCannell, D.（1976）*The Tourist: A New Theory of the Leisure Class*, University of California Press.

Smith, V. ed［1977］（1989）*Hosts and guests: The Anthropology of Tourism*, Second Edition, University of Pennsylvania Press.（Second Edition ＝ 三村浩史監訳（1991）観光・リゾート開発の人類学，勁草書房.）

De kadt, E.（1979）*Tourism - Passport to Development ? : Perspectives on the Social and Cultural Effects of Tourism in Developing Countries*, A World Bank Research Publication.

Middleton, V., J, Clarke.［1988］（2001）*Marketing in Travel and Tourism*, Third Edition, Butterworth-Heinemann.

Smith, S.［1989］（1996）*Tourism Analysis*, Second Edition, Prentice Hall.

Urry, J.［1990］（2002）*The Tourist Gaze*, Second Edition, Sage Publications.（First Edition ＝ 加太宏邦訳（1995）観光のまなざし，法政大学出版局.）

Inskeep, E.（1991）*Tourism Planning: An Integrated and Sustainable Development Approach*, Van Nostrand Reinhold.

２）３冊で取り上げられていた文献

Clawson, M., J, knetsch.［1966］（1971）*The Economics of Outdoor*, RFF Press.

Cohen, E.（1972）Toward a Sociology of International Tourism, *Social Research*, 39（２）, 164–182.

Gunn, C.［1972］（1997）*Vacationscape: Developing Tourist Areas*, Taylor & Francis.

Bryden, J.（1973）*Tourism and Development: A Case Study of Commonwealth Caribbean*, Cambridge University Press.

Burkart, A., S. Medlik.［1974］（1981）*Tourism: Past, Present and Future*, Second Edition, Wm Collins & Sons.

Wahab, S., Crampon, L, Rothfield. (1976) *Tourism Marketing: a Destination - Orientated Programme for the Marketing of International Tourism*, Tourism International Press.

Gunn, C. [1979] (2002) *Tourism Planning*, Forth Edition, Routledge.

Butler, R. (1980) The Concept of a Tourist Area Cycle of Evolution: Implications for Management of Resources, *Canadian Geographer*, 24, 5-12.

Pearce, D [1981] (1989) *Tourist Development*, Second Edition, Longman Publishing Group.

Murphy, P. [1985] (1986) *Tourism: A Community Approach*, New Edition, Routledge.（＝大橋泰二監訳（1996）観光のコミュニティ・アプローチ，青山社.）

Pearce, D. [1987] (1995) *Tourism Today: A Geographical Analysis*, Second Edition, Longman Group. (Second Edition = 内藤嘉昭監訳（2001）現代観光地理学，明石書店.）

Krippendorf, J. [1987] (1999) *The Holiday Makers*, New Edition, Butterworth- Heinemann.

Latham, F. (1989) The Statistical Measurement in Tourism and Recreation, C, Cooper ed. Progress in Tourism, *Recreation and Hospitality Management*, Belhaven Press, 55-76.

Poon, A. (1989) Competitive Strategies for a 'New Tourism', C, Cooper ed. *Progress in Tourism, Recreation and Hospitality Management*, Belhaven Press, 91-102.

Gilbert, D. (1991) Conceptual Issues in the Meaning of Tourism, C, Cooper ed. *Progress in Tourism, Recreation and Hospitality Management*, Vol. 2, Belhaven Press, 4-27.

Bull, A. (1991) *The Economics of Travel and Tourism*, Longman.

Gilbert, D. (1991) An Examination of the Consumer Behaviour Process Related, C, Cooper ed. *Progress in Tourism, Recreation and Hospitality Management*, Vol. 3, Belhaven Press, 78-105.

Smith, V., Eadington, W. eds. [1992] (1996) *Tourism Alternatives: Potentials Problem in the Development of Tourism*, New Edition, University of Pennsylvania Press.（＝安村克己他訳(1996) 新たな観光のあり方：観光の発展の将来性と問題点，青山社.）

Poon, A. [1993] (1996) *Tourism, Technology and Competitive Strategies*, New Edition, CABI.

Shaw, G., A, Williams [1994] (2002) *Critical issues in Tourism: A Geographical Perspective*, Second Edition, Blacwell.

Swarbrooke, J. [1995] (2002) *Development and Management of Visitor Attractions*, Second Edition, Butterworth- Heinemann.

Sinclair, T., M, Stabler. (1997) *The Economics of Tourism*, Routledge.（＝小沢健市監訳（2001）観光の経済学，学文社.）

Hall, M., S, Page. (1999) *The Geography of Tourism and Recreation: Environment, Place, and Space*, Routledge.

O'Connor, P. (1999) *Electronic Information Distribution in Tourism and Hospitality*, CABI.

Swarbrooke, J., S, Horner. [1999] (2006) *Consumer Behaviour in Tourism*, Second Edition, Butterworth- Heinemann.

Song, H., F, Witt. (2000) *Tourism Demand Modelling and Forecasting*, Pergamon.

World Tourism Organization (2000) *The Tourism Satellite Account*.

Graham, A. [2001] (2004) *Managing Airports: An International Perspective*, Second Edition, Butterworth- Heinemann

World Tourism Organization (2001) *Tourism2020 Vision*.

Fyall, A., Brain, G., A, Leask. and S, Wanhill. (2003) *Managing Visitor Attractions*, Butterworth-Heinemann.

Shaw, G., A, Williams. (2004) *Tourism and Tourism Spaces*, Sage Publications.

参考文献

青木栄一・山村順次（1976）：「日本における観光地理学研究の系譜」人文地理学，28-2，pp. 57-80.

朝日新聞社編（2002）：『観光学がわかる』朝日新聞社，p. 176.

伊藤久子（2001）：「明治時代の外国人内地旅行問題――内地旅行違反をめぐって」横浜開港資料館紀要第19号，pp. 129-132.

井上万壽蔵（1957）：『観光教室』朝日新聞社，p. 236.

イブン・バットゥータ著，イブン・ジュザイイ編，家島彦一訳注（1996-2002）：『大旅行記』全8巻，平凡社東洋文庫，p. 418他.

岩崎爾郎・加藤秀俊（1971）：『昭和世相史』社会思想社，p. 365.

上田卓爾（2005）：「観光学における『観光』の歴史的用例について――『観光丸』から『観光』を見直す」pp. 32-48,「第11回観光に関する学術論文入選論文」財団法人アジア太平洋観光交流センター，pp. 34-39.

上原敬二（1943）：『日本風景美論』大日本出版社，p. 442.

大久保あかね（2003）：「近代日本における日本旅館の成立と変遷」立教大学学位論文，p. 60.

大鹿武（1987）：『幕末・明治のホテルと旅券』築地書館，p. 245.

大島延次郎（1955）：『本陣の研究』吉川弘文舘，p. 191.

岡庭博（1969）：『観光論概要』法律文化社，p. 314.

岡本伸之編（2001）：『観光学入門』有斐閣アルマ，p. 370.

岡谷公二（2005）：『絵画のなかの熱帯』平凡社，p. 282他.

小沢健市（1989）：「文献から見た観光学の研究領域」観光産業，No. 6，pp. 49-68.

加藤則芳（2000）：『日本の国立公園』平凡社新書，p. 268他.

観光基礎概念研究会（1998）：「『観光・観光資源・観光地』の定義」観光研究，Vol. 9 No. 2，pp. 35-37.

観光行政研究会編（1995）：「観光立国への戦略―解説　観光政策審議会答申『今後の観光政策の基本的な方向』」社団法人日本観光協会，p. 215.

観光法規研究会（1963）：『観光基本法解説』学陽書房，p. 310.

岸衛（1962）：『観光立国』東京ニューズ通信社，p. 165.

岸井良衛（1973）：『新修五街道細見』青蛙房，p. 168.

木村吾郎（2006）：『日本のホテル産業100年史』明石書店，p. 376.

九鬼周造（1930）:『「いき」の構造』岩波書店，p. 211.
久米邦武編（1977）:『米欧回覧実記（一）』岩波書店，p. 425.
ケンペル，E（1977）:『江戸参府旅行日記』東洋文庫，p. 371.
国土交通省（2007）:『観光白書』.
国土交通省総合政策局観光政策課（2007）:「観光立国推進基本計画」国土交通省総合政策局観光政策課，p. 74.
小谷達男（1994）:『観光事業論』学文社，p. 170.
児玉幸多（1960）:『日本交通史』吉川弘文館，p. 401.
小山靖憲・笠原正夫（2003）:『南紀と熊野古道』吉川弘文館，p. 234.
コルバン，A（2000）渡辺響子訳:『レジャーの誕生』藤原書店，p. 560他.
澤木康昭（2000a）:「『観光丸』蒸気船から宇宙船へ２」観光文化，No.141，2000年５月，p. 23.
澤木康昭（2000b）:「『観光丸』蒸気船から宇宙船へ３」観光文化，No.142，2000年７月，p. 20.
塩田正志（1994）:『観光学研究Ⅰ』学術選書，p. 207.
塩田正志（1999）:『観光学研究Ⅱ』学術選書，p. 207.
塩田正志・長谷政弘編（1994）:『観光学』同文館，p. 291.
芝桂子（1997）:『近世おんな旅日記』吉川弘文館，p. 213.
末武直義（1974）:『観光論入門』法律文化社，p. 126.
鈴木忠義（1974）:『現代観光論』有斐閣双書，p. 291.
鈴木忠義（1987）:「『観光学』を求めて」観光研究，Vol. 1 No. 1・2，pp. 2-5.
須藤廣・遠藤秀樹（2005）:『観光社会学――ツーリズムの冒険的試み』明石書店，p. 229.
総理府審議室編（1980）:『観光行政100年と観光政策審議会30年の歩み』内閣総理大臣官房審議室，p. 634.
高井薫（1991）:『観光の構造』行路社，p. 212.
高寺奎一郎（2004）:『貧困のためのツーリズム』古今書院，p. 214.
高田真治・後藤基巳訳（1993）:『易経　上』岩波書店，p. 266.
武内一良・中村哲（2002）:「観光研究における基礎用語の分析」総合観光研究，No. 1，pp. 95-106.
田中角栄（1972）:『日本列島改造論』日刊工業新聞社，p. 219.
田中喜一（1950）:「観光事業論」観光事業研究会，p. 375.
淡野明彦（2005）:「地理学における観光研究の系譜と方向」，pp. 1-18，江口信清編著『総合的現象としての観光』晃洋書房，p. 184.
鶴田英一（1994）:「観光地理学の現状と課題――日本と英語圏の研究の止揚に向けて」人文地理，第46巻第１号，pp. 66-84.

寺前秀一（2006）:『観光政策・制度入門』ぎょうせい，p. 266.
内閣総理大臣官房審議室（1968）:『第9回観光政策審議会専門委員会議事録』内閣総理大臣官房審議室，p. 138.
内閣総理大臣官房審議室（1968）:『第10回観光政策審議会専門委員会議事録』内閣総理大臣官房審議室，p. 98.
内閣総理大臣官房審議室（1982）:「望ましい国内観光の実現のために」総理府，p. 89.
中谷健太郎（1983）:『たすきがけの湯布院』アドバンス大分，p. 252.
中村浩美（2003）:『読んで愉しい　旅客機の旅』光文社新書，p. 270他.
日本交通公社編（1982）:『日本交通公社七十年史』日本交通公社.
日本ホテル研究会編著（1993）:『ホテル業の現状と将来』柴田書店，p. 239.
日本交通公社（1962）:『五十年史』日本交通公社，p. 418.
日本交通公社（1971）:『観光地の評価手法』日本交通公社，p. 155.
日本交通公社（1974）:『余暇社会の旅』日本交通公社，p. 203.
日本交通公社（1980）:『観光調査統一化に関する研究』日本交通公社，p. 92.
日本交通公社編（1994）:『観光読本』東洋経済新報社，p. 233.
バード，I（1973）:『日本奥地紀行』東洋文庫，p. 385.
橋本俊哉（1995）:「江戸後期の『お伊勢参り』の旅に見る行動特性――『参宮日記』の分析をもとに」応用社会学研究（立教大学社会学部研究紀要）37.
橋本俊哉（2006）:「我が国の旅行業務のめばえ」，前田勇編『現代観光総論 第3版』学文社，p. 188.
韓志昊・臺純子（2006）:「内容分析による観光研究の成果・現状・課題――日本観光研究学会全国大会論文集を資料として」，pp. 229-232，『日本観光研究学会全国大会学術論文集，第21回』.
深井甚三（1997）:『江戸の旅人たち』吉川弘文館，p. 221.
ボールマン，A.（1981）:『観光学概論』橘書院，p. 212.
本城靖久（1994）:『グランド・ツアー――英国貴族の放蕩修学旅行』中公文庫，p. 309他.
マリオッティ，A.（1934）:『観光経済学講義』国際観光局，p. 324.
前田勇（1978）:『観光概論』学文社，p. 160.
前田勇（2002）:「旅館の特徴としての“曖昧性”に関する分析」立教大学観光学部紀要第4号，pp. 1-18.
前田勇編（1995）:『現代観光総論』学文社，p. 230.
前田勇（1987）:「観光研究における方法論に関する一考察　学際的観点から」観光研究，Vol. 1 No. 1・2，p. 6-13.
溝尾良隆（1993）:「『観光』の定義をめぐって」立教大学応用社会学研究35，pp. 39-48.
溝尾良隆ほか（1986）:『旅行業』東洋経済新報社，p. 259.

溝尾良隆（1994）:『観光を読む　地域振興への提言』古今書院，p. 206.
溝尾良隆（1998）:『ご当地ソング讃』東洋経済新報社，p. 174.
溝尾良隆（2003）:『観光学　基本と実践』古今書院，p. 149.
溝尾良隆（2001）:「観光地と観光資源」，pp. 119-146，岡本伸之編著『観光学入門』有斐閣，p. 370.
溝尾良隆（1995）:「観光産業」pp. 735-752，産業学会編『戦後の産業史』東洋経済新報社，p. 1255.
宮林広（1980）:「戦前・戦後の観光行政」『観光』日本観光協会，４月号.
宮本常一（1987a）:『旅の発見』弥栄書房，p. 263.
宮本常一（1987b）:『伊勢参宮』弥栄書房，p. 263.
村上和夫・小濱哲（1987）:「引用文献分析からみる観光研究と社会科学の学問的交流 "Annals of Tourism Research" を資料として」観光研究，Vol. 2 No. 1・2，pp. 10-17.
モーリー，J（1993），桐敷真次郎訳：『古代ローマの別荘（ヴィラ）』三省堂図解ライブラリー，p. 50他.
安村克己（2001）:『観光：新時代をつくる観光現象』学文社，p. 272.
安村克己（1996）:「観光社会学の現状と課題」社会学評論，47，pp. 366-377.
安村克己（1998a）:「観光研究における学際的アプローチの現状と課題」観光研究，Vol.10 No. 1，pp. 11-18.
安村克己（1998b）:「Annals of Tourism Research（1985-94）にみる観光研究の最近の動向」北見大学論集，第39号，pp. 97-109.
安村克己（2001）:『社会学で読み解く観光』学文社，p. 272.
山崎光博（2005）:『ドイツのグリーンツーリズム』農林統計協会，p. 217.
除野信道編（1997）:『新・観光社会経済学』内外出版，p. 289.
立教大学観光学部（2007）:「特集ヒルステーション」交流文化，Vol. 6，pp. 2-39他.

（法令）「観光立国推進基本法」，p. 15.

Colton, Craig. W. (1987), "Leisure, Recreation, Tourism: A Symbolic Interractionism View." *Annals of Tourism Research*, Vol. 14, pp. 345-360.
Cooper, C (2003), *Classic Reviews in Tourism*. Multilingual Matters.
Couch, C., Fraser, C. and Percy, S. (2003),*Urban Regeneration in Europe*. Blackwell Publishing, p. 234.
Dann, G., D, Nash. and P, Pearce. (1988) "Methodology in Tourism Research," *Annals of Tourism Research*, Vol. 15, pp. 1-28.
Dumazedier, J. (1976), *Vers une Civilosation du Loisir?*［＝中島巌訳（1972）「余暇文明に向かっ

て」東京創元社］, p 334.

Glücksmann, Robert (1935), *Allgemeine Fremdenverkehr*［グリュックスマン, R. (1940)：『観光事業概論』国際観光局］, p. 2

Goeldner, C. and J. R. Brent Ritchie (2006), *Tourism: Principles, Practices, Philosophies,* Tenth Edition. Hoboken, New Jersey: John Wiley & Sons, Inc., p. 590.

Gunn, C. A. (1988), *Tourism Planning.* Taylor & Francis, p. 357.

Harlow, England; New York: Pearson Prentice Hall, p. 412 Jafari, J. (1989) An English Language Literature Review, L, Bystrzanowski ed. *Tourism as a Factor of Change: A Sociocultural Study,* Centre for Research and Documentation in Social Sciences, pp. 91-102.

Holloway, J Christopher (2002), *The Business of Tourism sixth edition.* Pearson Educational Limited, p. 404.

Jafari, J. ed. (2000), *Encyclopedia of Tourism.* London: Routledge, p. 683.

Mathieson, A. and Wall, G. (1982), *Tourism Economic, Physical and Social Impact.* Longman Scientific & Technical, p. 208.

McIntosh, Robert Woodrow (1972), *Tourism: Principles, Practices, and Philosophies.* Columbus, Ohio: Grid, Inc., p. 268

Murayama, Meiko (2004), *Understanding Urban Tourism: The Regeneration and Development of Amenity in Birmingham, UK.* Bunshindo, p. 156.

Pearce, D., and Butler, R. (1993), *Tourism Research: Critiques and Challenges.* Routledge.［=安村克己監訳（1995）『観光研究の批判的挑戦』青山社］

Rothman, H. K. (1998), *Devil's Bargains.* University Press of Kansas, p. 149.

Smith, S. L. J (1989), *Tourism Ana 1ysis.* Longman Scientific & Technical, p. 312.

Smith, V. L. (1989), Hosts and Guests, *The Anthropology of Tourism,* 2 nd ed. University of Pennsylvania Press, p. 341.

Tribe, J. et al. (2000), *Environmental Management for Rural Tourism and Recreation.* Cassell, p. 4.

Veal, A. (1997), *Research Method of Leisure and Tourism,* Second Edition. Prentice Hall.

Wall, G. and Mathieson, A. (2006), *Tourism: change, impacts and opportunities.*Prentice Hall.

William, A. M. and Shaw, G (1988), *Tourism and Economic Development.* Belhaven Press, p. 257.

Williams, S. (2004), *Tourism - Critical Concepts in the Social Science,* Volume. 1 - 4 . Routledge.

◆索　引◆

あ行

相沢韶男　54
青木建設　187，190
アグリツーリズム　121
アケメネス朝ペルシャ　91
アジェンダ21　124
アステカ文明　101
アストロラーベ　99
アナハイム　113
アナール学派　82，84
アメリカ　100，116
アモー（田舎）　122
アラブ　109
アルキメデス　92
アルプス山地　121
アルプス地方　89，122
アレクサンドリア　91，92
アレクサンドロス３世　85，90，92
「アンアン」　175
安近短　178
アンノン族　175
「いい日旅立ち」　179
イエローストーン　119，120
イエローストーン国立公園法　89，118，119
イギリス　122
異国趣味　109
イザナギ景気　169
イサベル女王　100
イスラム教　98
イスラム教徒　86，98
イスラム商人　98
イスラム世界　98
伊勢講　147，153
伊勢参宮　148
伊勢詣　146，147，148
「伊勢物語」　145
イタリア　93，101
イタリア紀行　2
イタリア商人　99
１日行動圏　55
一夜湯治　153，162
イッソスの戦い　91
一村一品運動　183
一般旅行業　174，181
移動遊園地　112
井上萬壽蔵　22，24
異文化理解　5
イブン・バットゥータ　３，85，86，97，98
移民　107
岩倉具視　155
石見銀山　86
インカ帝国　101
飲泉　95
インド　87，92，110
インド航路　99
インドの山岳鉄道群　111
インバウンド観光　192
ヴァザーリ　94
ヴァスコ・ダ・ガマ　99，101
ウィニー・メイ号　116
ヴィラ　93
ウィーン万国博覧会　105，112
ウェストン，ウォルター　162
ヴェスプッチ，アメリゴ　100
上田卓爾　20
ヴェネツィア　97，101
ヴェルヌ，ジュール　115
ウォール　69
歌川（安藤）広重　154
歌枕　142
「美しき日本」　47

雲仙　111
エイチ・アイ・エス　188
エウクレイデス　92
易経　19
EXPO　105
エキゾチシズム　109
駅前旅館　161
エクスカーショニスト　17
エクスレバン　94
エコツーリズム　8，90，121，123，193
エジプト　91
エック　175
エッフェル塔　105
「江戸参府旅行日記」　151
江戸幕府　105
エンリケ航海王子　99
オイルショック　178
王立鳥類保護協会　122
大型客船　107
大型帆船　99
大田南畝　154
おかげ参り　148
沖縄県　182
オギルヴィエ　15，60
「おくのほそ道」　153
御師　144，145，147，148
御師（の宿）　147
オーシャンライナー　87，107
オスマン・トルコ　99
尾瀬ヶ原　45
オートキャンプ場　76
オプショナルツアー　174
お雇い外国人　156
オリエンタリズム　109
オリエント　87
温泉　51，94
温泉地　86
温泉番付　154
温泉法　48
温泉保養地　96
温泉リゾート　95

か行

海外旅行　179，184，185
海外旅行者数　173
海外旅行倍増計画　186
外国人居留地　158
外国人利用率　176
外国人旅行免状　157
海水浴　104
回転木馬　112
街道宿場　153
街道宿場町　150，152
貝原益軒　154
海浜リゾート　103
回遊列車　22，161
海洋博覧会　182
海洋リゾート開発　89，121
カイロネイアの戦い　90
格安航空券　188
家族制度　167
家族制度の崩壊　168
勝海舟　20
葛飾北斎　154
金谷ホテル　158
カブラル　100
カプリ島　93
カラカラ帝　95
カラカラテルメ　96
カラカラ浴場　95
カリカット　99
仮本陣　152
軽井沢　111
カルカッタ　110
カルロス1世　100
カローネ　17
官営鉄道　160
環境容量（Carrying Capacity）　70
観光　15，16，24，29，37
観光案内　147
観光学　67，83
観光学史　81

観光館擇善堂　22
観光元年　168
観光基本法　4，24
「観光教室」　22
観光行政研究会　76
観光圏促進法　192
観光行動　43
観光史　81
観光事業　15，16，43
観光事業審議会　169
観光資源　32，43
観光施設　44
観光施設Ⅰ　44，49
観光施設Ⅱ　44
観光社　22
観光繻子　22
観光政策審議会　24，169
観光対象　43
観光地　54，168
観光縮緬　22
観光の意義と役割　1
観光の語源　19
観光の大衆化　72
観光の役割　4
観光白書　169
観光は平和へのパスポート　5
観光丸　20
観光立国　7，190
観光立国推進基本法　4，192
観光旅行　29，86，115
ガンダーラ美術　92
カンヌ　88
観梅列車　160
観楓列車　160
嗡瀛館　162
紀行文　145
気象　51
北大西洋航路　87
木賃宿　152
喜賓会　23
キプリング　158
キプリング，ラドヤード　157
喜望峰　99，110
キャメロン・ハイランド　111
キャンプ　116
キュナード，サミュエル　107
キュナード社　87，107
京都　55
郷土景観　52
吉里吉里国　183
ギリシア文明　92
キリスト教　86，95，98
近畿日本ツーリスト　181，191
近代ツーリズム　104
クィーン・エリザベス号　108
クィーン・メリー号　108
九鬼（周造）　69
「草津繁昌記」　150
クック，トーマス　87，88，102，104，115
クーポン式遊覧券　159
熊野行幸　144
熊野古道　144
熊野詣　143，144，146
クラス制　108
クラップ　16
クラブツーリズム　191
グランドツアー　85，87，101，102
グラント，ユリシーズ（大統領）　118
クリスタルパレス　87，105
グリュックスマン　15，60，61
グリーンツーリズム　8，90，121，122，123
鶏公山　111
ゲーテ　2
元　97
言語　52
現象学的　83
玄蕃寮　143
ケンペル，E.　151
ゴア　100
講　146
郊外ヴィラ　93

合計特殊出生率　189
講宿　153
香辛料　99，110
公正取引委員会　188
交通計画　35
光明皇后　143
高齢者障害者移動円滑法　192
高齢者人口　189
高齢者の旅行　168
コーエン　18
五街道　150，151
「五街道細見」　154
ゴーギャン　109，110
国際観光温泉文化都市建設法　170
国際観光協会　159
国際協力機構　7
国際観光局　23，159
国際観光研究アカデミー（International Academy for the Study of Tourism）　63
国際観光事業　158
国際観光年　5
国際観光ホテル整備法　170
国際観光モデル地区　186
国際博覧会条約　107
国際文化観光都市整備法　170
国際平和の増進　5
国際ロータリー大会　171
国定公園（National Monuments）　119
コクド　190
国内旅行開発　182
国内旅行業　174
国民休暇村　170
国民宿舎　170
国立公園（National Parks）　89，118，119，163
国立公園局（National Park Service, NPS）　119
国立公園法　119，163
国立自然公園　89，118
国立歴史地区（National Historical Sites）　119
後白河院　144
古代ローマ軍　96
古代ローマ人　94
コートダジュール　88，121
後鳥羽上皇　144
コニーアイランド　88，112，113
コペンハーゲン　112
雇用誘発効果　7
コーラン　98
コリントス同盟　90
コルカタ　116
ゴールドナー　63，65，69
コルバン，アラン　82
コロンブス　100，101

さ行

西国三十三箇所　148
ザイラー，トニー　172
佐賀藩　105
坂村（健）　73
防人　142
サステイナブル・ツーリズム　6
サステイナブル・ディベロップメント　6
薩摩藩　105
サパ　111
サブプライム問題　189
サラトガ・スプリングス　117
澤木康昭　21
産業遺産　52
産業革命　87，102
参勤交代　150，151，152
サン・サルバドル　100
「三大陸周遊記」　98
サンタ・マリア号　100
JR 6 社　188
JR 西日本　191
ジェイ・ティー・ビー　169
私営鉄道（民鉄）　160
ジェットコースター　113
ジェットツアー　174，191
ジェノバ　97，100，101

塩田正志　26，59
志賀高原　172
志賀重昴　163
資源（resources）45
資源の代替性　33
シーサイドリゾート　87，88，103，104
寺社参詣　143，146，148
自然公園　88
自然公園法　48
持続可能な開発　124
持続可能な観光　124
ジット・ド・フランス　122
十返舎一九　153
地場産業　52
ジパング　86，97
占冠村　8
シムラ　87，110
下郷町大内宿　54
施薬院　143
ジャーニィ　14
ジャパン・ツーリスト・ビューロー　23，158
ジャファリ　66
ジャルパック　173，174
「周易釋故」21
修学旅行　86，101
週休２日制　167
十字軍　85，86
周遊券　170
宿駅　150
祝日３連休　192
宿場　150
宿泊施設　167
宿泊地　56
巡礼　148
ショー　111
蒸気機関　87，103
蒸気機関車　103，111
蒸気船　87
条件不利地　123
少子高齢化時代　168
精進落しの宿　152
小プリニウス　93
植樹祭　171
植民地　110
ジョージ４世　104
所得の増大　167
所得倍増計画　169
白河上皇　144
シルクロード　86，97
知る喜び　2
新幹線　173，182
新全国総合開発計画　177
新聞広告　187
人文資源Ⅰ　49
人文資源Ⅱ　49
人民戦線内閣　120
菅江真澄　154
スキー場開発　89，121
スキーパック　181
鈴木（忠義）76
スチーブンソン，ジョージ　103
スペイン　114
スミス，アダム　102
スームビング号　20
スルタン　98
生産波及効果　7
世界遺産　46，48，111
世界遺産条約　193
世界一周　88，115
世界一周旅行　88，114
世界国立公園会議　124
世界早周り　116
世界漫遊家（Globe-trotter）158
世界漫遊旅行　156
世界旅行社　174
関所　145
セゾングループ　187，190
セット　170
瀬戸内海　115
セビリア　100，115
セブ島　100

全国旅行動態調査　31
先達　144, 145
全日空　181
総合保養地域整備法　184
ソーシャル・ツーリズム　79, 89, 120
ソーシャル・ツーリズム運動　121
ソーシャル・ツーリズム部会　170

た行

第１次ホテルブーム　176
第１ブランド　187
大観覧車　112
「大言海」 24
大航海時代　85, 86, 99, 109, 110
タイタニック号　84, 87, 108
第２次ホテルブーム　176
大名行列　151, 153
高山　36
太政官布達　120
ダージリン　87, 111
ダージリン・ヒマラヤ鉄道　111
田中喜一　24, 59, 60
タヒチ島　109
ダラット　111
短期間旅行　30
団体旅行　102, 103, 104, 147
単独旅館券　159
地球サミット　124
地球の温暖化　193
秩父三十四箇所　148
チボリ公園　88, 112, 113
茶屋　152
茶屋本陣　152
中国　192
長期有給休暇　120
チンギス・ハーン　97
ツアー　14
通訳案内業法　170
ツェッペリン飛行船　115
築地ホテル館　158
ツーリスト　14, 15, 17, 29, 36
ツーリズム　13, 14, 27, 36, 69
ツーリズム・ベール　122
ディアス, バルトロメウ　99
帝国ホテル　158
ディスカバー・アメリカ　62
ディスカバー・ジャパン　175
ディズニー, ウォルト　113
ディズニーランド　65, 88, 113
ティベリウス　93
ディマズディエ　76
手形　145
適マーク　180
鉄道　87, 104
テーマパーク　88, 112, 113
デュルケーム　84
テンミリオン計画　186
ドイツ　123
ドゥオーモ　3
「東海道中膝栗毛」 153
「東海道名所記」 153
東急観光　181
東京オリンピック　169, 173
東京ディズニーランド　78, 185
東京都　9
湯治　143, 146, 149
同時多発テロ事件　189
湯治場　95, 149, 153
湯治場宿　149, 150
道中記　153
東方遠征　92
東方化政策　92
「東方見聞録」 86, 97
東方趣味　109
登山鉄道　111
都市旅館　177
トスカーナ　93
トップツアー　191
トーマス・クック社　115, 156, 158
トマムリゾート　8
ドラクロア　109
トラベル　14

トリップ　14
トレビシック，リチャード　103

な行

内国勧業博覧会　105
内地旅行制度　157
永井岩之丞尚志　20
長崎オランダ村　185
ナショナル・トラスト　122
ナッシュ，リチャード　96
ナッツ，ウォルター　113
ナッツベリーファーム　113
ナポリ　102
ナポリ湾　93
西インド諸島　100
西回りインド航路　100
ニース　88，116
日常生活圏　24
日光市　55
荷馬車用軌道　103
日本観光地百選　24
日本航空　182
日本航空開発　182
「日本鉱泉考」　161
日本交通公社　25，29，169，172，181
日本修学旅行協会　170
日本新八景　23
日本ツーリズム産業団体連合会　67
日本万国博覧会　173，175
日本百名山　46
「日本風景論」　163
日本旅行　191
「日本列島改造論」　177
ニューツーリズム　72
ニルギリ山岳鉄道　111
ヌワラエリヤ　111
熱帯　109
年次有給休暇制度　121
ノーヴァル　60，61
農家民宿　122，123
農業観光　121
農村ヴィラ　93
農村観光　89，121
「ノンノ」　175

は行

バード，イザベラ　157
バイエルン州　89，123
バカンス　2，89，120，121，122，171
バカンス法　1，89，120，121
バギオ　111
馬車鉄道　103
バース　94，96
旅籠　150，152，153
「八十日間世界一周」　115
パックツアー　104
パッケージ商品　173
発見の喜び　2
バーデン・バーデン　94，95
パナマ地峡　100
バブル経済　190
「浜辺の誕生」　82
パムッカレ　94
林実　54
パラディオ，アンドレア　94
パラディオ主義　94
パリ万国博覧会　105，112，155
バルク運賃　174
パルテノン　3
バルボア　100
ハワイ　88，116，118
万国博覧会　87，104，105，109，112
パンジャーブ地方　92
坂東三十三箇所　148
美瑛町　53
東インド会社　110
避寒地　117
飛行船　115
ビジター　17
ビジット・ジャパン・キャンペーン　192
ビジネス　35
ビジネスホテル　176

避暑　110, 156
避暑地　110, 156
避暑都市　87
悲田院　142
非日常　36
非日常生活圏　36
ひので号　170
ヒーリー（heely）30
ヒルステーション　87, 88, 110, 111
貧困削減　5
ヒンデンブルク　115
フィリッポス2世　90
フィリピン　114
風俗・習慣　51
フェス　98
フェニキア　91
富士屋ホテル　158
布施屋　142
仏教　86
フットパス　123
船橋ヘルスセンター　171
フビライ・ハーン　97
ブライトン　104
フラグラー，ヘンリー　117
プラーター遊園地　112
ブラックプール　1
プラッシーの戦い　110
フラワーツーリズム　53
フランス　101, 122
フランス民宿全国連盟　122
ブリタニア号　87, 108
フリードリッヒ浴場　96
ふるさと創生事業　185
フルムーン夫婦グリーンパス　179
ブルーリボン賞　108
プレジャーガーデン　88, 112
プロプア・ツーリズム　6
フロリダ　88, 117
フロリダ・イーストコート鉄道　117
文化財保護法　48, 182
文化的景観　46
フンツィカー　16
「米欧回覧実記」22, 155
ペスト　95
ベスビオ山　102
別荘　156
ベッド・アンド・ブレックファスト（B & B）123
ベルサイユ宮殿　122
ベルツ　161
ヘレニズム時代　90
ヘレニズム文化　92
ペンション　177
ボイジャー号　116
訪日外国人　186
訪日外国人旅行　179
訪問者産業　32
北戴河　111
ホッブズ，トマス　102
ホテル　187
ポートピア　183
保養地　104, 110, 118
ホリズム　69
ホリデイ　30, 69
ホールセラー　174
ポルトガル語　100
ボールマン　14, 60, 61
ホロウエイ　18
本陣　149, 150, 151, 152
本陣役　152
ポンペイ　93

ま行

マイアミ　117
前田真三　54
マカオ　100
マケドニア王国　90
マスツーリズム　76, 102, 103
マスツーリズムの時代　72
マゼラン　88, 100, 114
マゼラン海峡　114
マチーソン　69

松井羅州　21
松尾芭蕉　153
マッキントッシュ　62，63
マヤ文明　101
マラッカ　100
マリー・アントワネット　122
マリオッティ　16，60，61
マルコ・ポーロ　86，97
ミケランジェロ　94
ミシュラン　46
溝尾良隆　49，76
ミニ独立国　183
ミューア，ジョン　89，119
見る・学ぶ　43
「見る・学ぶ」観光　9
民宿　89，172，177
無形社会観光資源　51
ムスリム商人　99
ムハンマド　98
名勝地　22
名所図会　154
名神高速道路　173
メイミョー　111
飯盛女　153
メソジスト派　116
メソポタミア　91
メッカ　86，98
メドサン　18
モアナ・ホテル　118
莫干山　111
物見遊山　148
モルッカ諸島　114
モロッコ　86，98
モンゴル帝国　97，98
モンテカティーニ　94

や行

八隅蘆菴　154
遊園地　88，112
遊郭　152
有給休暇　89，120，122
誘致力　34
遊覧　22
ユースホステル　170，177
ヨセミテ　89，118

ら行

頼山陽　21
羅針盤　99
ラスベガス　64
ラッセル，リチャード　104
ラングドック・ルシオン　89，121，177
リヴァプール・アンド・マンチェスター鉄道　103
リオデジャネイロ　124
リゾート　1，116
リゾート法　184
リッチィ　65，69
リテーラー　174
リビエラ　116
料亭　152
旅館　186
旅券　155，173
旅行　29，37
旅行あっ旋業法　172
旅行案内書　153
旅行開発　174
旅行業　104，147
旅行業法　174
旅行消費額　7
旅行商品　149
旅行センター　181
「旅行用心集」　154
ルソー，アンリ　109
ルソー，ジャン・ジャック　122
ルック　173
ルナパーク　112
ルネサンス期　94
ルーラルツーリズム　121
歴史学　82
レクリエーション　24，27，29
レジャー　24，171

レジャー・余暇生活　1
レンジャー　119
ロイヤル・クレセント　96
ロイヤル・パビリオン　104
ロイヤル・ハワイアン・ホテル　118
老人旅行　180
労働時間の短縮　167
廬山　111
ロサンゼルス　113
六甲山　111
ローマ　93, 101
ローマ人　86, 93
ローマ帝国　85
ローマ風呂　94
ロンドン　87, 105
ロンドン万国博覧会　105

わ行

ワイキキビーチ　118
わが村は美しく　123
脇本陣　152

外国語

Bath（風呂）　96
Colton　28
Fremdenverkehr　15
GIT 運賃　174
IUOTO　17
JICA　7
journée　14
journey　14
Mathieson and Wall　28
ODA（Official Development Assistance　政府開発援助）　7
resources　45
resources for tourism　45
resources for tourists　45
ST-EP　6
tornum　13
tour　13
Tourism　18
travail　13
travel　13
Tribe　28
tripalium　13
UNEP（国際環境会議）　124
WTO　6

編著者略歴
溝尾良隆（みぞお・よしたか）
1941年東京都生まれ。東京教育大学理学部地学科地理学専攻卒業。財団法人日本交通公社主席研究員，立教大学観光学部教授，城西国際大学観光学部教授を経て，帝京大学経済学部観光経営学科教授。理学博士。
主要著書　『観光学―基本と実践』『観光を読む―地域振興への提言』『ご当地ソング讃』『観光事業と経営』『観光まちづくり　現場からの報告』

日本観光研究学会　事務局
〒352-8558　埼玉県新座市北野１-２-26　立教大学 観光学部内
Tel.048-471-7387 Fax.048-471-4538（学部共通）

観光学全集《かんこうがくぜんしゅう》　第《だい》1巻《かん》
観光学《かんこうがく》の基《き》礎《そ》

●

2009年11月24日　第1刷

編著者……………溝《みぞ》尾《お》良隆《よしたか》
発行者……………成瀬雅人
発行所…………株式会社原書房
〒160-0022　東京都新宿区新宿1-25-13
電話・代表 03(3354)0685
http://www.harashobo.co.jp
振替・00150-6-151594

装幀……………有限会社ロクオ企画
印刷……………亜細亜印刷株式会社
製本……………東京美術紙工事業協業組合

観光学全集《かんこうがくぜんしゅう》　第《だい》1巻《かん》　観光学《かんこうがく》の基《き》礎《そ》（オンデマンド版）

2021年4月12日　発行

編著者　溝尾《みぞお》　良隆《よしたか》
発行者　成瀬　雅人
発行所　株式会社 原書房
〒160-0022　東京都新宿区新宿1-25-13
TEL 03(3354)0685　FAX 03(3354)0736
URL http://www.harashobo.co.jp

印刷・製本　株式会社 デジタルパブリッシングサービス
URL http://www.d-pub.co.jp/

ISBN978-4-562-10135-1　Printed in Japan